上海社会科学院应用经济研究所

智库研究丛书

开发区工业用地更新的利益还原机制研究

胡映洁 著

上海社会科学院出版社
SHANGHAI ACADEMY OF SOCIAL SCIENCES PRESS

序

2012年下半年，我接受了北京亦庄经济技术开发区一项关于开发区转型升级研究的课题委托。正值中国经济转型发展的关键时期，作为改革开放后中国经济产业发展重要增长点的经济技术开发区，其使命也在悄然发生变化。产业的转型、功能的升级，是开发区转型发展的主要目标，而承载这些转变的关键性要素之一是空间以及空间之下的这片土地。以城市规划研究者的视角切入，我决定在研究产业和功能本身演变方向的同时，对规划实施的体制机制、转型相关的规划土地制度给予更多的关注。

胡映洁博士于2005年考入北京大学城市规划专业进行本科阶段的学习，2010年被推荐保送为我的硕士研究生，两年后又转为我的博士研究生。她学风严谨、勤于思考、逻辑清晰，这个课题是她转为博士研究生之后负责的第一个研究课题。2012年的下半年，我们一起在北京、天津、上海、苏州、广州和深圳展开了对开发区转型和工业用地更新问题的深入调研，与城市政府、开发区管委会、开发商以及企业等进行了多轮访谈。我们惊讶地发现，困扰开发区转型中各个主体的一个关键因素竟然就存在于规划与土地的制度中；同时，城市规划利益还原的问题也以一种现实的状态呈现在我们面前，给了我们对此问题进行深入研究的契机。

多年来，我一直认为"城市规划利益还原"的原则应是城市规划的重要原则之一。当时，胡映洁博士就对此问题表现出了强烈的兴趣。后来，她提出希望选择这个问题作为她的博士论文的研究方向时，我很支持，并最终选定《开发区工业用地更新的利益还原机制研究》作为她博士论文的题目。她在我们2012年研究资料的基础上，又进一步访谈了相关人员，并一直跟踪收集近年来有关工业用地更新的新政策。经过扎实严谨的研究，她完成了一篇优秀的博士论文。现在，这本以她的博士论文为基础的专著即将出版，是值得庆贺的。我认为，本书至少在以下一些方面的研究上，具有重要的理论价值和实践意义。

首先，是本书对“城市规划利益还原”的理论探讨与规范研究。城市规划作为配置空间资源的一种主要手段，其带来的利益变化理应得到足够的关注。本书在中国内地首次正式阐释“城市规划利益还原”的内涵，正面研究城市规划的政治经济属性，具有一定的挑战性；而将正义理论引入研究，特别是将罗尔斯的平等主义正义论与利益还原结合，演绎出“城市规划利益还原”的两个原则，在理论上具有新意。也许并非所有人都会赞同其结论，但这种尝试本身是值得鼓励的。中国正处在深化改革的关键时期，其中，土地制度改革是深化改革的重要一环。除了备受关注的农地制度之外，随着城市发展由增量时代进入存量时代，存量城市用地更新相关的制度正在成为土地制度改革中的重要议题。二者虽表现形式不同，但在利益分配的本质问题上是共通的。本书讨论城市规划利益还原的问题，不仅仅对工业用地更新的问题有用，其原则具有普适性，因此也可以给中国土地制度改革带来更深层次的启示。

第二，是本书将交易成本引入城市规划利益还原机制的研究。书中解释中国开发区工业用地更新推进困难的一个关键原因就是利益还原的交易成本过高。接着，在具体案例的研究中，本书还对不同政策、不同项目所遇到的交易成本进行了细致的分类和对比。交易成本的引入，不仅能对现实问题给出较为准确的解析，而且体现出一种从关注结果向关注过程的转变。本书提出利益还原机制的设计，不仅要关注最终能够捕获多少增值收益，还要降低实施过程中的交易成本。进一步地说，城市规划利益还原过程的交易成本与土地治理的模式相关。本书阐释的工业用地更新利益还原机制问题是土地治理问题的关键问题之一，从理论和实践两个视角去看，都值得深入研究。

本书另一个特点是搜集了大量翔实的案例，在运用扎根理论的方法对这些案例的文本资料进行结构性处理的基础上，利用自己构建起的一套分析框架对这些案例进行了清晰的归纳和理性的评价。整个研究框架源于案例素材、高于案例素材，最终又回到素材本身。书中对北京、上海和深圳在工业用地更新中采用的不同利益还原机制进行了深入的对比分析，并在评价实施绩效的同时，阐述了不同城市的政治、经济、社会背景对政策选择的影响，进而指出了不同模式的适用性，因此具有较强的实践意义。

此外，本书在写作上除了理论化的论述，在案例部分也加入了不少生动的引用，增加了学术文章的可读性。综合来看，本书对城市问题的研究者来说，具有一定的理论新意；对城市政策的制定者来说，也有现实的借鉴意义。我期待也相信，本书能够对中国开发区工业用地更新的实践带来一些有益的启示，并推动城市规划利益还原理论的研究进展。

吕　斌
中国城市规划学会常务理事
中国区域科学协会常务理事
中国城市发展研究会常务理事
北京大学城市与环境学院城市与区域规划系教授
2015 年 10 月 30 日

前　言

在改革开放以来的30多年中，工业开发区一直是中国经济增长中的一个重要角色，这种角色的内涵在如今深化改革的背景之下发生着变化，但其重要性并没有降低。顺利实现工业开发区的转型升级，是应对经济转型、适应新常态发展的重要任务，对这个过程的研究也显得尤为重要。本研究的特点在于，从空间研究的背景出发，关注到转型实施的空间载体——工业用地的更新，发现现实中工业用地更新最大的阻力来自规划与土地制度的设计对土地增值利益分配机制的影响，并由此出发，将城市规划利益还原的问题作为了理论研究的核心。近年来中国城市规划从重视增量向重视存量逐步转型，利益冲突越发凸显，但仍缺乏对城市规划利益分配原则及其制度设计的探讨。因此，这种讨论不仅对促进中国开发区转型升级具有意义，对城市存量用地更新如何进行也可以带来一定的启发。

本书分为两部分重要的内容。第一部分为规范研究，依托政治经济学中的正义理论以及新制度经济学中的产权理论和交易成本理论，深化和拓展了"土地增值收益捕获"的概念，构建了城市规划利益还原理论，探讨城市规划利益还原应该依据什么原则、如何进行。第二部分为实证研究，运用规范研究的结论，对中国开发区工业用地更新的利益还原机制进行归纳总结并评价其实施绩效，寻找优化开发区工业用地更新利益还原机制的方法与途径。

在第一部分，本书以平等主义的正义观为主要依据，提出城市规划利益还原的公平原则与效率原则。公平原则指受益者负担，受损者得到补偿的原则，该原则下土地权利人应将其增值收益进行社会共享；效率原则指出为了追求效率而忍受的不平等要以实现最不利者的最大利益为目标。降低交易成本是实现该目标的重要途径。境外城市规划利益还原的制度也体现出这两个原则。一方面，境外各个国家和地区通过宏观层面的土地收储和市地重划、微观层面的直接和间接利益还原等多种制度的组合来进行城市规划利益还原；另一方面，相关国家和地区倾向更多运用交易成本较低的市地重划和间接利益捕获制度，虽然这需要在土地收益共享上有所让渡，但可实现更高的综合效益，体现了利益还原的效率原则。

在第二部分，本书首先分析了中国利益还原制度的现状，发现开发区工业用地更新受阻的关键在于现行利益还原机制交易成本过高。其次，建构了分析中国开发区工业用地更新利益还原过程机制与交易成本及评价其实施绩效的理论模型。运用该模型，实证研究了北京、上海和深圳的案例区，归纳出土地收储、利益限制及利益捕获与限制有机结合三种典型模式及其适用条件。最后则分析了各模式的绩效，绩效包括土地利益还原强度及交易成本影响下用地更新带来的综合效益，结果显示：(1) 土地收储模式下，适度放宽工业用地的土地发展权，可局部改善综合效益；(2) 有机结合模式下，更新为科技研发用地时，间接利益还原可实现同等土地利益还原强度，但比直接利益还原机制交易成本低；(3) 有机结合模式下，更新为商办、居住用地时，使用高标准直接利益捕获增加土地利益还原强度，低程度利益限制降低交易成本，可更好地实现公共福利最大化目标。

本书是在作者攻读北京大学人文地理学博士学位时撰写的学位论文的基础上撰写而成的。研究源于对开发区转型升级中工业用地更新问题的关注，但不局限于寻找实际问题的解决办法，在理论层面上也进行了深入挖掘。在理论指导之下，本书能够更好地做到对实际政策的理性评价。这使本书在当下开发区转型升级、工业用地更新政策不断变动以及土地制度深化改革的背景下具有重要的参考价值和借鉴意义。

胡映洁

目　　录

第一章 引 言

第一节 研 究 背 景

一、新常态下存量用地更新产生分配正义新诉求

本书将工业用地更新的问题放在中国经济发展新常态的背景下进行考察。经济新常态意味着经济增速的放缓、结构的优化和动力的多元化，而经济方面的改变也必定会伴随着政治、社会建设上新常态的出现。改革开放 30 多年来，政治、经济和社会制度上的变革所释放的巨大经济增量，使整个社会的利益分配得以呈现出“帕累托改进”式的特征，也就是说，某种制度调整带来的社会福利增加，使得至少有一部分人因此获益，同时不给其他人带来额外的利益损失。由于大部分人并不会因此受损，并且因为局部的分配差异对市场效率带来的激励，反而还会增加大部分人的利益，因此即使少部分人获得更多的利益，也不会引起重大的社会利益冲突。但随着改革的深入，这种帕累托改进式的增长空间越来越小，为了进一步推进经济增长，改革就需要在一种利益交换的基础上进行，也就是说一项福利的增加会使一部分人从中获利，但也会使另一部分人的利益受到损失。这时，社会的利益冲突必然加剧，需要新的分配方式进行协调。正如马克思所指出的，一个社会的分配正义原则是不能脱离其生产力条件来理想给定的，随着生产力和生产结构的变化，社会所需的分配制度也将发生调整。在中国经济新常态下，人们对分配正义的诉求会由一种功利主义倾向朝更加注重个人权利平等的方向转变。

城市规划作为配置空间资源的一项公共政策，在快速城镇化发展的进程中发挥了重要作用，为改善城市生活环境、提高城市经济效率提供了重要的支撑。但随着经济增速的放缓，中国的城市建设也逐步由增量型扩张规划转向存量型的调整规划。城市规划的决策在带来物质空间形态改变的同时，不可

避免带来土地价值的巨大改变，而这部分变化价值的分配与社会公平和效率的实现息息相关。面对存量规划中可能属于不同的权利主体、个人，或者被各类主体使用的空间，规划决策面对的利益问题将更加普遍也更加复杂。城市存量用地更新必然伴随着巨大经济利益的释放与重新分配，因而成为利益冲突发生的重要领域。但现阶段对存量用地更新中进行利益分配所需要的原则，不管是在学术界还是立法中，都还缺乏有针对性的探讨，在制度上更缺乏对利益分配进行调试的明确机制，因而在城镇发展的方方面面，出现利益矛盾带来的困局，包括农地征收、旧城更新、城中村改造以及工业用地更新中的利益冲突与阻碍等。中国城市存量用地更新问题亟须理论指导和制度创新。

二、中国开发区工业用地更新存在利益分配问题

工业开发区是中国改革开放的先锋，是中国 1978 年之后吸引国际资本的重要途径，也是经济高速增长的重要引擎。这批 20 世纪 80 年代中期到 90 年代初期建立起来的经济技术开发区，在二三十年的发展中，产生了明显的产业聚集效应，经济增长迅速，成为区域经济增长的核心（洪燕，2006）。2010 年，全国 90 个国家级开发区实现地区生产总值 26 849 亿元人民币，实际利用外资金额 306 亿美元，分别占全国 6.7%和 28.94%[①]，在全国的经济发展，尤其是外资的利用中占有重要的地位。

但来自多个国家和地区的经验已经表明，以吸引外资为目标和出口导向的制造业开发区并不是一种可持续的存在，而是随着经济产业社会的发展具有一定生命周期，这种转型已经在墨西哥、新加坡、韩国以及中国台湾等多地的开发区发生（Jayanthakumaran，2003；Sargent & Matthews，2004）。经过多年发展，中国这批开发区也进入了自身生命周期中的转型期，多个开发区开始了对“二次开发”、“优二进三”、“转型升级”等发展方向的探索（Wang & Tang，2005；郑国，2008；洪燕，2006；郑静等，2000；郑静，1999）。一方面，开发区的产业将向价值链高端演进，从制造为主向研发、服务转变（郑国，2008；Wang & Tang，2005）；另一方面，城市发展要求开发区进行综合功能提升，开发区则可能向综合新城的方向发展，成为母城人口、产业疏解的一个中心（刘宇香，2009；郑国，2010）。

在工业开发区的转型过程中，面临着来自土地方面的压力，这促使大部分

① 资料来源：中国开发区网，http：//www.cadz.org.cn/。

开发区不能通过空间扩张，必须寻求存量调整的方式去实现转型。由于土地资源的紧张、开发区周边土地价值的上涨，开发区在空间上的扩张受到限制，而大部分开发区自成立以来的发展模式一直是以土地依赖式发展为主（阎川，2008；张艳，2009）。土地的限制对原有发展模式是一种冲击，开发区的转型升级需要通过内在结构调整来释放更多动力，土地使用效率需要提升，用途也需随之发生改变。

在这个用地调整的过程中，产生了巨大的土地增值，又由于工业用地低价供地的历史原因，在更新中出现了利益分配的困局：更新释放出大量由基础设施建设和社会经济发展带来的自然增值，需要与社会进行共享，实现利益的还原；但过多的利益捕获或强制性的机制设计会大幅增加更新过程的交易成本，阻碍用地更新的实现（冯立和唐子来，2013；马倩，2013；胡映洁和吕斌，2014）。在中国现行制度下，政府作为社会公共利益的代表，通过自上而下的土地收回，再重新进行招标、拍卖和挂牌的出让，保证政府对土地增值利益的回收，但这抑制了市场主体自发转型的积极性，也给政府带来沉重的财政压力（胡映洁和吕斌，2014）。对市场主体来说，招拍挂出让不仅意味着更高的土地价格，更大的成本来自市场竞争带来的失去土地使用权的风险；对政府主体来说，收回未到期的土地需要付出巨额的土地补偿，还需面对长期谈判带来的时间成本和行政成本。工业用地更新的受阻，一方面造成产业转型升级以及城市功能改善的停滞，另一方面，社会也没有真正分享土地增值的收益。因此，为了顺利推进工业用地更新并有效实现利益还原，需要对利益还原机制进行优化。

第二节　研 究 意 义

一、构建城市规划利益还原理论体系，指导城市存量用地更新实践

正如前文所述，中国正处在利益分配问题的敏感期。在一种生产方式处在上升阶段时，社会整体的利益都在快速增长，因此即使在这种生产方式下的利益分配过程中吃了亏的人也会欢迎这种生产方式（何建华，2007）。但当这种整体的利益增长放缓时，分配的矛盾就会逐渐凸显。目前，经历了改革开放之后的快速增长，中国正在经历增长放缓的转型，快速增长过程中没有引起注

意的利益分配制度所存在的问题也逐渐浮出水面。

在此背景下，本书提出的城市规划利益还原问题显得尤为重要。城市规划利益还原的研究一方面探讨中国现阶段城市规划带来的利益变化应该依据什么样的原则进行分配，另一方面还希望给出实现相应原则的制度路径。通过对这些基本问题的讨论与回答，本书希望构建出城市规划利益还原理论研究的系统框架，使城市规划利益还原理论成为指导未来城市存量用地更新的重要理论基础。

二、优化中国开发区工业用地更新利益还原机制，促进转型升级

工业开发区的建设作为工业发展的重要方式，为中国的经济快速增长做出了重要贡献，但现阶段存在用地效率偏低的问题，亟待转型。同时，在中国沿海发达城市尤其是特大城市，新增建设用地日趋紧张，存量用地更新逐渐成为实现城市可持续发展的重要途径之一。大量开发区中的存量工业用地作为城市存量用地的重要组成，存在比例偏高的问题，在产业转型升级的背景之下亟须更新。

本书针对现阶段开发区工业用地更新中所遇到的利益还原问题，研究利益还原机制的优化策略，希望为中国开发区工业用地更新的利益还原政策制定提出建议。研究不仅对东部地区城市与工业开发区中所遇到问题的解决具有重大意义，还可以为以后中西部城市开发区建设积累经验。

第三节　概念内涵辨析

一、城市规划利益

城市规划空间决策带来土地价值的增值或贬值，是城市规划利益还原的核心讨论对象。城市规划对土地价值的影响又可分为两种情况：一是城市规划对某块土地的直接影响，二是由于外部效应带来的对相邻土地的影响（陈顺清，2000）。

第一种情况是城市规划对某块土地的直接影响，这种影响通常由城市规划对土地发展权的改变造成。由于土地的位置垄断特性与土地利用普遍存在的外部性，政府对土地利用的干预古来有之，而现代城市规划的诞生促使了土

地发展权与所有权的分离，土地所有者并非可以完全自由地使用自己的土地，而是受到土地用途管制的限制，即规划对其土地发展权的限制(奥兹，2005；华生，2014)。因此，城市规划一方面带来土地的用途性增值，包括同一宗地由低收益用途转变为高收益用途时产生的土地增值，或提高土地的容积率带来的增值等。另一方面，城市规划也可能因为增加了对土地发展权的限制而带来土地的贬值，例如因遗产保护、环境保护等公共利益的需求对用地进行限制，使其不能按照最好最高的用途进行使用，从而降低土地的价值。

另一种是由于外部效应带来的对相邻土地的影响。决定城市土地价值最重要因素并非土地的自然属性或者开发投入，而是土地周边的环境、基础设施、人口社会发展情况，这些都可以广义地称为土地的区位特征。城市规划也可能因为改变了周边的环境而带来土地区位价值的变化，从而改变土地的价值。这可以认为是城市规划的外部效应(哈维和乔赛，2012)。外部性影响同样可分为正向与负向，例如周边地铁或者公园的修建，可能使原地块的区位条件优化而带来土地增值。规划中存在一些具有负面影响的设施，如带来污染的工厂、高速公路，带来社会影响的低收入住宅等，则可能使地块的区位条件变差，带来土地贬值(吴云清等，2012)。

二、工业用地更新

工业用地更新，从字面上看是对已经不适应当下需求的工业用地进行再利用、改造或重建，以赋予城市区域新的空间形态和功能。从中国工业用地本身的属性来看，工业用地的更新又可以分为几种类型：一种是位于城市中心区的老工业区，一般建设于中华人民共和国成立前后，发展历史较长，生产功能已经面临淘汰，这类工业用地常常被视作工业遗产，其更新与遗产保护、城市文化服务功能等关系密切；第二种是中国改革开放后迅速发展起来的城市工业开发区，这类开发区起步时远离城市中心，以劳动密集型的出口加工产业为主，现阶段面临转型升级的需求，因而需要进行工业用地的更新，向研发办公、商务服务以及居住等功能转型；最后，还有在集体建设用地上建设的工业厂房、工业区，这类工业用地更新还涉及集体土地产权制度的影响，具有更高的复杂性。

本书研究的工业用地更新主要指第二种情况，也就是中国改革开放后发展起来的城市开发区中的工业用地更新，这类工业用地更新的主要目的是提升产业能级和效率，完善城市功能。现在面临工业用地更新问题的开发区主要分布于中国沿海发达城市。

三、城市规划利益还原

利益还原，从字面意思理解，指的是利益回到其本来应该归属的位置。城市规划利益还原，指的是对城市规划产生的土地利益改变进行还原，使其按照一定的原则得到负担和补偿，而这个原则应该符合分配正义的要求。分配正义是从古至今大量哲学家、政治经济学家、社会学家一直在探讨的社会基本问题之一，因此，对于何为正义原则下的城市规划利益还原，后文还将结合对正义理论的回顾与考察进行深入的探讨。

利益还原与国际上已经形成较为成熟研究体系的土地增值收益捕获(value capture)有很强的相关性，本书将利益还原看作对土地增值收益捕获概念内涵的深化与外延的拓展。在内涵上，土地增值收益捕获是一个更具有实用主义性质的概念，从而淡化了其在理论依据上的探索，利益还原则希望加深对分配原则的探讨；在外延上，利益还原的定义是双向的，虽然一般研究中多数在强调土地增值利益的分配，但问题的另一面也即土地贬值的补偿同样重要，这方面的内涵是土地增值收益捕获研究中没有涵盖的。

四、工业用地更新利益还原与城市规划利益还原的关系

工业用地更新利益还原是本书另一个核心概念，指的是工业用地更新中的城市规划利益还原。文中几个与利益还原相关的概念包括城市规划利益还原、工业用地更新利益还原以及土地增值利益还原等，它们的关系如图 1-1 所示，城市规划利益还原(图 1-1 中 A)与土地增值利益还原(图 1-1 中 B)的概念有很大部分的重合，其重合部分为对城市规划引起的土地增值利益还原

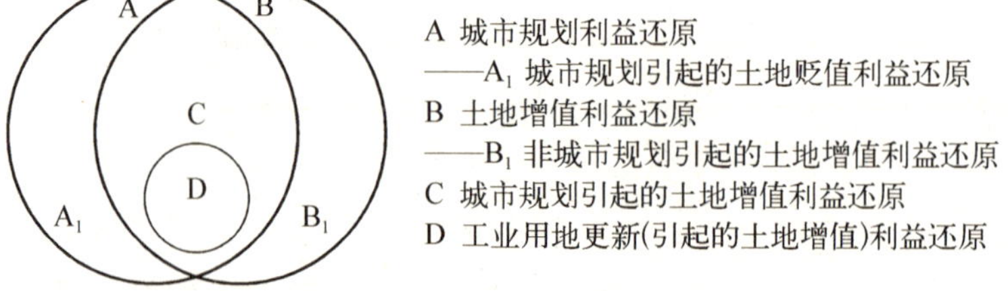

图 1-1 城市规划利益还原、土地增值利益还原与工业用地更新利益还原概念关系

的研究范围(图中 C)。其不重合的部分,对城市规划利益还原来说,是指城市规划引起的贬值的利益还原(图 1-1 中 A_1),对土地增值利益还原来说,指非城市规划引起的土地增值(如社会经济整体增值引起的)的利益还原(图 1-1 中 B_1)。工业用地更新利益还原包含于二者重合的集合中,因为工业用地更新是城市规划的一种类型,因此是城市规划利益还原的一个子集,同时工业用地更新通常引起土地价值的提升,因此它也是土地增值利益还原的一个子集。

第四节　国内外研究进展

一、国外研究经验

在国外,与土地增值收益分配相关领域的研究已经形成了比较成熟的体系,主要是围绕土地增值收益捕获来进行的。土地增值收益捕获又可以分为两个主要的方向,一个是与用地规划调整相关的土地增值收益捕获,另一个是用于基础设施特别是交通基础设施融资的土地增值收益捕获。因为本书研究城市规划利益还原主要是指用地更新带来的利益分配问题,与土地增值收益捕获的第一方向重合,因此主要对前者进行综述。需要注意的是,在国际上的土地增值收益捕获研究中,作为基础设施融资方式的土地增值收益捕获比前者有更多的文献,因此可以认为是此问题研究更热门的方向(Batt, 2001; Peterson, 2009;Rybeck, 2004)。但同时,也说明在用地规划调整的土地增值收益捕获上,国际研究显得相对不足。

总结来看,国外土地增值收益捕获的研究具有比较强的实用主义特征,大量的文献集中在经验研究、制度对比、对某一种机制实施效果的实证分析以及应用上,而对理论原则的探讨相对比较单一,基本都以约翰·穆勒对土地自然增值与人工增值的区分或亨利·乔治的单一土地税为主要的理论出发点(Connellan & Lichfield,1997;Lam & Tsui,1998;Alterman,2012)。

(一) 经验研究:总结各国制度实践

国外研究中有一大类文献是对各个国家、地区进行土地增值收益捕获方法的介绍、总结以及对比。

在这方面林肯土地政策研究中心做了大量的工作,编写了对多个国家、地区土地价值捕获政策、方法进行介绍和总结的报告,包括中国台湾、巴西、英国、美洲的土地增值收益捕获政策等(Connellan & Lichfield,1997;De Cesare,

1998；Lam & Tsui，1998；Smolka & Amborski，2000）。除此之外，Hong(1998)从交易成本的角度对香港的土地增值收益分配制度进行了研究，他指出香港主要的四种土地增值收益分配方式在有效性上具有较大的差异性，并认为不同策略中不同的交易成本是造成这种不同的原因。

还有一些学者进行了各类制度的比较研究，Hui 等(2004)对香港和新加坡的土地增值收益捕获机制进行了对比研究，指出两地在增值收益捕获的机制上具有一定的相似性，但在房产税附加税和印花税上具有一定差异，不同的政策有自身的优点和缺点，这也是由两地不同的政治经济文化背景决定的。Alterman(2012)以 13 个发达国家作为样本，总结和对比了各国进行土地增值收益的方式。她对土地增值收益捕获方式的区分具有借鉴意义：第一类是融合在宏观政策中的策略，包括土地国有化、公共土地租赁制度、土地储备、土地重划等政策；第二类是直接的收益捕获，主要形式是土地税费；第三类是间接的收益捕获，主要的方式是依赖地方政府的用地规划权力向土地所有者或开发商索取一定的费用、土地或者是公共服务的建设。她的对比结论是，宏观政策中的收益捕获策略现在使用很少，直接的收益捕获策略应用国家并不多，并且其实施效果并不理想，而间接的收益捕获工具在各个国家越来越流行。

这类研究形成了重要的政策资料库，但是最大的问题在于对不同模式和机制在实施效果、适用条件等方面的差异解释不足，因此缺乏对机制的改进、推广和借鉴的实际指导作用。

（二）实证研究：分析某类机制的实施效果与影响

还有一类研究关注进行土地增值收益捕获的具体某一类方法。这里主要详细总结两个与城市用地规划调整关系较为密切的研究方向，即土地重划(land readjustment)和规划得益(planning gain)。

土地重划是指将一定区域内零碎不完整的土地，通过重新的整理、交换、分合并兴建公共设施，将之划分为大小适宜、形状规整的地块，再按照原有权属进行分配的一种土地再开发方式。由于公共设施的兴建往往带来地价的提升，因此政府可以通过与土地权利人的协商，使土地权利人承担一部分公共服务的成本。土地重划通常被运用在城市的再开发中。Der Krabben 和 Needham(2008)以荷兰 Breda 火车站区域的再开发为例，探讨了利用土地重划的方式回收土地增值收益的具体细节问题；Altermen(2007)探讨了土地重划作为政府将土地集中起来提供公共服务的一种方式在以色列的应用；Sorensen(2000)对日本的土地重划经验进行了总结，澄清了日本土地重划研究中的一些漏洞，介绍了三个在东京郊区运用的土地重划的项目，试图为土地重划策略在发展中国家的运用提供借鉴。

规划得益广义上来说可以认为是一类运用城市规划土地公共管制的方式，对土地增值的收益进行捕获的方法。规划得益在各个国家各个地区有多种多样的形式，也有不同的名称。在美国有 exactions、开发影响费（impact fees）、奖励性区划（incentive zoning）等；在英国被称作规划得益（planning gain），最近又被叫作规划义务（planning obligations）。英国对规划得益的探讨很多，规划得益已经成为其自由裁量型规划决策特点的一部分，除了对规划得益的法理正当性进行辨析（Loughlin，1981；Wiltshaw，1984；Bowers，1992等），还有学者研究规划得益实施中的协商问题（Bunnell，1995；Claydon & Smith，1997），另外，有研究者对运用规划得益的手段提供保障房进行专门的探讨（Crook & Whitehead，2002；Crook，et al.，2006；Crook & Monk，2011）。在美国，规划得益方法的应用也很广泛，由于各个州在规划管制法律法规制度上的自治性，规划得益出现的方式也是多种多样，除了对这些方式法理上的讨论之外（Wegner，1987；Faus，2000），还有一类研究对开发影响费、exaction 等政策的影响进行分析，例如它们对房价（Mathur，et al.，2004；Ihlanfeldt and Shaughnessy，2004）、城市形态（Gyourko，1991；Rosenberg，2006）等的影响。另外，有人对美国和英国的规划得益政策进行对比。Callies（1991）认为英国与美国规划得益政策上的差别在于，英国对与规划项目相关和无关的贡献没有分类，都叫作 planning gain，但美国对于不同的贡献分类更为细致，例如 exaction 主要是指对开发商提供设施的要求，可以是在规划项目用地范围内，也可以在范围外，dedication 主要是指贡献给地方政府的土地，在较小的尺度也会转换为相应的费用，impact fee 则是开发商为了减轻开发给社区带来的影响所需缴纳的费用。Saxer（2000）也对比美国和英国的规划得益制度，认为两者重要的区别在于，英国的规划得益中主要是开发商之间的竞争，不同的开发商为了得到土地的开发权会竞争所能给出的贡献，而美国的竞争则存在于地方政府之间对开发商的争取。其他国家也有规划得益的相关实践，如法国的 participation，荷兰的成本补偿（cost retrival）等（Alterman，2012），但相关英文文献相对较少。

这类研究没有统一的框架，主要以实证案例为主，为利益捕获机制研究提供了丰富的案例资源。但这类研究有时已经脱离了对土地增值收益捕获研究的反思，例如将规划得益单纯作为一种规划管制手段进行研究，因此削弱了案例对土地增值收益捕获理论的贡献。

二、国内研究进展

(一) 工业用地更新利益分配机制研究以博弈论视角和产权视角为主

国内对工业用地更新中利益分配机制的研究主要可以分为两种视角：博弈论视角和产权视角。

博弈论视角的研究关注工业用地更新中不同的利益主体，分析其行动逻辑，并为优化工业用地更新中的博弈状态提出建议。在上海市工业用地二次开发的相关研究中，一些学者对特定案例中所涉及利益主体的博弈关系进行分析，如朱少鹏(2007)对漕河泾的研究以及廉军伟(2007)等人对宝山区的研究；张舒(2010)利用博弈论的方式对开发区土地利用的中央政府、地方政府和用地企业之间的利益关系进行分析，并提出了促进开发区土地集约利用机制的建议。

产权视角的研究认为，产权制度是影响工业用地更新利益分配的重要因素，并通过分析现有产权制度对利益分配的影响，提出改进产权结构的建议。如郑文娟等(2008)以杭州市属工业用地为例，对于国有企业用地增值的分配问题进行了解析，文章认为由于公有制企业法律上与事实上的产权主体存在不一致，致使部分土地增值收益留在了有限的“公共域”之中，导致有着自身利益诉求的各种公共组织的竞争与攫取；冯立和唐子来(2013)以上海虹口区为例，分析了划拨工业用地更新中的利益分配困局导致更新以非正式为主的局面，认为产权制度是更新规划成功实施的关键。何子张和李晓刚(2013)以厦门市旧厂房再开发为例，提出按照土地再开发权分享的原则，将土地增值收益在政府和原权利人之间分享的政策建议。

本书提出的利益还原理论的研究视角，与以上两种视角都有一定的联系，尤其在对利益分配过程的研究上，以上两种研究视角都可提供有益的借鉴。但利益还原的研究不仅考虑过程，首先需对利益分配的原则进行讨论，是同时考虑目的与过程的研究视角。

(二)“利益还原”研究以理论与经验引介为主

国内对“城市规划利益还原”的研究以理论与经验引介为主。最早在1996年，梁鹤年先生(1996)在《中国城市土地开发增值分配：问题与意见》中通过梳理与土地价值相关的概念，提出政府应该保留土地增值的收益权的建议。之后有部分学者对中国进行土地增值收益分配的原理进行研究，如张俊(2007)总结了约翰·穆勒、亨利·乔治、马克思以及孙中山对于土地增值收益捕获的思想，并且指出按贡献分配是中国城市土地增值收益分配的基本原理，通过“按贡献分配”与“按需要调节”来兼顾公平与效率。法学领域也对开发利益的公共还原进行研究,但其主要研究方法为对国外司法判例进行实例分析,从判例中去界定利益还原的范围(徐键,2012)。“利益还原”一词也用于交通等基础设施开发中受益者负担的研究(叶霞飞和蔡蔚,2002;徐键,2007;徐键,2009;蒋礼仁和李宗平,2010;钱盈和王检亮,2011),主要涉及基础设施建设外部性影响的利益还原,但缺乏对城市用地规划调整带来的利益变化与还原的研究。

对境外经验的引介包括英国(惠彦和陈雯,2008;张俊,2007;张俊,2005)、美国(胡静,2007;张俊,2007;张俊,2008)、中国台湾(张俊,2007)、中国香港(田莉,2004)等,还包括对各个国家经验的对比研究(高洁和廖长林,2011;胡士戡等,2009;张俊和于海燕,2008;田莉,2008)。

(三) 实证研究中更加关注利益还原不足带来的社会公平问题

国内也存在大量与“利益还原”相关的实证研究,主要方向包括农地征收、旧城更新、城中村改造等三类,工业用地更新利益还原研究还比较缺乏。其中,农地征收的问题探讨最多,但对于农地征收后农民该分享多少,如何分享土地收益并没有统一的观点。有些学者主张完全的补偿(赵宁,2011);有些学者承认土地增值收益社会共享的原则,主张农地转用的增值收益应该在国家、集体、农民之间合理平衡,并且应考虑到中国特殊的城乡二元结构,对于失地农民的生存和生活给予足够保障(郑美燕,2010);还有学者提出农地发展权的概念,认为农地的发展权应该归国家所有,收回之后再由国家进行公平合理的分配(臧俊梅等,2008;范辉和董捷,2006)。旧城更新方面的研究开始重视更新中的利益分配与还原(张翼和吕斌,2010),主要从土地产权制度的视角(郭湘闽,2008;张杰和庞骏,2008;张翼,2009;郭雨露,2012)或从社区参与(张纯与吕斌,2009;吕斌,2012)的视角出发,研究如何平衡更新过程中的土地增值收益,特别是解决开发商主导的大拆大建型旧城更新中,社区居民在利益分配过程中被排除在外的情形。在城中村改造方面的研究中,有学者认为城中村改造的本质问题是巨大土地增值收益的分配问题(生青杰,2012;韩明,2007;谢青等,2006),其中韩明(2007)在辨析了“公私共享,归公为主”的原则之后,指出现有产权界定模糊是导致城中村改造过程中出现巨大障碍的原因之一。

各类实证研究中对利益分配问题的关注,更多出发点是对利益还原不足带来的社会公平问题的关注,更多反映的是对社会弱势群体缺乏分享土地增值收益渠道的批判与反思。但利益还原问题的另一面,也就是强制性还原机制降低市场效率的问题受到的关注相对较少,而工业用地更新中的利益分配问题更多体现为后者，因此也需要对利益还原中的效率问题进行更多的关注。

三、本书研究视角与研究问题

综上所述，国内外关于城市规划利益还原的研究有以下一些特点：

国内对于工业开发区转型的研究现阶段主要以物质空间层面的为主，但从机制角度进行的研究近年来逐渐增多，这正反映了工业开发区转型过程中机制问题越来越重要的现实，但相关的研究远远没有达到制度的核心，也就是城市规划利益还原的问题，这方面的理论支撑亟待完善。

在理论方面，国外有较为成熟的土地增值收益捕获研究体系，有大量的关于经验总结、制度对比以及对某一机制进行实证分析的文献，但一方面，更多的研究关注交通基础设施融资领域的土地增值收益捕获，而对用地调整的方向研究相对不足；另一方面，由于概念的实用主义特征，形成了工具导向的研究格局，而对理论原则的探讨依据较为单一，说服力有局限性，在实证分析时也缺少对理论的反思。因此，城市规划利益还原理论作为土地增值收益捕获理论内涵的深化与外延的拓展，还具有很大的研究空间。

国内对城市规划利益还原的研究还没有形成特定的体系，缺乏规范性的研究以及规范性研究指导下的实证检验。国内研究往往从各个不同的关注点出发，都会触及与土地增值收益还原有关的话题，因此呈现出来的研究格局以实证研究为主，但其出发点大多并不是直接地解决如何还原土地利益的问题，而是因为要解决其他一些城市问题，恰好需要这方面的理论支撑。这些实证研究由于缺乏理论指导，常常无法触及问题的核心。

基于以上分析，本书从城市规划的利益还原这个本质问题出发，对工业开发区转型中的用地更新机制进行剖析，试图回答以下研究问题：

(1) 城市规划利益还原的原则是什么？如何实现这些原则？

(2) 中国开发区工业用地更新中的利益还原机制有哪些？存在什么问题？

(3) 如何通过制度设计更好地实现工业用地更新中的利益还原？

第五节 研究内容与研究方法

一、研究内容

根据上文提出的研究问题，本书的主要研究内容包括：

（1）城市规划利益还原的理论基础与经验借鉴。

（2）中国城市规划利益还原制度现状。

（3）中国开发区工业用地更新利益还原模式分析。

（4）中国开发区工业用地更新的利益还原绩效及制度优化。

本书共分为八章，各章的主要内容如下：

第一章，引言。介绍研究的背景、意义，综述相关研究进展，提出研究问题，介绍研究方法、技术路线与创新点。

第二章，从理论角度探索城市规划中利益还原的原则与实现机制。首先从不同的理论视角分析利益还原原则的内涵，并提出城市规划利益还原的基本原则，接着探讨实现城市规划利益还原原则的制度基础。

第三章，境外城市规划利益还原制度的经验借鉴。对英国、美国、中国台湾和中国香港城市规划中实现利益还原的制度概况进行介绍，并对各个国家和地区的城市规划利益还原机制进行总结；在此基础上对比主要的利益还原机制及其优缺点。

第四章，中国现行制度下城市规划利益还原的现状。首先按照不同类型的利益还原机制总结中国现行制度下进行城市规划利益还原的方式，并对其中存在的问题进行剖析。接着，分析中国开发区工业用地更新的利益还原制度现状；最后分析开发区工业用地更新中各利益主体的诉求与制度限制，并初步探究开发区工业用地更新中利益还原受阻的矛盾焦点所在。

第五章，中国开发区工业用地更新利益还原的机制分析与绩效评价模型构建。构建分析中国开发区工业用地更新利益还原过程机制和交易成本并对利益还原模式进行绩效评价的模型。

第六章，中国开发区工业用地更新的利益还原机制总结与适用条件分析。以北京、上海和深圳三大城市的工业开发区转型为例，对工业用地更新的利益还原模式进行总结，并归纳出典型模式，对其适用条件进行分析与对比。

第七章，对中国开发区工业用地更新的利益还原机制进行绩效评价并提出优化的建议。首先对具体工业用地更新的项目进行实施绩效的评价，并依据利益还原的基本目标，在此基础上提出优化利益还原机制的策略。

第八章，结论与展望。总结论文的研究成果，分析论文的局限性，并对进一步研究的方向进行展望。

二、研究框架

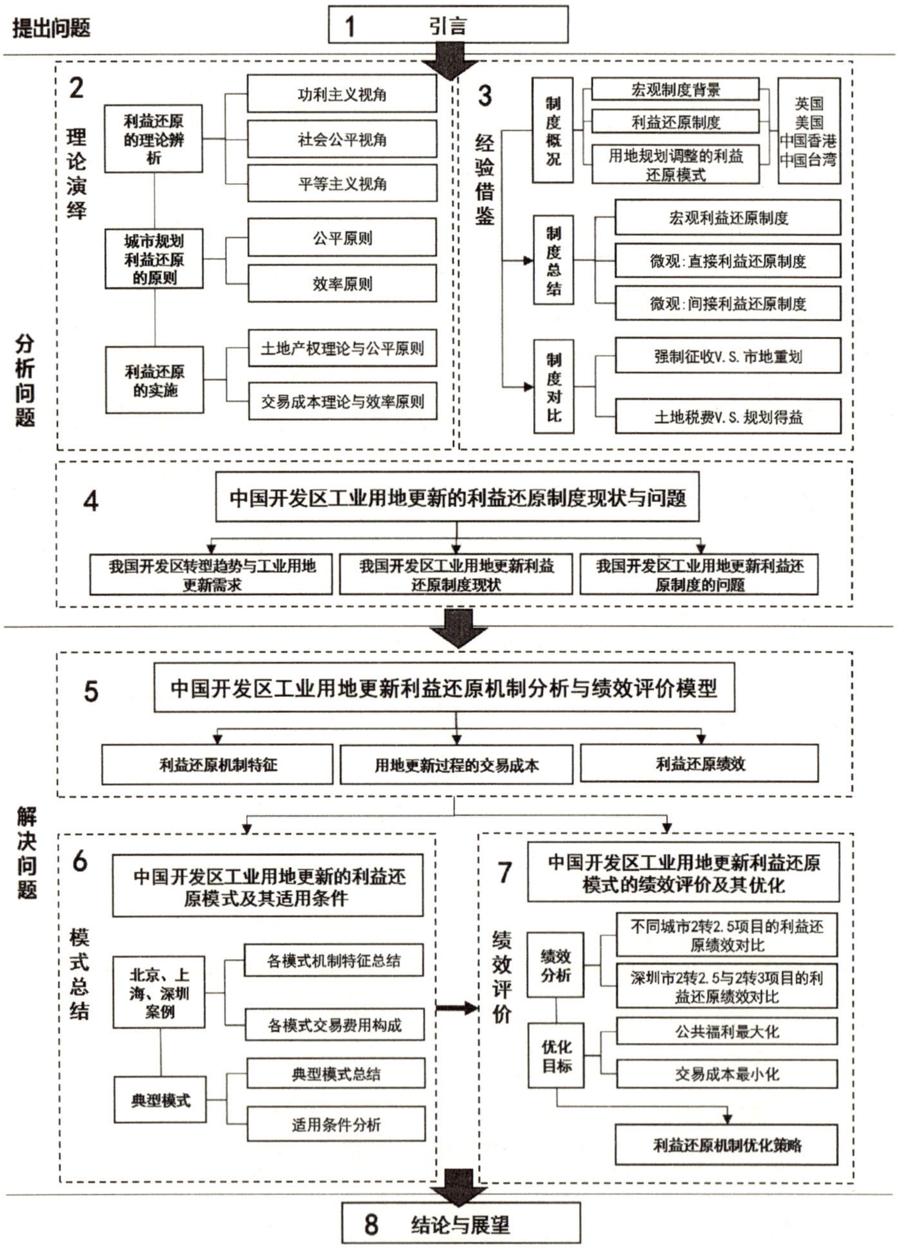

图1-2 研究框架

三、研究方法

（一）规范研究

本书通过理论演绎和经验归纳的方式进行规范研究，对城市规划利益还原应该采用什么样的原则和实施方法进行推证和归纳。

本书从政治经济学的正义理论中寻找城市规划利益分配的原则。一方面，对理论形成的过程、理论的特点进行梳理，并从理论的分支中寻找有关土地利益分配的观点；另一方面，在分析和理解原理论核心的基础上，将相关的概念和原则应用于城市规划利益还原的情境下，演绎出相对应的推论。同时，通过对比几个不同理论流派的特点和局限，选择并整合出适合本研究的理论视角。另外，本书依托新制度经济学对城市规划利益还原的实施进行理论演绎，研究中分别运用了新制度经济学中的产权理论和交易成本理论。城市规划利益还原实施需要构建相应的制度基础，而新制度经济学以制度分析见长，因此是适合本研究的方法。

另外，本书通过对境外城市规划利益还原的制度经验进行分析，总结出利益还原的不同模式并进行对比，对利益还原应该采用什么方式进行归纳。经验研究的难点在于，不仅仅对某个国家、地区的某个政策或制度设计进行介绍，还需要关注这种政策和制度背后的社会、经济、制度、文化背景，不仅关注每一项政策或制度产生发展以及运行状况，还需要关注其产生以及发展变化的原因。

（二）案例研究

案例研究是本书重要的研究方法之一。由于本书研究的机制问题并非简单直接的因果关系，又是当下正在发生的现象，一般的数据分析、逻辑推演难以达到揭示其深层机理的目的，而案例分析法是对真实世界中某一现实现象的经验性询问（Yin，1994），在本研究中有助于获取关于开发区工业用地更新的利益还原机制的普遍性事实。

一般来说，单一的案例会带来普遍性的疑问，但增加案例数量又有过高的成本，因此，在不具备相关条件的情况下，应该尽可能选择具有“典型性”的案例。本研究在两个原则中进行权衡，将研究分为两个空间层次，第一为开发区尺度，第二为项目尺度。在开发区尺度的研究中，选取多个开发区作为案例，获取具有一般性的经验；在项目尺度的研究中，仅选择若干具有相对典型性的案例，对其进行深入剖析。

由于案例材料主要包括访谈录音整理、政府报告、规划材料以及其他文本等质性数据，本书采取主题编码的方式对文本材料进行分析。作为质性分析的常用方法，主题编码有助于研究者组织质性材料中分散的信息，构建文本中的抽象概念，形成理论(Robson，2011)。其中扎根理论是一种特殊的主题编码分析方法，强调源于原始数据的理论构建，并通过备忘录的撰写不断地与数据互动，寻找聚焦性的编码与理论类属，最终形成理论(卡麦兹，2009)。这种分析方法并不是为了简单地对某些特征进行计数或统计，而是为了将质性研究的材料打碎再重新组织成理解事件与过程的新类别与理论类属，是一种自下而上的质性分析方式。运用扎根理论的分析方法通常要求研究者保持探索性和开放性，而非用已有的理论框架对数据进行套用和解释(Wagner，2008)。本书采取基于扎根理论的编码分析方式，希望从案例材料中构建出的利益还原理论框架符合中国特殊的政治社会经济背景，而非对国际经验的简单对照分析。本书采用 QSR NVivo 10.0 软件作为辅助分析工具。利用该软件可以对文本数据进行编码，并对编码进行合并、组合等操作。

四、研究数据

本书的研究数据主要包括访谈录音整理、各地政策法规文件及相关规划资料。调研的对象是京津冀、长三角、珠三角三大城市群中的重点国家级经济技术开发区，包括：北京经济技术开发区、天津经济技术开发区、上海的多个开发区、苏州工业园区、广州开发区、深圳特区中的工业园区等。这些开发区是中国改革开放后优先发展的重要国家级经济技术开发区或者经济特区，现阶段正面临转型困境，具有一定的代表性。其中，整体的数据用于构建分析框架，北京、上海以及深圳的数据用于具体的案例总结以及项目尺度的分析。

数据来自两轮资料收集：

第一轮是于 2012 年对北京经济技术开发区、天津经济技术开发区、苏州工业园区、上海浦东新区、广州开发区以及深圳市的调研，收集了与开发区管委会、开发公司、规划设计人员等的访谈录音，上海、深圳、苏州等城市的相关政策文件以及部分开发区转型发展规划的材料。

第二轮调研是 2014 年对具体案例的重点调研，收集了相关访谈录音、新出台的政策文件和相关的规划材料若干，同时通过深圳市规划与国土资源委员会网站收集了深圳市城市更新单元规划的大量公示材料。

第二章　城市规划利益还原的理论演绎

第一节　城市规划利益还原的理论辨析

城市规划利益还原的理论试图回答如何对城市规划所带来的土地利益改变进行“正义”的负担和补偿的问题。“正义”是社会科学所探讨的基本问题，探讨城市规划利益还原的内涵，是“正义”议题在城市规划领域的拓展，对其理论的探讨有助于建立规范性的目标。即使该规范性的目标往往因其理想性不具有现实中的实施性，但理论上的最优目标与解决办法对确定可行的次优方案仍然是不可或缺的。

城市规划利益还原中的“正义”问题，核心是土地利益的分配正义，因此需要对哲学思想史上不同的正义观及其对应的有关分配正义的不同见解进行讨论，并论证相应的分配正义原则在土地利益分配上的应用。从时间的顺序上来看，现代社会的正义观念可以追溯到18世纪西方市场经济制度形成的时期，由洛克、休谟、斯密等人所代表的古典自由主义从封建和神权中解放，提出了自然法、社会契约等理论，认为正义的内涵就是保证人在生命、自由和财产上具有不可剥夺的平等权利，每个个体的权利都不应该受到国家的过度干涉，因为如斯密在论证著名的“看不见的手”时所指出的那样，每一个人主观的自利行为可以在自由市场中达到客观上有利于他人和社会的效果。18世纪到19世纪初，市场经济的繁荣发展带来物质水平的不断提高也给古典自由主义者带来了乐观的情绪。但是19世纪20年代末30年代初的经济危机打破了这种市场万能的幻想，不断累积的贫富分化、工人阶级的悲惨生活状况促使政治经济学家开始反思社会整体的分配，构建新的分配正义原则。本书引述的正义观念都源自对古典自由主义的反思。

一、功利主义视角下的利益还原

功利主义的核心概念是“效用(utility)”,强调社会整体效用的最大化。其早期代表人物边沁认为,人都追求趋乐避苦,“效用”就是快乐减去痛苦的余额,余额越大的行为越具有德行。针对社会,边沁提出了一条一直被后来的功利主义者引用的正义原则,即能够实现“最大多数人的最大幸福”的社会便是正义的社会(边沁,2005)。

功利主义的正义是一种最大化策略,对福利经济学的影响很大,成为福利经济学的哲学基础。福利经济学采取了用社会整体满意大小来评价制度“好坏”的标准。福利经济学的代表人物庇古这样定义社会福利:社会福利是各个人的福利的总和,一个人的福利是他所感到的满足的总和(李特尔,2014)。他还将福利分为社会的福利和经济的福利,经济福利是可以用货币度量的部分,也是福利经济学研究的重点。他认为经济福利在相当大的程度上不仅取决于国民收入的总量,还取决于国民收入在社会成员之间的分配。国民收入总量越大,社会经济福利越大;国民收入分配越是均等化,社会经济福利越大。为了增加国民收入,庇古认为需要解决由外部性引起的资源配置市场失灵问题,并提出了政府干预的解决办法。同时,因为在边际效用递减的原则下,同样数量的货币对高收入者来说的效用必定小于低收入者的,为了增加社会整体福利,需要通过税收等方式将高收入者的收入分享给低收入者(庇古,2009)。

在土地利益分配的问题上,从福利经济学的角度出发,为了最大化社会整体福利,土地增值的收益不应由土地所有者完全获得。这是因为土地增值可被看作一种外部性,如果完全由土地所有者获得,相当于其没有付出相应的社会成本却获得了大量的收益,本质上可以认为是一种“搭便车”的行为,会造成“市场失灵”,对社会的整体福利是有损害的。因此,需要对外部性进行处理,通过一定手段将外部效应内部化,从而改善社会的整体福利。

可以参考经典的外部性分析模型来理解城市规划带来的土地增值。如图2-1所示,MC 为土地权利人开发土地的边际成本,MB 为其边际收益,在不考虑其他外界因素的条件下,土地权利人会将土地开发到边际成本等于其边际收益时,也就是图中 q_0 的位置。这时,如果城市规划改善了周边的基础设施,或允许其进行更高收益的土地开发,那么其边际收益的曲线就会右移至 MB' 的位置,也就是每开发一单位的土地获得的收益比城市规划调整前得到了提高。但在进行规划调整的同时隐含的条件是整个社会承担了改善周边基础设施或减轻高强度开发外部性的社会成本，也即社会实际的边际成本曲线为 MSC。这时，土地权利人对土地的单位面积投入也会发生改变，可能出现两种情况：第一种情况下，边际成本曲线为 MC_1，低于 MSC；第二种情况下，边际成本曲线为 MC_2，高于 MSC，分别对应 q_1 和 q_2 的开发量。对于整个社会来说最佳开发规模应该在 q_s，如果开发到 q_1，则超过了最佳开发规模，造成整个社会的福利损失为三角形 ab_1c_1 阴影的面积，这是由于社会承担了土地权利人应承担的部分成本；如果开发到 q_2，则没有达到最佳开发量，造成的福利损失为图中三角形 ab_2c_2 阴影的面积，现实中可表现为公共物品供给的数量和质量不足，这是因为土地权利人承担了部分本应由整个社会或者周边权利人一起来分担的社会成本。

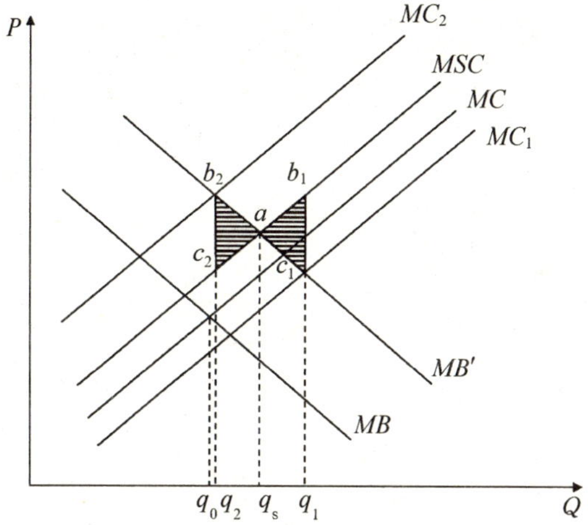

图 2-1　福利经济学视角下城市规划利益的外部性分析

注：MC_1 和 MC_2 与原来的边际成本 MC 之间的关系只表示了一种可能性。不同情况下，MC_1 和 MC_2 可能高于、低于或等于 MC。

借助福利经济学的分析方法，土地开发由于具有不可避免的外部性，因此任由其自由交易，会带来“市场失灵”，从而降低社会的整体福利。因此，在功利主义的视角下，需要对土地开发带来的利益改变进行再分配，对土地增值的收益进行捕获，并对土地贬值进行补偿，以达到市场资源的优化配置，从而实现更大的社会经济福利。

对功利主义的批评来自两个方面：一方面，功利主义可以为了社会整体的利益牺牲少数人利益，是对个人权利以及少数人权利的忽视（何建华，2007）；另一方面，功利主义的实现依赖于对“效用”的计算，但并非所有的效用都可以用货币来衡量，不同种类的效用也不一定能够比较或加总（阿罗，2000）。在福利经济学中，第一个方面的批评，由于帕累托效率的提出而得到了一定的缓解，因为帕累托效率定义下的社会福利改善要求至少有一个人的福利增加，但不能带来其他任何一个人的福利降低。即使如此，福利经济学仍然具有很大的局限，因为真实世界中大部分的资源配置问题没有帕累托改进的解，而必须面对直接的利益冲突，“经验表明，具有帕累托改善性质的潜在合作机会的集合，是人类合作的全部潜在机会的集合的一个非常小的子集”（汪丁丁，2013）。就第二个方面的批评而言，福利经济学仍然更多地关注能够用货币衡量的经济福利，将其他诸如精神、社会维度的福利纳入考虑仍然困难。

因此，运用功利主义的视角分析城市规划利益还原理论的原则，则利益还原应通过对土地利益分配的干预促进实现社会整体经济福利最大化的目标。但可能存在两方面的缺陷：一方面，进行利益再分配的措施很可能带来利益冲突，造成再分配实施的困难；另一方面，该理论范式对经济利益以外的各类福利难以进行综合考虑。

二、社会公平视角下的利益还原

随着 19 世纪自由市场经济引起的贫富差距不断增大，社会中的无产阶级的生活境况不断恶化，出现了对自由市场根基也就是财产私有制的反思。这种反思一方面出现在了古典自由主义政治经济学家的著作中，其中非常重要的思想来自约翰·穆勒，虽然他没有直接否定资本主义的生产方式，但他对底层和弱势群体的人文关怀和道德同情使其提出政府适度干预对实现分配正义的重要作用，体现出他关注社会公平的视角（郭莉，2002）。另一方面更彻底的批判则来自马克思，通过剩余价值理论对资本主义制度不平等本质的揭露，提出“每个人自由而全面发展”的正义原则，而这种正义的实现需要彻底改变生产资料的所有制和生产关系。

约翰·穆勒的思想虽然在马克思看来是一种“毫无生气”的混合主义，但其中确实包含了社会主义的思想。在他 1848 年所著的《政治经济学原理及其在社会哲学上的若干应用》中，主张对不以自己能力而靠别人恩惠获得的财产进行限制，他对待地租的态度非常能够反映出他的“社会公平”思想。穆勒在此书中论证了土地私有所带来的不公平性，“在地主、资本家和劳动者组成的社会中，经济进步往往使地主阶级越来越富有，而劳动者整个的生活费用却趋于增加”（穆勒，1991）。同时，他也提出了相应的解决办法，也就是对土地自然增长的地租（unearned increment）课以特别税。书中有一段话被探讨土地增值收益问题的学者长期引用：“假设有一种收入，其所有者不花任何气力，也不做任何牺牲，它就会不断增长；拥有这种收入的人构成一个社会阶级，他们采取完全消极被动的态度，听凭事情自然发展，就会变得愈来愈富有。在这种情况下，国家没收这种收入的全部增长额或一部分增长额，绝不违反私有财产制赖以建立的那些原则。这当然不是说把人们的所有财产都没收，而仅仅是没收由于事情的自然发展而增加的财富，用它来造福社会，而不是听凭它成为某一阶级的不劳而获的财富。”（穆勒，1991）这里的“这种收入”就是指地租。当然，他也承认，不能够不分青红皂白地把所有地租增加额都充公。但是，要把社会环境造成的自然增值与所有者劳动或技术投入造成的人工增值区分开有一定的难度，因此穆勒提出了一个一般性措施，也就是先对全国所有土地进行估价并作为初始价值进行免税，一段时间后根据地租的上涨收税，税收额度应该大幅低于估计地租增加额度，以避免损害土地所有者的劳动所得（穆勒，1991）。特别需要注意的是，穆勒还进一步指出土地税有时并不是赋税，而是为公众利益收取的一种租费，因为这部分地租并不属于地主收入的一部分，而一开始就应该归国家所有（穆勒，1991）。约翰·穆勒可以说是最早提出将土地增值收益收归国家的学者，这个思想对于现代各国的土地税收制度有重要的影响。虽然其提出的税收措施不一定具有操作性，但其更重要的意义在于论证了回收土地增值收益归公的正当性和公平性，以及提出了土地自然增值（unearned increment）与人工增值的区分。

穆勒的“土地自然增值”理论后来成为亨利·乔治的思想基础。亨利·乔治的思想对回收土地增值收益的思想影响也较大。他在《进步与贫困》一书中论述了土地私有所带来的不平等，他认为技术发展和社会进步所带来的全部收益都被地主收取地租而获得（乔治，2010）。因此，他主张通过社会改革，实行“单一地价税”，对土地按照评估的价值收税，回收土地的全部自然增值收益归社会所有；同时，由于所征收的地价税数额庞大，足够政府的全部财政需要，因而无须征收其他的赋税（乔治，2010）。虽然亨利·乔治的思想在后世受到不少批判，比如哈耶克认为由于无法将社会共同努力和土地所有者的个人努力区分开来，单一税的实施在现实中是相当困难的（哈耶克，1997），但他的思想对欧美国家的影响较为深远，其关于合理分配土地增值，以维护社会公平的思想得到广泛的认同。

现代研究延续穆勒的思路，将引起城市土地增值的原因分为多种，包括土地上的私人投资增加、社会经济人口增长、城市发展带来的区位改变、基础设施和公共服务的投入以及规划调整等（Hong，1998；Hui，2004；Ingram & Hong，2012）。按照来源性质，仍可将土地增值分为人工增值和自然增值，其中城市规划引起的土地增值，包括由基础设施建设带来的土地增值和用地规划调整带来的土地增值，属于自然增值的一种（Alterman，2012）。

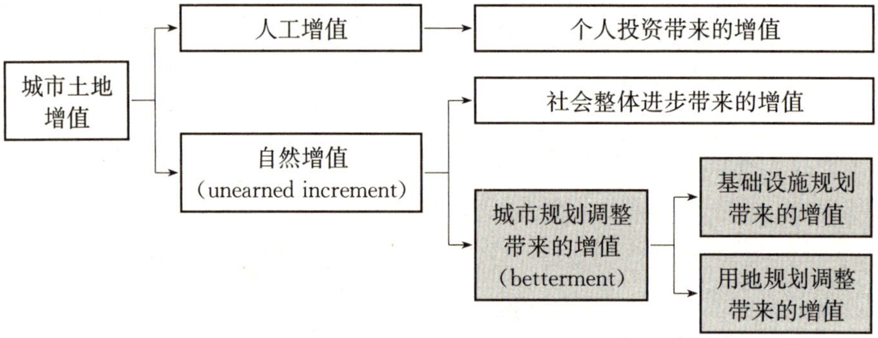

图 2－2 城市土地增值的分类

资料来源：根据 Alterman（2012）绘制。

马克思对资本主义生产关系下土地利益分配的批判更为彻底，因为他首先否定了土地私有制的合理性。在土地全民所有的前提下，根据地租理论，土地增值也应该由全民共享。马克思在《资本论》中也对城市土地收益分配做了原则性的探讨。首先，马克思认为土地私有并非合理的土地所有制度，“从一个较高级的经济形态的角度来看，个别人对土地的私有权和一个人对另一个人的私有权一样，是十分荒谬的。甚至整个社会……都不是土地的所有者。他们只是土地的占有者、土地的利用者，并且他们必须像好家长那样，把土地改良后传给后代”（马克思，1975）。根据马克思的地租理论，绝对地租是土地所有权的经济体现，理应由土地所有者拥有，但马克思认为合理的土地所有权形式应该是土地归全体人民所有，这种情况下城市土地增值中包含的绝对地租增值也应该由社会共享；而城市土地的级差地租主要是由土地区位差异造成，区位差异则是由于土地使用者的投资和社会经济发展带来的区位变化综合形成的，因此，级差地租Ⅰ和级差地租Ⅱ都应以一定比例在土地使用者和社会之间进行分配。

20世纪，西方新马克思主义学者将马克思对资本再生产的批判引入城市空间领域，批判城市空间不平等背后的资本逻辑。资本的本性是追求剩余价值，扩大再生产，当这种扩大再生产带来危机时，资本将其触角伸向了空间，空间的资本再生产又进一步加剧了社会的不平等(Lefebvre，1991；Harvey，1988)。土地的资本属性引起土地的投机行为，过度的土地投机则有可能推高土地价格，产生房地产泡沫，带来社会公平问题。开发商囤积土地等投机行为，还有可能导致城市土地的低效利用，不利于城市空间的可持续发展。城市规划在此过程中成为政府与市场“增长联盟”得以实现的工具，成为促进城市空间再生产的主要手段(Zhang，2002)。要抑制土地投机，减少土地泡沫，就要改变资本对空间的异化，促使土地价值回归原本的日常生活使用价值(傅十和，1999)。

在社会公平的视角下，土地利益，特别是地租的增长被看作一种不平等的收益。在约翰·穆勒眼中，这种收益的不平等在于它不以自己的能力而靠别人的恩惠获得；在马克思主义者眼中，它也并非劳动产生的价值，而是一种剩余，而剩余价值由生产资料私有者占有是一种不平等；新马克思主义者认为，空间的资本化收益加剧了空间再生产，带来更大的社会不公平。这些思想虽然在程度上有所差异，但对土地私有以及土地收益私人占有带来的不平等都进行了反思与批判。

因此，在社会公平视角下讨论城市规划利益还原的原则，需通过构建有别于土地私有制的土地所有制来实现土地利益中非劳动价值部分的社会共享。社会公平视角下的利益还原存在的问题主要在于它对效率的忽视。

三、平等主义视角下的利益还原

在20世纪的主流意识形态中，罗尔斯《正义论》具有非常重要的影响。罗尔斯提出“平等主义”的正义观，认为每个人都受惠于他们共享的社会生活方式，因此要求一种较大程度的平等，也就是每个人不因他们禀赋的不同而获得不同的结果。罗尔斯认为，社会中的“基本善”，也就是那些每个人为了按照自己的设想生活，并能够参与有关塑造社会的政治讨论所必需的东西，如自由和机会、收入和财富及自尊的基础，都应该得到平等的分配(Rawls，1999)。他认为，正义是评价一个社会制度的唯一标准，而正义的原则是由“无知之幕”后处于原初状态的人们一致同意的。罗尔斯的正义有两个原则：(1)每一个人对于一种平等的基本自由的完全适当体制都拥有相同的不可剥夺的权利，而这种体制与适于所有人的同样自由体制是相容的。(2) 社会和经济的不平等应该满足两个条件：第一，它们所从属的公职和职位应该在公平的机会平等条件下对所有人开放；第二，它们应该有利于社会最不利成员的最大利益。(罗尔斯，2011)。第一个原则称为平等原则，第二个原则称为差异原则。在优先保证第一原则的基础上，罗尔斯提出差异原则，也就是如何对待社会经济的不平等。对于那些由于后天的出身、教育、生活环境等原因造成的不平等，罗尔斯认为是可以通过创造某种社会制度，实现机会公平平等来改变的；但对于那些由于天赋造成的某些人天生处于有利地位的情况，则很难改变(何建华，2007)。罗尔斯指出，自然天赋的分配是一种公共资产，一个有天赋的人之所以能够获得有利地位，是因为他的这种天赋正好是这个社会所需要的，因此，他需要对那些正好不具备这个社会所需要天赋的人，也就是处于不利地位的人作出贡献(罗尔斯，2011)。这时，正义原则就需要来评价什么样的不平等还可以称为是正义的，而他认为，只有当这种社会经济的不平等对处于最不利地位者的最大利益有益时，才是可以接受的(Rawls, 1999)。

罗尔斯的差异原则，对于如何处理效率和公平具有重要的现实指导意义。在市场机制下，公平与效率存在矛盾，因为收入是市场对生产要素效率的一种公正评价，也是激励提高经济效率的一种手段，如果弱化了收入分配的差距，市场分配的刺激作用就不能发挥，而经济效率就会下降。罗尔斯的差异原则，给出了处理市场激励与分配公平的一种方式，也就是最大化最不利者的利益。简单假设，如果最不利者的利益一方面包括他们自己的工作机会、收入等，另一方面包括来自有利者的补偿，如果这种补偿增加到影响有利者的市场积极性，最终会影响到最不利者的工作机会与收入，那么判断补偿增加到什么程度的标准就是最不利者的两种利益之和是否达到最大。

将罗尔斯的差异原则运用到城市规划利益还原的情况下，可以演绎出分配土地利益的原则。在这里，我们假设存在两个群体，一是拥有某块土地的人，另一个是除他之外的社会个体。如果由于一定的“幸运”，这块土地的规划发生了调整，带来了价值的增长，那么可以认为作为土地的权利人，他处在了某种有利地位，而社会中的其他个体，由于没有拥有土地，所以不能享受这种“幸运”带来的收益，处于不利地位。这时，处于不利地位的人，按照罗尔斯的差异原则，应该得到来自处于有利地位的人的补偿，也就是土地增值收益的共享。但同时，进行城市规划的调整，改变土地的开发条件，更重要的通常是改善城市的环境或者促进产业的发展，达到更有效率使用土地资源的目的，而实现这样的改变也会为社会中处于不利地位的人带来利益，包括改善生活质量、提供就业机会等。是否能够允许不充分的利益共享，存在一定的土地利益不平等分配，需要考察这种利益共享对有利者激励的降低是否会影响到其提供的间接利益，并且这种间接利益的降低比利益共享的增加值更大，从而寻找到实施土地利益的共享在效率与公平上的平衡点。

第二节　城市规划利益还原的原则

通过上文对历史上正义观以及分配正义理论的回顾，本书希望找到能够对城市规划利益还原原则进行界定的哲学基础。究竟什么样的分配才是正义的分配？根据功利主义的观点，应该根据对社会经济福利的计算来确定土地利益分配的方案和额度，但其对个人权利以及除经济利益之外利益的忽视受到较多诟病；根据社会公平的观点，劳动产生的价值才是应得的价值，土地利益中不属于劳动价值的部分都应该进行社会共享，这种观点具有批判性，但是由于其对效率的忽视，实施存在较大的困难；根据平等主义的观点，土地利益的分配应该向社会中的最不利者倾斜（这里指的是不拥有土地权利的人），只有在最大化最不利者整体利益的情况下才可以在分配中存在不平等。罗尔斯的观点更好地综合考虑了效率与公平，并且提出了对效率的考虑和对不平等的容忍应该遵循的标准，具有很强的现实意义。并且，笔者发现将罗尔斯的正义原则运用到利益还原的界定上，对于功利主义和社会公平的观点都具有一定的兼容性。因此，本书对城市规划利益还原原则的界定，主要参考罗尔斯“作为公平的正义”的原则，同时一定程度对前两种正义观进行融合。在此基础上，提出负担与补偿的公平原则与效率原则。

一、利益还原的公平原则

公平原则指的是受益者负担，受损者得到补偿的原则。公平原则从罗尔斯的平等主义出发，认为土地的增值受益于整体的社会环境，拥有土地者得到的利益是一种“幸运”，是需要与不利者进行利益共享的。同时公平原则也与社会公平视角下将土地自然增值看作是非劳动价值的一种剩余，需要与社会分享的观点相一致。

具体来看，公平原则的应用存在两类主要的情况，也就是前文提到过的改变土地用途和改变基础设施两种。

理解受益者负担原则可以从两方面进行。一方面，当一块土地因周边环境改善和社会经济的发展，其最好最高的利用方式得到提升，而开发者也希望改变原有的利用方式并调整规划时，需要为其要求的更多开发权付费；另一方面，当周边修建了良好的基础设施，如公园、地铁等，带来土地价值的提升时，也需要周边受益的土地权利人将一部分收益分享，相当于为享受基础设施而负担一部分成本。在这个过程中，提升利用方式的开发者或者受良好基础设施影响而土地增值的土地权利人通过负担成本和开发费用的方式，将其获得的部分收益与社会进行了共享。

与负担原则相应，土地权利人的利益因城市规划受到损害时应受到补偿。当修建具有负外部性的基础设施，如垃圾处理厂、高压线等时，周边因这些公共设施而受损的土地权利人，由于承担了本应由受益的社会成员共同承担的社会成本，因此应该受到公共的补偿。但当城市规划对土地利用的方式进行限制时，是否需要补偿还存在一定争议，在实践中出现了不同的处理方式。本书认为从逻辑的对称性来看，应该对土地开发权受限进行补偿，因为这部分价值的损失并非土地权利人自己的行为带来的，因而不应由他们自己来负担。之所以在实践中会出现不同的补偿情况，是因为这么做的一个前提是土地权利人原本已经获得了规划限制前的土地开发权。例如在美国，土地所有者自动拥有与区划一致的土地开发权，因此如果下调区划，土地所有者应该获得补偿；而在英国，土地开发者需要向政府申请开发许可，而如果政府拒绝了开发者的申请，并不意味着侵犯了土地开发者的应得权利，因而不需要进行赔偿（田莉，2008）。两种实践虽然结果不同，但其原则并没有冲突，都与受损者得到补偿的内在原则相一致，关键在于对利益是否受损的判定因制度背景的不同而存在差异。

二、利益还原的效率原则

根据罗尔斯正义论的差异原则，需要对分配的效率进行考虑。但是，平等主义下对效率的考虑与功利主义对效率的考虑动机并不相同。功利主义考虑的是最大多数人的最大利益，并不关注这个获得社会整体最大福利的过程中是否对不利者产生更不平等的分配。罗尔斯对效率的考虑则是基于对最不利者最大利益的考虑，如果这种效率的要求会带来不平等，那么只有当该效率能够促进最不利者获利的情况下才被允许。

下面对城市规划利益还原的情形进行简单假设，如图 2 - 3 所示，在城市规划利益还原的模型中，不利者（不拥有土地的人）的利益有两个方面的来源，即有利者（拥有土地的人）的利益共享 a 以及有利者改造土地所带来的间接利益 b，a 会对 b 的大小产生影响，那么可以接受有利者获得更大利益的条件则是满足 $\max(a+b)$。反之，如果城市规划调整带来土地的贬值，则有利者和不利者的位置互换，满足正义原则的条件类似。需要注意的是，如果我们考虑功利主义的观点，利益共享对间接福利的影响是可能为正的，因为根据福利经济学的观点，一定程度的利益共享会对通过矫正外部性而对整个社会福利有利，从而在这个模型中增加 b 的值。但这里又涉及福利经济学本身存在的缺陷，也就是没有考虑利益冲突的存在，利益共享会产生上文所说的对市场激励的弱化，从而降低政府干预的效用也就是对 b 产生正影响的程度，甚至也可能存在产生负影响的情况。

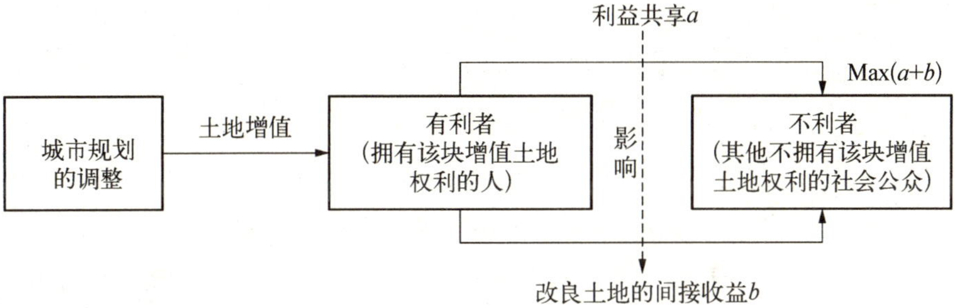

图 2-3　城市规划利益还原的效率原则

第三节　城市规划利益还原实施的理论基础

在罗尔斯正义主题研究中，社会的基本结构，也就是决定分配公民的基本权利和义务、划分由社会合作产生的利益和负担的方式的主要制度，是一个基本的研究对象。因此，利益还原的研究也需要找到一种合宜的制度形式，来实现正义的利益分配和负担。

西方规划学者近年来试图将新制度经济学的分析框架运用到用地规划、土地开发等研究领域，如亚历山大（Alexander，1992；Alexander，2001）、韦伯斯特（Webster，1998；Webster，2005）、赖（Lai，1994；Lai，2005）等。他们一方面用交易成本的理论解释公共规划存在的必要性，另一方面分析规划中的交易成本产生的过程，他们认为交易成本的视角更强调过程与因果，而非目的（Webster，2005），其对制度的分析能力是之前许多理论所不具备的（Alexander，2001）。在国内，阎川（2008）在其对开发区蔓延问题的研究中曾经提出研究的交易范式，与最大化范式相对。他把过去从市场失灵以及政府失灵视角的研究统称为最大化范式，这种范式强调目的和结果，以功利主义、实用主义为基础，建立在完全信息、技术理性的假设之上，并且只关注经济市场，不关注政治市场。交易范式则更多关注过程，承认不完全信息、有限的理性以及政治市场的存在。阎川对最大化范式进行了反思并引入了交易范式进行分析，认为这样的分析范式更有助于发现空间现象背后的制度问题。

因此，本书希望借助新制度经济学的相关理论对实现城市规划利益还原的制度进行探讨，分别引入新制度经济学中比较重要的两个研究领域——产权与交易成本，对利益还原两个原则的实现进行分别论述。

一、土地产权理论与公平原则的实现

实现城市规划利益还原的公平原则，本质是通过某种方式将部分土地收益的权利从土地权利人的手中分离出来并进行清晰的界定，以实现土地利益改变的分享或共担。土地发展权的理论为这种分离提供了基础。

纵观历史上存在的土地应该公有还是私有的争论，第一派观点认为土地应该作为私有财产。最早的代表人物如洛克等，支持土地财产私有是因为认为只有土地私有才能够使人有动力更有效率地使用土地，还认为国家、政府存在的根本原因是人们需要一个机构来保护他们的私有财产（洛克，2009）。另一派观点最早的代表人物则可以追溯到卢梭，他认为土地私有产权是世界上大部分不平等的悲剧和暴力冲突的根源（卢梭，1997）。但现代社会的主流争论已经不再集中于是否应该存在私有土地产权的宏观意识形态的讨论，而是出现了一种土地所有权社会化的趋势。在这个趋势中，土地所有权从“绝对自由”走向“负有社会义务”，为公权力对土地权利进行干预提供了空间。学者们探讨的焦点转向土地用途规范的程度、政府为了公共利益从私人手中征收土地的权利范围、对于有害规范的补偿程度以及由于政府决策带来的土地增值是否应该被收归社会等。换言之，两种争论趋向于融合。因此，对土地产权的讨论不应以私有还是公有作简单的区别。事实上，现代社会中完全的土地公有、无偿使用，以及完全的土地私有、由私人自由使用的制度都几乎不再存在，而更多是通过土地发展权与土地所有权的分离，来限定私有土地的发展权，或将公有土地中的部分发展权租赁或出让给私人或其他市场主体。

(一) 土地发展权的确立

土地发展权,从字面上看,是对土地进行包括改变土地用途、提高用地强度等再发展并获得发展收益的权利(胡兰玲,2002;刘国臻,2007)。土地发展权的相关概念与制度在20世纪上半叶西方国家快速城镇化的过程中逐步建立,用以应对城镇化过程中所面对的土地开发与增值问题(刘国臻,2007)。相对于土地所有权以及由土地所有权所派生出的使用权、处置权等静态权利来说,土地发展权对应的是一种动态的权利关系。在城市化的时代,大量遇到因为农地转变为城市用地,或因城市用地的容积率提高而带来的巨大利益,过去仅有的土地所有权的结构难以处理这样的发展变化,因而土地发展权应运而生(刘国臻,2007)。土地发展权从土地所有权中分离出来,成为一项可以单独行使的权利。这时,以土地所有权为核心的其他土地产权只包括目前已经依法取得的权利,而日后变更土地使用的权利则由土地发展权决定。

在各个国家与地区中,土地发展权与土地所有权之间的关系主要分为两种情况。一种为土地发展权从属于土地所有权,属于土地所有者,但是可以从土地所有权中分离出来单独地转让和处置,这时的土地发展权本质仍是一种物权,是私权利;另一种为土地发展权直接归属于政府和国家所有,这时的土地发展权则成了一种公权力(刘国臻,2007;张鹏,2010)。

1. 土地发展权作为私权

在土地发展权私有的情况下,土地所有者天然拥有进行土地发展的权利,但并不意味着土地所有者可以随心所欲进行土地的发展,其权利限度是由法律规定的基准开发水平决定的,并受到政府对土地用途的公共管制。

这种情况最为典型的例子为美国。在美国,购买土地发展权和土地发展权转移的制度实践已经进行了约半个世纪。以土地发展权转移为例,又可分为两种情况:城市土地之间的土地发展权转移、城市与农村之间的土地发展权转移。

第一种情况发生在城市中。由于城市土地受到城市土地分区管制,每块土地的容积率受到法定的限制,因此一些城市,如纽约,允许开发商通过一些机制来获取超额的容积率,其中区划地块整合(zoning lot mergers)是一种常用的手段。区划地块整合允许相邻两块土地的开发商将他们的地块合并开发而无须合并土地的所有权。也就是说,在不改变土地所有权的情况下,进行土地发展权的合并,这时,就允许在其中一块土地上使用另一块土地富余的容积率。当然,这个过程中,获得富余容积率的开发商需要向另一块土地的所有者支付一定的补偿(Levinson,1997)。

第二种情况通常是农村的土地由于被划入农业保护区而开发受到限制。这时,农村土地的所有者拥有一定的可转移土地发展权,供需要超额发展权的其他地区的土地所有者购买。例如在1980年,蒙哥马利县对88 000英亩农地进行了开发限制。为了补偿土地所有者的土地价值损失,政府启动了土地发展权转移项目,对每5英亩未开发的土地,给予土地所有者一个单位的可转移发展权,一个单位的可转移土地发展权可以用于建设一间额外的住房。到1987年,大约有3 700个单位的土地发展权被转移,而一个单位的土地发展权价格约为5 000美元(Levinson,1997)。

在土地私有制的背景下,土地发展权的分离,为界定和管理土地增值收益提供了制度基础。在城市当中,城市用地的分区管制划定了基本的土地发展权,土地所有者在此基本限制之内的开发和收益是自由的、归于个人的,若要获得超过限额的土地发展权,则需通过购买的方式进行。在农业用地之上,受到开发限制的土地也可获得一定的补偿,但是补偿也要遵循法定的限度与标准。

2. 土地发展权作为公权

土地发展权国有的国家,则认为从公平的角度考虑,土地发展的权利应该归国家和社会所有,开发者在开发土地时需要付出一定的代价来获得土地发展权。在土地发展权国有的情况下,也分为两种不同的制度框架:土地私有,土地发展权国有;土地国有,土地发展权国有。

土地私有、土地发展权国有的典型代表为英国。英国通过1947年的《城乡规划法案》,实现了土地发展权的国有化。自那之后,英国的土地发展权属于国家,土地所有者任何的开发行为都需要获得规划许可,而获得规划许可除了需在功能用途等方面符合地方发展的需要外,还要付出一定的金钱或者实物代价。通过这种方式,英国政府可以捕获规划许可带来的土地增值收益并与社会共享。在法国,同样也可认为土地发展权部分国有。法国通过划定"法定密度极限",把超过密度极限的土地发展权收归国家所有,建设开发者可以通过支付费用的方式购买超过限额的开发权利,政府通过该制度来稳定地价,实现土地所有者之间的公平,并回收部分土地增值的收益(高洁与廖长林,2011)。

3. 土地公有制下的土地发展权

土地公有制的国家,土地发展权通常也国有,但因没有对土地发展权的单独界定，因此无法判断土地发展权的国有是因为其从属于土地所有权的物权关系，还是因为土地发展权作为公权力的社会属性。在土地公有制下，主要通过公共土地批租制度（public leasehold）将土地一定限度的发展权单独赋予土地权利人。土地权利人受到土地分区管制以及土地使用合同的双重限制，在限定的年限、限定的用途以及开发强度之内进行土地的开发和使用。在中国香港、新加坡、1987 年土地改革后的中国内地等地均采用这种土地制度（田莉，2004）。例如在中国香港，政府通过招标、拍卖、划拨等方式，将土地批租给私人，到一定期限之后，土地将收归政府。政府通过收取土地出让金、租金等方式，可以获取土地增值的收益。

在中国内地，城市土地为国家所有，因此城市土地的发展权也由国家所有。有学者认为，中国的城市土地发展权分为两个层级，一级土地发展权的配置出于维护国家利益和公共利益，隐含于上级政府对下级政府的建设许可中；二级土地发展权用于限制和引导个体开发行为，通过具体建设项目和用地的建设许可、用途许可和强度许可来体现（林坚和许超诣，2014）。

（二）土地用途管制对土地发展权的界定

土地用途的公共管制是政府对土地市场进行干预的最重要手段，也是界定土地发展权不可或缺的制度基础。土地用途管制从经济学的角度来说是为了提高整体福利，虽然不同学派对提高整体福利，实现福利最大化的方式有不同的见解，也就对土地用途管制的效用有不同的看法。

福利经济学视角下，土地用途管制从几个方面来矫正外部性的问题，而这些是单纯市场机制无法做到的：（1）保留通常依靠市场会出现供给不足的公共设施和基础设施用地；（2）通过预测市场趋势等手段提供未来土地利用的信息，这类信息在市场上常常会短缺，因为总有人会搭便车；（3）通过分区政策减小某些土地用途的负外部性影响，市场自身达成协议和实施交易成本巨大，很难实现这样的目标；（4）保护一些价值被市场低估的土地，如文化遗产等；（5）通过限制开发强度来控制市场主体对公共基础设施的过度消费，避免“公地的悲剧”（Webster，1998）。图 2－4 显示了消费情形下管制对

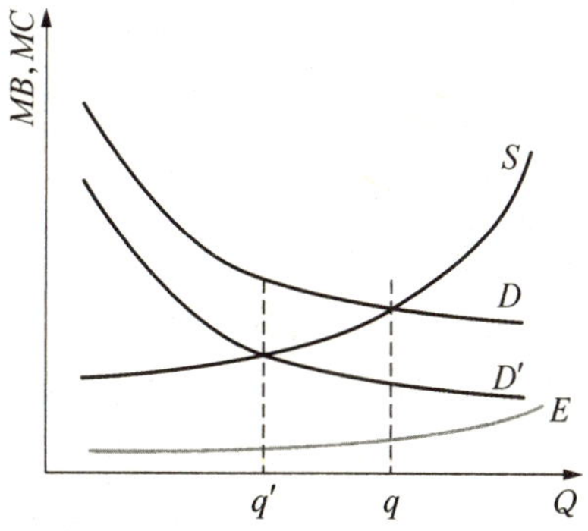

图 2－4　公共物品消费的外部性

资料来源：参考 Webster（1998）绘制。

消除外部性的作用，可以表示诸如城市道路拥堵、私人过度建设对公共空间的影响等问题。如图所示，曲线 D 显示了人们对某公共物品的需求曲线，并且随着对其消费的增加，外部性随之产生并增加，外部性增加的曲线如图中 E 所示。该公共物品的供给曲线为 S，在没有管制的市场上，供需会在 q 处达到均衡。这时，如果政府采取相应的手段使消费者将其产生的外部性内部化，则需求曲线由 D 移动到 D'，D' 由 D 减去外部性 E 所得。在规划中，采用开发影响费、额外收费等方式，被认为能够降低对某些建成环境的消费量，具有减轻外部性的效果。

新制度经济学视角下，土地用途的管制可以被看作一种产权的形式，是一种对私有财产的权利限制，也是政府对土地产权进行界定的一种方式。例如，一个地块的开发强度限制可以认为是政府对社会所能接受的外部性大小的一个决定。如图 2-5 所示，土地的开发强度在规划中被限制为 q_0，表示社会愿意承受 e_0 的外部性。对一个开发商来说，如果他开发到 q_0 强度所带来的收益 z_0 大于 e_0，他就有动机付出一定的成本来改变政府对开发强度的限制。对政府或社会来说，他们所能接受的最大强度为 q_1，因为超过 q_1 之后，开发商所能支付的补偿将不足以平衡其所带来的外部性。政府制定的管制强度与他们的议价资本相关。例如当政府制定的管制强度在 q_0 时，他们在协商时有更多的权利要求开发者付费。如果政府将规划管制条件指定为 q_2，则说明政府愿意为了经济发展所带来的其他利益支付非常高的社会成本（Webster，1998）。

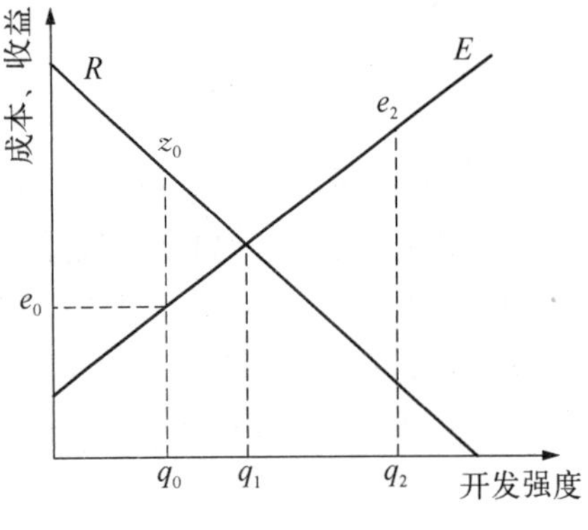

图 2-5　科斯产权理论视角下的土地利用管制问题

资料来源：参考 Webster(1998)绘制。

法学视角下，政府基于公共利益的需要对私人的土地利用自由施以限制，其正当性的来源是“私人的土地利用自由应当对公共需要负有义务”的价值判断。土地所有权社会义务的观点兴起于 19 世纪末 20 世纪初，当时资本主义奉行绝对所有权原则，社会问题日益凸显，因此开始检讨个人主义的所有权制度。当时地少人多的欧陆各国，土地资源固有的稀缺性与人口经济增长带来日益膨胀的土地需求之间的矛盾日益激烈，推动了土地所有权社会化的进程。到今天，面对现代土地问题，土地所有权的社会化出现了个人与社会调和的思想，即个人行使土地所有权要照顾社会利益，但同时也要让个人享有行使土地所有权的适度自由。“所有权社会化”的两个关键点在于公共利益和正当补偿。“公共利益是对所有权限制的正当性前提，也是对所有权保障的内在界限；而正当补偿则是对正当限制所有权的救济。”（杨惠，2010）

结合对土地产权制度的论述来看，土地利用管制制度与土地产权制度也是密不可分的，土地发展权的实施，很大程度上依赖政府对土地利用的管制与界定。二者结合，形成了实际城市土地开发中的使用者权利空间，也即土地发展权的权利空间，这是分析规划利益分配的主要框架（Buitelaar，2004）。

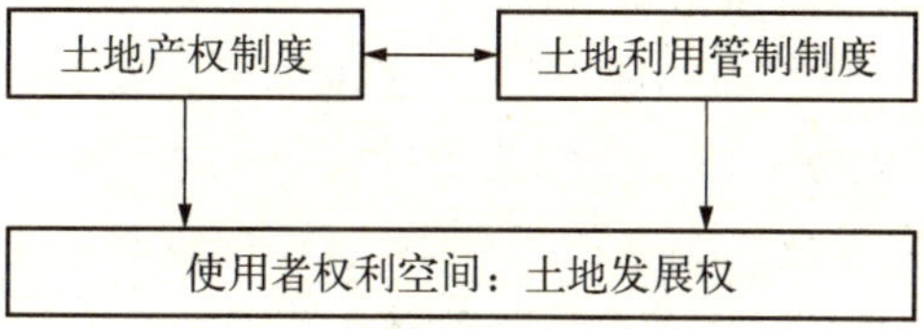

图 2-6　土地使用者的权利空间

二、交易成本理论与效率原则的实现

为实现利益还原的效率原则，需要通过某种方式，对“利益共享”与“间接收益”之和进行衡量。其中最为关键的是度量“利益共享”如何影响效率，从而对“间接收益”产生影响。这里就需要引入新制度经济学中的交易成本概念。

（一）交易成本的内涵

经济学家一直试图从理论上解释自由市场交易为什么会产生低效率，科斯的《企业的性质》一文，将交易成本引入分析，并把制度分析纳入经济学分析的主流。“科斯定理”的原理后来被斯蒂格勒总结为：在零交易成本下，定义明确的产权使得自愿交易成为资源有效配置的充分条件（科斯，1990）。反之，交易成本就成为资源配置无效的障碍。自科斯之后，交易成本就成为解释资源配置低效率或无效率的主流观点，而交易成本与制度有关，制度由此进入经济学分析的主流框架，交易成本也成为兴起的新制度经济学中的核心概念。

但是对交易成本这个核心概念的定义，在新制度经济学家中并没有达成一个明确的共识。科斯本人并没有对交易成本给出严格的定义，在《社会的成本》一文中，科斯指出市场交易是有成本的，比如讨价还价、缔结契约、督促契约条款的严格执行等（Coase，1960），这是从契约过程的角度对交易成本进行定义，从契约的各个环节对交易成本进行归纳。这也是几乎所有新制度经济学家都采用的方法，但是这种方法的局限在于并没有回答交易成本是什么，与生产成本之间有什么本质的区别（伍山林，2000）。威廉姆森从交易的不同维度来考察交易成本的构成，他认为，交易具有三个维度，交易的频度、交易的不确定性程度与种类以及资产专用性条件，这三个维度的特征会对机会主义行为、规制结构选择以及成本补偿产生影响，从而间接地解释了交易的特征与交易成本之间的数量关系（威廉姆森，2002）。但是这样的定义依然没有正面回答交易成本是什么的问题。

也有一些学者对交易成本进行了批判和反思，从这些批判的观点中，可以找到完善交易成本定义内涵的启示。一种重要的质疑来自主观契约论者。库特（Cooter，1982）在其《科斯的成本》一文中对科斯定理提出的最主要问题是，如果将交易成本定义为交易过程中花费的议价成本、时间成本以及签订合同的成本等，则即使在零交易成本的条件下，也不能保证资源的有效配置，因为非竞争性环境下的谋略斗争会成为资源潜在浪费的根源。这个观点后来在布坎南（1988）的《权利、效率与交易：与交易成本无关》一文中进行了引用和进一步解释。也就是说，库特认为交易无法实现资源有效配置的根本原因并非科斯所说的交易成本，而是存在利益冲突的协调问题，要使交易进行，必须解决的是利益分配的问题。那么，是否有可能将这种利益冲突带来的成本纳入交易成本的内涵中去呢？实际上，可以将社会形态的交易成本的本质看作是利益冲突的表现。曾军平（2009）对交易成本作出了如下定义：交易成本存在自然型交易成本与社会型交易成本。自然型交易成本是由自然形成的交易上的障碍，如由于产品本身的不可分割带来的交易比例的选择障碍；由于信息的限制产生的信息搜寻费用等。社会型交易成本是人为因素导致的交易障碍，包括政府对于某些交易行为（如合谋形成卡特尔组织）的禁止、道德伦理准则对于某些行为的谴责等给潜在交易者所施加的限制而引发个体突破限制所需要支付的成本。前者，与新制度经济学家一般意义上讨论的交易成本定义是一致的。对于后者，本书认为可以理解成为化解利益冲突而需要遵循的某些准则带来的限制，这些限制带来的成本本质上都是利益冲突的外在表现形式，例如剩余分配与成本分担的谈判成本、个人确立资产所有权发生的费用等。降低这类交易成本的努力，在更深层次都是在化解利益的冲突。

（二）土地开发过程中的交易成本

按照上文对交易成本的分类与定义，以下按照契约过程的方法，对土地开发过程存在的交易成本进行分析。将一块空地或农地转变为城市空间，或对已经存在城市空间进行改变，都可以看成是土地开发的过程，而土地开发的过程也可以被看成是一系列的交易过程。这个过程从征收并整合一块“熟地”开始，接着，需要进行规划以及基础设施的建设，然后对土地进行处置和建设。建设完成后，建筑物将会被出租或出售，也可能被继续转租和转售给不同的权利人。在这个过程中，还可能发生土地利用强度的变化或者新的建设，或者在相同的建筑中进行其他的用途，最后土地的再开发是对建成区大规模的转变，可能包括拆除重建、改变功能、增加强度等多种手段。下面把土地开发的交易过程总结为六个步骤：土地的获取、土地开发融资、土地规划与整备、土地处置、土地建设、土地再开发(Alexander,2001)。现在对土地开发的六个步骤进行分析，对其中的交易成本进行界定。

(1) 土地的获取可以包括土地征收或整理，涉及的相关主体包括卖方和买方。卖方是土地的原权利人，买方既包括了想要进行土地建设的开发商，还包括了希望在土地交易中获益的投机者。这些主体既可以是个人、公司和公共组织等，也包括政府。在某些国家，政府是这个过程的重要参与者，例如土地公有制的国家以及政府在土地征收中具有重要功能等。土地获取的方式一般有两种，一种是通过市场的手段，另一种是政府为了公共利益而进行强制征收，不管哪一种都存在交易成本。通过市场手段进行土地的买卖，最重要的影响因素是土地价格，而土地价格很大程度上受到土地未来的使用潜力的影响，但土地未来的使用潜力又与周边的土地开发状况密切相关，因而具有较强的不确定性，市场交易主体为了减少这种不确定性需要付出一定的成本。对于强制征收的情况，除了征收补偿的物质成本之外，更大的成本在于与原权利人的谈判成本(Alexander,2001)。

(2) 土地开发融资是获得支持土地征收和开发所需资金的过程。土地开发资金的获取方式有很多种，既可以是多个出资者合作成立公司，也可以是开发者通过借贷的形式获取。通过土地抵押向银行贷款进行融资是土地开发中常用的方式。不论是通过合资还是通过借贷的方式进行土地融资，对提供资本的主体来说，都需要降低资金回收以及土地未来价值的不确定性，这时资本的需求方和提供方都需要付出成本来提供或者获取相关的信息(Alexander,2001)。

(3) 土地规划与整备是指在土地开发之前，开发商需要对场地的规划进行专业的咨询。咨询的对象包括规划师、建筑师和工程师等，通过咨询，对场地进行详细规划并安排必要的基础设施，并且寻找建造商来进行相应的建设。

土地规划与整备过程中交易的是专业的规划设计以及建设服务。这个过程的不确定性主要来自规划编制过程的沟通以及规划审批的行政成本。另外，由于整个规划设计和建设整备的周期可能很长，仍然会带来一定的不确定性，因此带来交易成本（Alexander，2001）。

（4）土地处置指的是开发后土地的转让。当一块土地整备好之后，土地开发者会将它转让给下一个所有者或者使用者，这个买家或者租赁者进行下一步的开发建设，如土地的细分和房屋的建设等。土地处置的买方既可能是为了自己的生产生活购买土地，也可能是为了投机获得土地增值的收益。土地处置过程中土地价格的不确定性仍是带来交易成本的主要因素，这一点与市场方式获取土地所面临的情况相似。对于土地公有制的国家来说，国家作为土地的所有者，不具备市场主体的特征，为了确定土地处置的价格，一般需要通过公开招标、拍卖等方式来保证价格的公正性，减少寻租，这时也会产生额外的交易成本（Alexander，2001）。

（5）土地建设的过程与土地规划整备的过程类似，仍然是开发商、规划师、建筑师与工程师之间的交易过程。这个过程中，规划师和建筑师提供的规划设计方案不仅需要与开发商进行沟通协商，还需要获得政府部门的许可。土地建设过程主要体现的是土地所有者或使用者与土地建设者之间的交易，其中规划设计方案的协调与审批仍会带来一定的成本，但其中的不确定性相对较小（Alexander，2001）。

（6）土地再开发过程包括了土地权利的转变、土地利用方式、利用强度的改变、新建、加建或改建以及拆除重建等，可以是其中一种或多种方式的组合。这个过程既可能发生土地产权的再一次买卖或转租，也可能发生土地的再规划设计和建设，还可能包括重新获得规划建设许可的过程。土地的再开发是对以上流程的组合，这个过程中的交易成本是上述各类交易成本的集合，因此土地再开发的过程交易成本相对较高（Alexander，2001）。

（三）交易成本对利益还原效率原则实施的影响

利益还原的效率原则，要求不平等的存在必须以最不利者的最大利益为前提。在这里，最不利者的最大利益既包括了利益共享，也就是有土地权利人分享的土地收益，也包括了间接收益，也就是土地权利人改良土地用途带来的社会、环境效益。由于在利益共享过大的情况下，土地权利人的积极性会受到抑制，从而降低间接收益，因此需要找到一个合适的利益共享标准。

因此效率原则需要判断的是，利益共享以什么样的形式、什么水平进行可以一定程度地保证间接收益，并使二者之和尽可能的大。本书认为交易成本是度量利益共享适宜标准的有效工具，因为交易成本是阻止交易进行的本质原因。自然型交易成本的存在会增加有利者实施交易的技术成本，而社会型交易成本的存在本质是利益冲突，因此带来利益协调上的障碍。交易成本越高，市场受到的抑制越大，交易越有可能受阻；反之，交易成本越低，市场积极性越高，交易越可能进行，并产生相应的间接收益。因此，交易成本是连接“利益共享”与“间接利益”之间的重要桥梁，并为衡量二者之和提供路径。通过制度的改进，一方面降低技术上的交易成本，如使信息更透明、程序更明确以及降低风险等；另一方面对利益冲突进行合理范围内的调试，也即对利益共享的水平进行调整，增加有利者达成交易的激励，从而实现最不利者利益最大化的目标。

小　　结

城市规划利益还原问题的理论本质是分配正义问题，即城市规划带来的土地利益改变怎样进行分配和负担才正义的问题。本章首先对 19 世纪以来重要的正义观进行了回顾，并对各类分配正义理论及与其相适应的土地利益分配观点进行了考察。在综合各理论流派优缺点和适用性的基础上，提出了城市规划利益还原的两个基本原则。接着，运用新制度经济学中的产权理论和交易成本理论，对城市规划利益还原两个原则的实现方式进行了理论探讨。

对正义理论的考察主要包括三个方面：功利主义、社会公平和平等主义。根据功利主义的观点，应该依据对社会经济福利的计算来确定土地利益分配的方案和额度，但其对个人权利以及除经济利益之外利益的忽视受到较多诟病；根据社会公平的观点，劳动产生的价值才是应得的价值，土地利益中不属于劳动价值的部分都应该进行社会共享，这种观点具有批判性，但是由于忽视了效率，实施存在较大困难；根据罗尔斯平等主义的观点，土地利益的分配应该向社会中的最不利者倾斜（这里指的是不拥有该土地权利的人），只有在最大化最不利者整体利益的情况下可以在分配中存在不平等。

罗尔斯的观点更好地综合考虑了效率与公平，并且提出了对效率的考虑和不平等的容忍应该遵循的标准，具有很强的现实意义。并且，将罗尔斯的正义原则运用到利益还原的界定上，对于功利主义和社会公平的观点都具有一定的兼容性。因此，本书对城市规划利益还原原则的界定，主要参考罗尔斯

"作为公平的正义"的原则,同时一定程度对前两种正义观进行融合。在此基础上,提出负担与补偿的公平原则与效率原则。平等原则指受益者负担,受损者得到补偿的原则;效率原则是指对最不利者最大利益的考虑,如果这种效率的要求会带来不平等,那么只有当该效率能够促进最不利者获利的情况下可以被允许。

为了实现城市规划利益还原的公平原则和效率原则,本书分别从新制度经济学的产权理论和交易成本理论中寻找制度研究的方法。为了实现公平原则,需要将部分土地权利从其权利束中分割出来,通过土地产权制度和土地用途管制制度的结合界定土地发展权;为了实现效率原则,则需要引入对土地开发过程交易成本的衡量,以交易成本联结最不利者收益的两个方面,即利益共享和间接收益,以对利益共享的合理形式和程度作出判断。

第三章　境外城市规划利益还原的制度选择

第一节　境外城市规划利益还原的制度评述

一、英国城市规划利益还原的制度评述

（一）城市规划利益还原的制度背景

英国的土地在法理上和名义上都属于英国国王，但是社会中的个人、组织、政府是土地的实际持有者，他们享有“自由的土地保有权（freehold）”，也就是自由处置所持有的土地的权利，这种权利可以永久所有、世代相传。因此，可以认为英国是一个土地私有制的国家，绝大部分的土地为私人或法人所有，政府和公共部门所有的土地仅占很小一部分。但同时，英国政府又可以因为公共利益的需要对某些土地进行强制征收，法律中对征收条款的适用范围、补偿如何进行等都有明确规定（孙一铭和严金明，2008）。

英国的土地虽然受到法律保护可以自由交易，但是土地所有者不能随意对土地进行开发。在 1947 年的《城乡规划法》中，为了更好地实现战后重建的任务，将英国所有的“土地发展权”国有化，也就是说任何变更土地用途的权力都归国家所有，任何土地持有者想要对土地开发情况进行改变，都需要申请规划许可。虽然英国在土地税费与规划管理上的政策一直受到工党与保守党执政更替的影响而出现不断的调整甚至推翻，但是国有化土地发展权的政策自 1947 年以来一直被继承了下来，成为英国现代土地经营以及规划管理的重要制度基础。

英国的规划制度也是其城市规划利益还原的重要制度背景。英国规划系统对土地开发控制的强调是其主要特征之一。通常认为英国在 1909 年的《住

房与城乡规划法案》是现代城市规划的重要里程碑之一，它确立了地方政府编制规划控制土地开发的权利，主要的目的是解决城市的公共卫生以及住房问题。在1909年之后，英国相继颁布了20多部规划相关的法案，其中1947年的《城乡规划法案》具有重要的意义，因为它把政府进行规划控制的权利由可选变为了强制，由于土地发展权的国有，不进行规划许可的申请，就无法进行土地开发，规划许可成为进行土地开发的必要条件。法案在提出"开发费"的同时，对"开发"行为进行法律上的定义，其中规定了22个行业类，不动产的用途调整如果是在"类"的内部，则不算开发行为，如果是跨"类"经营，就必须先获得规划许可(惠彦和陈雯，2008)。

英国规划另一个重要特征则在于其"自由裁量"，这也是英美法系与大陆法系强调"法律确定性"传统的最重要不同之一，因此，在这种规划制度下，地方发展框架仅仅是核发规划许可的重要依据之一，地方规划部门还需根据各个案例的情况进行"一对一"(case by case)的裁定，当然地方政府的权利受到公众和上级政府的监督与制约。

(二) 城市规划利益还原的主要方式

从意识形态上来说，英国在19世纪时受到亨利·乔治思想的重要影响，特别是激进的思想家们，因此，土地的"自然增值"应该由社区共同分享的思想基础也较强。但上文也提到，英国的土地政策受到两党交替执政不同施政方针的影响而不断更替，其中城市规划利益还原的政策也因此不断变动。下文将对1909年之后，英国100多年的城市规划利益还原政策历史进行梳理。

1. 土地税费制度

1909年《住房与城乡规划法案》以及之后相继颁布的几个法案施行了50%的增值费，在批准土地利用规划(在当时被称为"scheme"，与区划的功能类似)时进行征收。1947年，随着土地发展权的国有化，工党政府还实施了100%的土地"开发费"，也就是说所有开发引起的土地增值收益都将收归国有，由中央政府获得。1953年保守党上台时废除了这项"开发费"。接着，在1967年，工党政府再次执政，他们颁布了《土地委员会法案》。这项法案有两个主要内容：一方面，从长期计划来看，政府将通过强制征收，在远期中央政府将所有用来开发的土地储备起来；另一方面，短期内收取公开市场上土地交易40%的土地增值税，并且税率将缓慢增长。1971年保守党上台时又废除了这项法案。1975年，工党再度掌权，他们提出了《社区土地法案》，继续进行开发用地的强制征收，但这次的主体是地方政府；1976年，则施行了80%的土地发展税(DLT),该税收有一部分由地方政府获得,但大部分仍由中央政府获得。保守党上台之后,没有立即废除这项税收,只是增加了很多免税条款,最后这项税收在1985年废除。这基本成为到现在为止英国进行直接利益还原的终止。但实际上,争论还在继续,2004年工党政府提出了20%的“规划得益补充”(planning gain supplement)增值费,但是没有被采纳;2010年,其在竞选失败前提出的“社区基础设施费”(CIL)实际已经是直接利益还原与间接利益还原的结合体,保守党上台后,也没有立即废除这项提案,而是以一种更加灵活的方式进行实施(Alterman,2012; 张俊和于海燕,2008;惠彦和陈雯,2008;Connellan & Lichfield,1997)。

2. 规划得益

规划得益(planning gain)是英国最重要的间接利益还原手段。一方面20世纪80年代以来,由于没有直接的增值收益捕获机制,土地所有者与开发商获得了大量的土地增值收益。而保守党政府在20世纪80年代对地方政府开支的限制,驱使地方政府开始寻找他们自己的财政来源来完成基础设施建设等任务。他们自然地把目光投向了土地所有者与开发商。在土地发展权归国家所有的前提下,土地所有者与开发商十分迫切地想要获得规划许可以便实现开发获得收益,因而在地方政府与土地所有者、开发商之间形成了议价的空间。因此,地方政府在批准规划许可时,与土地所有者或开发商达成协议,要求他们通过实物、现金等方式承担部分基础设施建设责任,也就是“规划得益”。规划得益在多部城乡规划法案中可以找到法理依据,如1932年的《城乡规划法案》中的“agreement”、1971年《城乡规划法案》中的第52条、1972年《地方政府法案》中的第111条、1972年《住房法案》中的第126条,同时还有一些来自地方法案的支持(惠彦和陈雯,2008;Connellan & Lichfield,1997)。由于在某些情况下,开发者可以通过单边承诺的方式将规划的义务加入规划许可申请中,在1990年的《城乡规划法案》的第106条中提出了“规划义务(planning obligation)”的概念,包括了“规划协议(planning agreement)”和“单边承诺(unilateral undertaking)”两种手段。

规划得益可以包括多方面的内容,可以是实物、现金或者是某种权益的出让。实物的形式可以是开发商负责建设一部分基础设施,现金的形式则是开发商将现金支付给地方政府,由其进行基础设施建设,权益的出让可以是允许社区内居民使用其宗地内某些设施的权利等。规划得益不同于一般的规划条款,它可以使开发商履行那些他们在规划条款中不能包含的义务,例如宗地范围之外的某项基础设施或者现金的支付等，对规划条款的应用范围实现了突破。另外，在没有土地增值税费制度的情况下，规划得益制度原本补偿开发外部性的出发点被逐渐拓宽，它成为进行城市规划利益还原的一种特殊形式，并且越来越重要(张俊，2005)。

(三) 用地规划调整的利益还原模式

从上文的总结可以看出，英国的城市规划利益还原制度与规划管理有着密切的关系。直接的利益还原机制中大部分曾经实施过的土地增值税费，都是在规划许可获得批准时，也就是规划出现调整时进行征收的。一方面是因为这个阶段容易辨识，另一方面也因为这个时点可以捕获最多的增值收益。而间接的利益还原机制本身就是依赖规划系统来实现的。

由此可见，英国的规划调整中存在大量的城市规划利益还原机制。这种机制的基础之一是国家对土地发展权的控制。土地所有者和开发商为了取得发展权，必须分享一部分开发收益，或者通过税费，或者通过规划得益的方式。通过对开发行为的定义，可对规划调整的范围进行划定，从而实现规划调整过程中利益的还原。经过 100 年来工党与保守党的不断博弈，英国规划中的利益还原方式更多的倾向间接的方式，也就是规划得益。虽然工党仍在努力实现土地增值税费的提案，但从工党自身政策手段的变化，也可以看到越来越多向间接捕获的倾斜。从实施效果来看，由于规划得益这种间接捕获的方式更多是地方政府自下而上的制度，并且常常以其他理性作为法理基础，而非直接以实现利益还原为理由，它更容易逃脱不同执政党的政策摆动，从而成为更为稳定和长期的政策手段。

另外，英国规划也赋予了政府等主体强制购买的权力。2004 年的《规划与强制购买法案》指出，只要能够促进或者改善该地区的经济福利、社会福利或环境福利，就可以实施强制购买。当地方规划部门需要进行强制征地来完成他们自己的投资(如基础设施建设等)或者为私人开发商提供大项目所需的集中土地时，法律对土地的强制征收提供了一定保障，包括对征收权力的适用范围以及补偿额度的规定。征收之后的土地由政府持有，或进行基础设施建设供社会所用，或出租给开发商进行开发，政府也可通过租金实现相应的利益还原。但实际中，获得强制购买的许可难度非常大，征地部门必须证明该项目是“一个令人信服的符合公众利益的案例”，证明该项目所带来的好处超过某些被剥夺土地的人受到的损失，此外征地部门的财政资源有限，因此土地强制购买并不经常使用。

二、美国城市规划利益还原的制度评述

(一) 城市规划利益还原的制度背景

美国是全世界拥有最自由土地制度的国家之一，法律保护私有土地所有权不受侵犯。美国大部分的土地也归私人所有，约占所有土地面积的58%，32%的土地归联邦政府所有，10%归州政府和地方政府所有(李茂，2006)。不论土地的所有制形式如何，各种土地之间都可以进行自由的买卖和出租。

早期过于自由的土地制度给美国城市的发展带来了很多问题，如混乱、拥挤等，因此在20世纪初的城市美化运动中，规划制度逐步确立起来，对土地开发进行引导和控制。美国的规划体系可以分为两个方面：一方面是发展规划；另一方面是开发控制。各个层次的政府都可以编制发展规划，例如大多数州政府都要求地方政府编制综合规划，对城市长期的发展做出物质空间的安排，同时包括一系列具体的项目和计划。综合规划通常会作为区划条例的依据，但并非所有州都对综合规划的编制进行强制的要求。区划条例是地方政府实施土地开发控制的最主要手段，区划法规确定政府辖区内所有地块的土地用途、建筑类型以及开发强度。如果在实施过程中需要对区划进行调整，则必须按照法定程序进行，这些程序往往非常复杂(孙施文，1999)。

另外，20世纪60年代，在美国东部的一些州还发展出了一种“土地发展权”转让制度，后来扩展到20多个州，成为协调经济发展与环境矛盾，以及在政府和土地开发部门之间分配利益的重要机制。这种制度通过将私有土地的土地发展权从土地权利束中分离出来，使得土地的开发权可以在不同的土地所有者之间转让。在同一个区域内，根据规划的不同，土地用途和开发强度不同，土地的价值也不同，按规划可以进行开发的土地所有者必须向按规划需要加以保护不能开发的土地所有者手中购买相应份额的土地发展权指标，才能进行开发。这种制度设计利用市场机制有效地促进土地发展权向适于开发的土地集中，同时又实现了对开发受限主体的补偿(胡静，2007)。

(二) 城市规划利益还原的主要方式

虽然美国非常重视对私有财产的保护，但仍然会对城市规划带来的土地增值收益进行还原。亨利·乔治作为美国的经济学家，他的《进步与贫困》影响了世界范围内的土地和税收改革运动，特别对美国的土地制度产生了深远的影响，以至于现在的美国，仍然存留有一些进行“单一税”实验的社区。但后人对亨利·乔治思想局限性也有深刻的反思，可以看到的是，在美国存在的多

种城市规划利益还原的方式中，其法理上的依据更多是实用主义的理性，即增加政府财政收入、补偿基础设施投资以及调控土地开发的目的。

在美国，规划利益还原的方式仍然可以分为直接与间接两种类型。直接的方式主要包括不同类型的土地费。间接的方式则有多种，包括奖励区划、额外收费（exactions）、包含区划、开发协议、土地征用等。

直接的利益还原方式是地费。美国的地费主要有两种，一种是发展征费（development charge），另一种是影响费（impact fee），主要目的都是补偿基础设施的投入，换言之，是对基础设施建设带来的土地增值进行捕获。发展征费是要求开发商承担宗地内的基础设施建设成本；影响费则是对划定的基础设施受益范围内的业主征收相应的费用（Callies & Grant，1991）。间接的利益还原方式与城市规划调整有密切的关系，将在下文进行具体介绍。

（三）用地规划调整的利益还原模式

在美国，对土地价值有直接影响的规划是区划法规，由于区划法规明确地规定了地块的土地用途、开发强度以及建筑类型，在调整区划时往往带来土地价值的巨大改变。在美国不同的州中，有多种方式对规划调整时的规划利益进行还原。比较常用的有以下几种（张俊，2008）：

（1）奖励区划：指的是当开发者愿意为社区提供一些额外的公共利益时，地方政府可以允许其进行一定的超过区划控制的开发。也就是说，当开发商进行超过区划的开发时（本质上是对区划的限制进行了放松），其享受了土地增值的历史，而其提供的额外的社区公益贡献，则相当于与社会进行土地增值收益的分享。

（2）额外收费：指的是开发商或土地所有者需要对社区做出一定贡献来换取对开发的批准。土地细分以及开发协议是额外收费的主要形式。也就是说，开发者在开发一宗地之前，需要获得进行土地细分（将土地划分为更细的地块）的批准，这时就需要进行额外的贡献，既可以是提供实际的公共设施或服务，也可以是现金的形式。例如在安大略省，规划法案中规定，所有新开发的都需要贡献5%的土地用于公园建设，地方政府也可以接受相应数额的现金（Callies & Grant，1991）。

（3）包含区划：指的是当开发商开发的单元数超过了某一数目时，他们需要提供一定比例的中低收入家庭或特定群体住宅。通过这种方式，将开发商的一部分收益转化为其提供的保障性住房还原给社会。

三、中国台湾城市规划利益还原的制度评述

（一）城市规划利益还原的制度背景

台湾从20世纪50年代开始，经过“土地改革”等多项政策措施，确立起来的土地制度是一种以土地私有制为主的土地制度。私人具有土地的开发、收益、转让等权利。只有少部分的土地为公有土地，这些土地主要是河流、屯田，以及公共事业如公立学校、医院等所用土地。地方政府在公共利益需要时可以对私人土地进行征用，但需进行相应的补偿(廖显赤，1996)。

台湾的规划体系也在半个多世纪中逐步确立，主要完善于20世纪60年代，形成了综合开发计划、区域计划、县市综合发展计划以及都市计划四个层次。都市计划又分为主要计划(总体规划)和细部计划(详细规划)两个层次(施昱年等，2009；庄翰华等，2009)。当时台湾实行的是较为严格的土地用途管制方式，一切开发除“法定程序”允许的变更之外，都必须按照各项“计划法令”规定的开发用途、功能区划与开发强度进行开发。1992年之后，台湾开始精简规划议程，将区域计划整合到县市综合发展计划中，同时放松过度管制对市场开发效率的影响，形成了土地开发许可制，对土地的规划与开发须经开发人申请并获得当地主管部门许可后才能实施，这种制度比过去的严格用途管制更加灵活，更能够适应市场的需求(金俭和吕翾，2013)。

（二）城市规划利益还原的主要方式

台湾城市规划利益还原的基础来源于孙中山“涨价归公”的思想。孙中山认为土地投机会扭曲社会中的财富分配，因此，政府需要实施从土地开发中捕获增值收益的政策，以抑制土地投机行为。1954年时，台湾颁布了《平均地权条例》，给台湾行政当局捕获土地的“自然增值”提供了法律基础。台湾自20世纪50年代土地改革之后，经济社会高速增长，对土地的需求、投入土地的资金也随之迅速增长，引起了土地价值的不断增值。

为了应对土地投机，并为台湾行政当局筹集基础设施建设的资金，同时为了让社会分享土地增值的收益，在台湾主要实施了两类城市规划利益还原政策手段。主要的直接利益还原机制是土地增值税。主要的间接利益还原机制包括区段征收、土地重划、总体规划调整、商业—工业混合利用区、农地调整项目等。不同的机制主要应对不同的开发情况，对开发商要求不同的公共贡献比例，包括土地面积贡献、土地收益贡献等多种方式(Lam & Tsui，1998)。

（三）用地规划调整的利益还原模式

以上提及的两大类机制，与规划调整密切相关的是第二类机制，下面将详细地介绍这几种城市规划利益还原的方法。

（1）区段征收（block land acquisition）。区段征收主要用于新的城市开发或者城市新区的建设，任何层级的行政当局都可以用这种方式启动土地开发，与土地所有者分享土地用途调整等带来的大量土地增值收益。在土地开发之后，原土地所有权人可以获得原有40%的土地，而剩下的60%中，有35%用于道路和公共服务设施建设，另外25%则由行政当局所有，通过售卖这部分土地，行政当局可以筹集建设基础设施的资金。对于原土地所有者来说，虽然只能获得40%的土地，但是只要土地的增值高于原有价值的2.5倍，则仍是有利可图的。而由于60%的土地由行政当局获得，所以进行土地投机的动力被大幅降低（Lam & Tsui，1998）。

（2）土地重划（land consolidation）。土地重划与区段征收的方式相似，主要用于集合一定范围已建设区域内不同所有者的所有土地，然后用于新的土地开发。开发后，将有一部分土地返还给原有土地所有者，通常是40%—50%。剩下的土地由行政当局获得，一部分用于基础设施开发，另一部分用于售卖筹集资金。但是由于在台湾的相关规定中，始终没有对什么情况下采用土地重划、什么情况下采用区段征收进行明确的说明，大部分情况下土地所有者都倾向于选择土地重划。实际上，在有些情况下，由于土地价值的改变能够很快实现，例如土地的用途发生变化时（例如从农业用地转为居住用地），土地增值较大，应该采用区段征收的方式（Lam & Tsui，1998）。

（3）总体规划调整（comprehensive plan）。台湾两个主要城市的总体规划允许土地所有者对区划或者容积率进行改变，但需要付出相应的开发费。例如，在台北市，开发商可以将区划由居住用途改为商业用途，代价是需要给城市贡献15%—20%的土地，同时还需要贡献开放空间、基础设施建设的土地。如果是从工业用地转变为商业用地，则土地的贡献比例为25%、30%或35%（不包括用于开放空间和基础设施建设的土地）。在高雄，总体规划中的用地调整也是允许的。如果是工业用地调整，贡献比例为32%—42%，而农业用地的调整则可达到50%或60%的贡献率（Lam & Tsui，1998）。

（4）商业—工业混合利用区（industrial-commercial mixed-use districts）。台湾允许对城市或非城市土地进行更高强度的利用。通过制定混合利用区规划，可将原有的区划和土地利用规划覆盖。开发商可以特别申请这块土地的开发许可。作为回报，这种特别批准的开发要求开发商不仅做出土地贡献，还需要做出利润分享。也就是说，开发商需要贡献给城市 30%的土地（不包括开放空间和基础设施建设的土地），并贡献项目 12%的成本（Lam & Tsui, 1998）。

(5) 农地转用（agricultural land conversion）。在台湾实现第一产业向二三产业转型的过程中，有大量的农业用地会转化为城市用途。在相关的规定中，开发商对城市的土地贡献需要达到 30%，而且还需要根据项目成本事先付给行政当局一定比例的佣金。

总结起来，在台湾通过土地利用管制的方式进行增值收益的捕获主要通过土地贡献的方式。对这些贡献的承诺都在土地开发或者给予许可之前达成，也就是说，所捕获的价值是开发商与行政当局达成一致的对于土地未来价值的估价（Lam & Tsui, 1998）。

表 3-1　台湾城市规划利益还原的方式

利益还原的机制	返还给土地所有者的土地比例(%)	贡献给城市的土地比例(%)	用于基础设施建设的土地比例(%)	其他资金贡献
区段征收	40	25	35	—
市地重划	45	约 30	约 25	—
总体规划调整	45	15/20(台北) 32—42(高雄)	25—35	—
商业—工业混合利用区	40—45	30	约 25	12%(手续费)
农地转用	40—45	30	约 25	(手续费)

资料来源：参考 Lam & Tsui(1998)整理。

四、中国香港城市规划利益还原的制度评述

（一）城市规划利益还原的制度背景

香港施行的是公共土地批租制度，也就是国家拥有土地的所有权，个人、企业等通过公开的拍卖批租获得土地的发展权。这项制度在英国占领时期发展起来，是其管理城市扩张、促进工业和公屋的开发、为基础设施建设筹集资金的重要方式。在 19 世纪 40 年代，由于承租人不满于 75 年的租期太短，1848 年时，将所有批租土地的承租期调整为 999 年，但在 1898 年时，英国政府开始意识到，过长的批租年限使得政府无法与承租人分享土地增值的收益，因

此暂停了999年租期土地的批租，换之以75年之后可续租75年的租约，承租人只需按新的标准支付租金。这以后，75年成为标准周期。直到1997年香港回归后，将一般土地租期改为50年，以便与保持香港现状50年不变的承诺一致。承租人将与政府（作为大业主）地政署签订租约，租约中会对土地的租期、土地用途、容积率、建筑密度、停车泊位、环保设施等进行约定。租约制定时，地政署会咨询城市规划署以及其他相关政府部门的意见（Hong，1998）。

香港的规划体系分为三个空间层次：全港性、次区域性以及地区性。其中全港性和次区域性规划并非法定性文件，而是政府经过详细研究和咨询公众意见之后制定的全港及几个次区域的长期发展策略。地区性规划是土地的详细用途规划，主要指法定图则和政府内部图则。其中法定图则包括法定分区计划大纲图以及发展审批地区图。分区计划大纲明确显示出规划地区内的拟议土地用途，每份分区计划大纲图均附有一份注释和一份说明书。每份注释会说明各个地块通常准许的土地用途（第一栏用途），以及必须先取得城规会的许可方能进行的土地用途（第二栏用途），以便对土地用途分区内的发展执行管制。此外也列明有关的规划限制，比如容积率、建筑高度。说明书则反映图则上各类土地用途地块的规划意向和目的。发展审批地区图主要涵盖市区以外的地区，是为选定的地区提供中期规划管制与发展指引，以待进一步编制分区计划大纲图（宋家明，2003）。政府内部图则为非法定规划，包括发展大纲图和详细蓝图。发展大纲图根据有关的次区域发展策略及分区计划大纲图而制订，更为详尽地表示发展计划的内容。发展大纲图和详细蓝图一旦获得批准，便会对政府起到约束力，成为筹划及管制发展、出售、预留及批拨政府土地等事宜的指引。所有政府内部图则均可供市民查阅（侯丽和峦峰，2000）。

（二）城市规划利益还原的主要方式

基于公共土地批租制度，土地承租人享有土地的使用、开发、转让以及收益权，但香港政府会通过一定方式进行土地增值收益的还原，除了财产税、财产收益税、印花税等一般税收政策之外，还包括四种与土地批租制度密切相关的方式：首次拍卖或竞标、续租期、修改租约以及土地年租金。1970—1995年，香港全部的土地收入中，首次拍卖或竞标收入占74%，修改租约占20%，续租期占1%，而年租金占4%（Hong，1998）。

政府对香港的土地进行公开的拍卖。在首次拍卖中，出价最高者可以获得土地的开发权。另外，政府也可以通过协议的方式出让土地给某些特殊的工业或者非营利组织。这些土地用于支持重要工业的发展，或者用于保障房建设等公共的目标，因此，政府会提供优惠的供地价格或者免除土地的出让金（Hong，1998）。

除了需要在首次竞拍时支付土地出让金之外，承租人还需要向政府支付年租金。在香港回归之前，年租金并不是用于回收土地增值收益的重要方式，更多是一种承租人与土地所有者之间租赁关系的象征。在香港回归之后，政府可以在每次重新评估土地价格时对年租金的标准进行调整，因此年租金可能成为更加重要的土地增值利益回收方式（Hong，1998）。

如果承租人想要对所承租的土地进行再开发，则需要向政府申请修改租约。租约的修改分为两种情况，一种是“小调整”，另一种是“大调整”。“小调整”一般不需要太多的协商，比如减少停车位的要求或者延长某项任务的时间，这种情况只需要在原有的租约上添加一个“变更说明”，对修改的内容、补交的费用以及新的租约条款进行说明。而“大调整”通常涉及对开发限制的调整、再开发分散的用地以及土地转让等，需要进行更多的协商。要完成租约的修改，承租人需要为获得新的用地权或者放松某些租约限制而支付额外的费用。租约修改费按照对租约进行修改之后土地价值增加的估算来计算（Hong，1998）。

最后，当承租人的租约到期时，需要进行续租。续租也分为两种情况。一种是原租约说明可续租的土地，这种土地在到期时可以直接续约，不需支付新的土地出让金，只需对年租金的标准进行调整；另一种是不可续租的土地，这种土地到期时，承租人需要向政府提出续租的申请。由于租约到期时，土地发展权就已经回归到政府的手中。这时，政府如果需要利用土地进行公共建设，可以拒绝申请，只需要对原承租人进行建筑物的补偿。政府也可以与承租人签订新的租约，这时承租人需要支付完全市场价值的土地出让金（Hong，1998）。

（三）用地规划调整的利益还原模式

在香港的规划中，可以把规划调整分为两种情况。

第一种情况是开发商、承租人自身需要对土地开发进行调整。这时候，需要依据法定图则向规划署提出规划申请，获得新的规划许可。但土地增值的收益并非由规划部门来回收，因为在改变开发方式时，承租人同时还需提出修改租约的要求，所以还需要向地政署补交租约修改费，从而实现城市规划利益的还原。

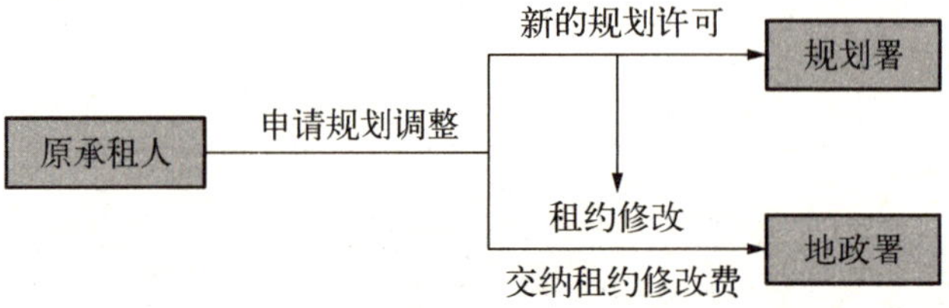

图 3-1 原承租人提出规划调整的利益还原机制

另一种情况是政府因公共利益的需要对土地进行再开发，这时需要对土地进行征收，给予原承租人相应的补偿，然后可以引入私人资本承担开发或者承担部分开发成本。土地再开发的工作由市区重建局负责。香港在 1987 年时成立了土地发展公司，专门负责旧区的重建工作，这是一个政府法定机构，但以商业原则经营，自负盈亏。2001 年时改组为市区重建局，政府分 5 年拨付其 100 亿港元重建基金，并给予其他的相关优惠政策。市区重建局实际是非盈利的土地开发公司，通过重建发展、楼宇修复、文物保育、旧区活化（rehabilitation，redevelopment，reservation，revitalizing）四项策略，对 30 年以上楼龄的旧楼进行收购、重建，或者承担可使社会受益但经济上未必盈利的土地项目。

在对土地进行征收时，需要根据相关法律的规定对被征收者进行补偿。补偿除了根据近似地区同类物业市场价值评估计算的法定补偿外，有时还包括部分特惠津贴。另外，征地行为具有很强的强制性色彩。征地补偿争议不影响征地行为的法律效力。按照香港《收回土地条例》等法令的规定，政府在发出收地公告后 3 个月（或政府确定的其他期限）届满后，无论地政部门与土地权利人是否就补偿问题达成协议，土地自动复归政府所有，除补偿问题外，土地权利人不得对政府或者其他任何人采取法律行动或进行任何诉讼。由于征收土地时的补偿是按照土地原合法用途进行的，规划调整后的土地增值收入由政府获得，或者直接通过公共设施的供应返还给社会。

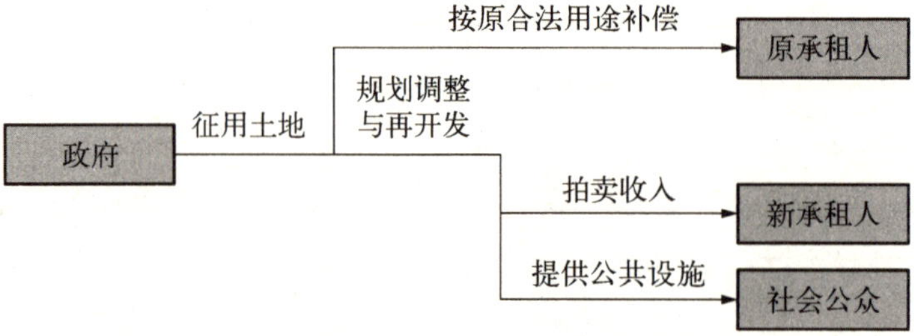

图 3-2 政府主导规划调整的利益还原机制

第二节　境外城市规划利益还原的制度总结

表3-2总结了各国(地区)各类规划利益还原制度,分为宏观的、微观的两大类。宏观的制度是指一个国家或地区基本的土地制度中所包含的利益还原内容。微观的制度包括直接和间接两类,直接的利益还原主要指以租、税或费的形式回收的土地增值收益;间接的利益还原则是借用地方政府用地规划的权利向开发者要求的负担,负担的形式不仅仅包括现金,也包括提供土地、公共服务、基础设施等内容(Alterman, 2012)。

表3-2　境外城市规划利益还原的机制总结

分类	名称	内容	主要应用国家和地区
宏观	土地储备(land banking)	政府通过土地预征购买地价还未上涨的土地,经过改良,将“生地”变为“熟地”,再出租或出售给私人土地开发者或进行基础设施建设,从中获得土地增值的收益	荷兰、瑞典等
	市地重划(land readjustment)	重划范围内的土地权利人分别贡献一定量的土地用于支付基础设施建设等再开发成本,重划原土地权利人后获得的土地面积减少但总的价值不减少	日本、中国台湾等
微观(直接)	土地税费(betterment levy)	开发者需要缴纳规划调整前后土地增值一定比例的税或费作为获取土地开发权的条件	英国等
	开发影响费(impact fee)	对划定的基础设施受益范围内的业主征收相应的费用	美国、加拿大、荷兰等
	土地租金	政府将国有土地以一定的年限批租给个人或企业进行开发经营并收取租金	中国内地、中国香港、新加坡等
微观(间接)	规划得益(planning gain/exaction)	开发者需要对社区做出一定的贡献来换取对开发的批准,贡献既可以是提供实际的公共设施或服务,也可以是现金的形式	英国、美国、中国台湾等
	奖励性区划(incentive zoning)	当开发者愿意为社区提供一些额外的公共利益时,地方政府可以允许其进行一定的超过区划控制的开发	美国等

续表

分 类	名 称	内 容	主要应用国家和地区
微观(间接)	开发权转移(transfer of development right)	开发者需要向有富余开发权的权利人购买所需的土地开发权	美国、日本等

资料来源：根据 Callies & Grant(1991)；Connellan & Lichfield(1997)；Lam & Tsui(1998)；Martim & David(2000)；田莉(2004)；张俊(2005)；Hong & Needham(2007)；胡静(2007)；惠彦和陈雯(2008)；张俊(2008)等文献整理。

一、宏观的城市规划利益还原制度

(一) 土地储备制度(land banking)

土地储备制度是指政府为了公共用途提前征用土地或者大规模地预征未开发的土地用于城市未来的发展。通过土地预征，政府购买地价还未上涨的土地，经过改良，将"生地"变为"熟地"，再出租或出售给私人土地开发者，或者进行基础设施建设，从中获得土地增值的收益，达到抑制土地投机、调控城市空间发展的目的。实施土地储备制度的前提包括政府的强制征收和优先购买权。

上文所提到的案例中，英国在 20 世纪 60 年代降低了土地增值税的税率，同时开始使用土地储备的方式，希望通过逐步将开发土地汇集到政府手中的方式辅助规划利益的还原。其实最早实行土地储备制度的国家是荷兰，除此之外，还有瑞典、法国、西班牙、澳大利亚、加拿大等国家也相继建立了土地储备制度(杨遴杰等，2002；陈士银和周飞，2007)。例如瑞典的斯德哥尔摩在 20 世纪早期利用银行贷款和皇家拨款购买了大量的土地，到 20 世纪 80 年代末时，政府拥有全市 74%的土地以及所有未开发土地的所有权，对引导和控制城市的发展起到了重要的作用，而土地储备带来的收益也成为改善社会低收入者居住状况的重要资金来源(田莉，2004)。

利用土地储备制度实现利益还原的主要问题在于其对政府的资金投入有比较高的要求，因此对开发潜力还不高的区域进行储备是可行的，如郊区的农业用地，但对开发价值已经很高的存量城市用地，进行土地储备的成本大幅增加，难度也加大。如果对储备土地采取出租的方式进行处置，则有利于政府通过租金的调控来长期捕获土地增值的收益,但资金回收周期长,带来的资金压力较大(杨遴杰等,2002);另一种方式是出售,这种方式有利于快速回笼资金,但是土地一旦卖出,私人土地所有者就可以进行相对自由的买卖、转让(陈士银和周飞,2007),政府就失去了在未来进行土地增值收益捕获的机会,而要对已卖出的存量土地进行再次储备则需要付出更高的代价。

(二) 市地重划(land readjustment)

市地重划是指将一定区域内零碎不完整的土地,通过重新的整理、交换、分合并兴建公共设施,将之划分为大小适宜、形状规整的地块,再按照原有权属进行分配的一种土地再开发方式(张俊,2007)。通过市地重划,一部分土地用于建设公共设施,或有一部分土地用于售卖,利用其收入进行再开发投入的平衡,这样,原土地权人获得的土地面积会减小,但是由于单位价值上涨,其最终获得的土地价值等于或高于原有土地,而社会或社区因此获得基础设施、公共服务设施的改善。市地重划的特点在于,不用将土地从土地原权利人手中强制征收回来,避免了可能的抵制、谈判和社会冲突。

上文案例中,台湾对市地重划的方法运用较多。通过市地重划,原权利人可以获得40%—50%的土地,行政当局则获得剩下的土地,用于公共设施的建设或售卖筹集建设资金,实现土地利益的还原。区段征收的方式与市地重划在原理上没有本质的不同,只是原权利人留用地的比例更小,获得补偿的方式更灵活。台湾的市地重划经验受到日本土地制度的影响,日本是国际上较早实行市地重划的国家,相关制度在其地震灾后重建、城市扩张的过程中发挥了重大的作用。

运用市地重划进行规划利益的还原需要注意的是,市地重划并没有一个统一的标准模式。市地重划的核心理念是促进土地权利人自发地进行土地的转让、置换、更新,从而降低整个土地交易过程的交易成本。但什么样的制度设计可以降低交易成本,在不同国家与地区差异性的制度背景之下,答案通常是不同的。实践中,政策制定者需要通过对规则的调整来适应不同的制度背景。

二、微观的城市规划利益还原制度

(一) 直接的城市规划利益还原

直接的城市规划利益还原以收取土地租税费为主要形式。

地租是指土地所有者对土地使用者索取的报酬,作为规划利益还原的方式主要存在于公共土地批租制度的国家与地区，这些地区的政府将国有土地(土地所有制规定国有或政府通过土地储备获得的土地)以一定期限和限制条件出租给土地使用者时获得租金，通过对租金、租约的管理和调节来达到规划利益还原的目的。上文案例中，中国香港对地租制度有重要的运用。

土地税是国家以土地为征收对象从土地所有者或使用者手中强制、无偿和固定取得的实物或货币，是一种特殊的分配活动(邹伟等，2013)。土地税可以分为财产税和所得税两种主要形式(李嘉碧，2011)。财产税形式的土地税是对土地的拥有进行征税，以反映土地拥有量的数值为课税的依据(李嘉碧，2011)。所得税形式的土地税是对土地产生的收益进行征税，以土地自身以及各种其他原因带来的增值收益作为课税的对象(李嘉碧，2011)。所得税形式的土地税一般是在土地发生产权关系、产权内容变化的时候征收，既可以对土地有偿转移环节征收，也可以对土地的取得、无偿转移环节征收，如赠与税和遗产税等(阮家福，2009)。世界上有许多国家和地区实施土地税，其中以城市规划调整带来的土地增值作为课税对象的土地增值税，是城市规划利益还原的重要手段。上文所总结的案例中，英国及中国台湾，都对土地增值税进行了运用。

土地费通常是指政府向土地所有者或使用者收取的管理性、服务型和补偿性费用，包括劳务补偿、工本补偿和设施补偿几类。在土地费中，设施补偿是对基础设施和公共服务设施的补偿，是对规划利益进行还原的重要方式。例如上文案例中美国的开发影响费，就是土地费的一种。

直接利益还原背后的理性为土地持有者分享土地自然增值的法律和道德责任，它不需要其他的实际理由来证明其必要性和合理性(Alterman，2012)。它的存在就是对理应回收土地自然增值这种意识形态的认同和应用。也正因为其明确的政治立场，这种以土地税为形式的增值收益捕获方式在政策上缺乏稳定性，特别是两党制的国家中。最典型的案例来自英国，从 20 世纪初开始，土地税在政党更替中几废几立，受到不同政见的强烈影响，到现在则渐渐被间接的利益还原机制替代。同时，直接的利益还原实施起来有一定的难度，通常不受到受益的现有业主的欢迎，同时征收起来具有高昂的成本(田莉，2004)。波兰也是一个实施土地增值税的国家，其在 20 世纪 90 年代，共产主义政权解体之后颁布了新的城市规划法律，对规划批准带来的土地增值征税，但由于制度设计上的问题，包括与其规划现实脱节的征收范围以及过于宽松的自由裁量，其土地增值税的实施性很差，几乎只是一则存在于纸上的法规(Alterman，2012)。但不可否认的是，在另一些国家与地区，如在中国的香港、台湾，土地租税费，特别是与规划程序相结合的有关租税费，仍然是捕获土地增值收益的重要方式之一。

（二）间接的城市规划利益还原

间接的城市规划利益还原与直接利益还原不同，它往往是在地方政府层面自下而上产生的机制，提出的理由也不一定直接提出是为了捕获土地的增值收益，而是有一些更加实用主义的理性支撑，例如上文提到过的为了城市基础设施建设筹集资金，防止土地投机等（Alterman，2012）。

间接城市规划利益还原的主要方式是依赖地方政府的用地规划权力，以额外的开发权或者一些规划限制的放松为交换，向土地所有者或开发商索取一定的费用、土地或者是公共服务的建设。通过多种多样的方式，地方政府可以将公共服务、基础设施建设的成本转移给开发商。在上文的案例中，英国、美国和中国台湾都有相应的间接规划利益还原手段。在英国为规划得益或规划义务；在美国，包括奖励区划、额外收费等；在中国台湾，也有类似的机制，要求开发者在调整规划时贡献一定比例的土地或现金。

间接的城市规划利益还原与直接的方式相比，一方面实现的方式更加灵活多样，在一定条件下可以降低交易的成本；另一方面增加了政府与市场之间的谈判空间和政策实施的弹性。最后，间接利益还原的收益通常是以实物或用地的形式返还，利益还原的受益方具有一定的指定性，也就是项目周边区域的居民和权利人，而土地租税费，特别是土地税通过进入地方或中央财政进行再分配，其受益范围则具有普遍性。因此，地方政府更有意愿进行间接的利益还原。

第三节 境外城市规划利益还原的制度对比

一、土地储备与市地重划的制度选择

在城市规划的实施中，常遇到需将零碎土地整合起来统一配套开发的情况，在不同情况下对土地储备与市地重划工具的选择，也体现了市场与政府之间的力量博弈，其中基于强制征收的土地储备对于利益还原的实施更具强制性，而市地重划则提供了更大的协议与参与空间。虽然大多数国家都赋予了政府为公共利益需求强制征收土地的权力，但在实际中，因对私人权利的保

护，这项权力的行使成本很高，常因谈判与补偿付出大量的时间与金钱成本，还常引起社会冲突（Hong & Needham，2007）。因此，尽管理想情况下，政府以现有土地价值征收土地，进行平整与设施配套后卖出，依靠中间的价格差补偿土地平整与设施配套的成本，可以实现规划的利益还原，但在现实中，这种利益还原的方式并不常用，一些国家与地区开始寻找替代的方式，通过市地重划来整理土地，并实现部分价值的捕获（Alterman，2007；Needham，2007；Hong & Needham，2007；Der Krabben & Needham，2008）。

由于土地在重划之后价值一般会提升，原权利人虽需贡献部分土地用作建设公共设施及筹集建设成本，但其分回的土地价值并不减少。与强制征收不同，市地重划过程中，政府不需向原权利人征收土地，兴建公共设施的投入也可由重划后贡献的部分土地出售获得，省却了大量成本，同时，原权利人的参与减少了发生社会矛盾的可能性（Hong & Needham，2007）。以荷兰为例，传统的土地整理方式是政府征收，但由于其法律规定，在原土地所有者证明其有能力实现符合规划的开发时，政府不能行使强制征收的权利，因此，在一些项目中，市地重划的方式开始得到运用，政府首先将重划范围内的土地整合起来进行统一再开发，之后再以事先协议好的比例分给原来的土地所有者（Der Krabben & Needham，2008）。而在日本，市地重划长久以来已经形成了稳定的法律基础，1954 年日本颁布了市地重划的基本法，为这种方式在城市扩张、城市更新以及新城建设的过程中广泛的应用提供了法律基础（Sorensen，2000；Sorensen，2007）。

二、土地税费到规划得益的制度演变

分别作为直接与间接利益还原制度的主要代表，土地税费制度与规划得益制度在各个国家与地区制度中的消长，体现了在利益还原制度实施中市场与政府的博弈，其中土地税费制度具有更高的强制性，规划得益则留给市场与政府更多议价的空间。例如，Alterman（2012）在对多个西方国家的研究中发现，只有很少的国家真正长期地运用了土地税费作为利益还原的工具，且实施效果都不佳，规划得益这种间接的还原方式的使用却日渐广泛。通过对中国台湾利益还原制度的研究也可发现，土地增值税等手段因为实施成本及市场抵触等原因，其实现利益还原的效果逐渐减弱，而与开发控制相关的用地贡献成为利益还原制度中更有效的部分（Lam & Tsui，1998）。

英国因其长时间的土地税费制度历史以及两党制的背景，成为观察这种博弈关系的最佳案例之一。从上文的国际经验研究中可以总结出英国城市规划利益还原制度的演变历程，如图 3-3 所示。一方面，在英国保守党与工党轮流执政的过程中，土地税费几废几立，其中工党政府对于实现"公平"更加激进，而保守党更加倾向于维护自由市场的效率，最终土地税费制度在英国现阶段法律中逐渐式微，而间接的利益还原方式也就是规划得益的运用越来越广泛。

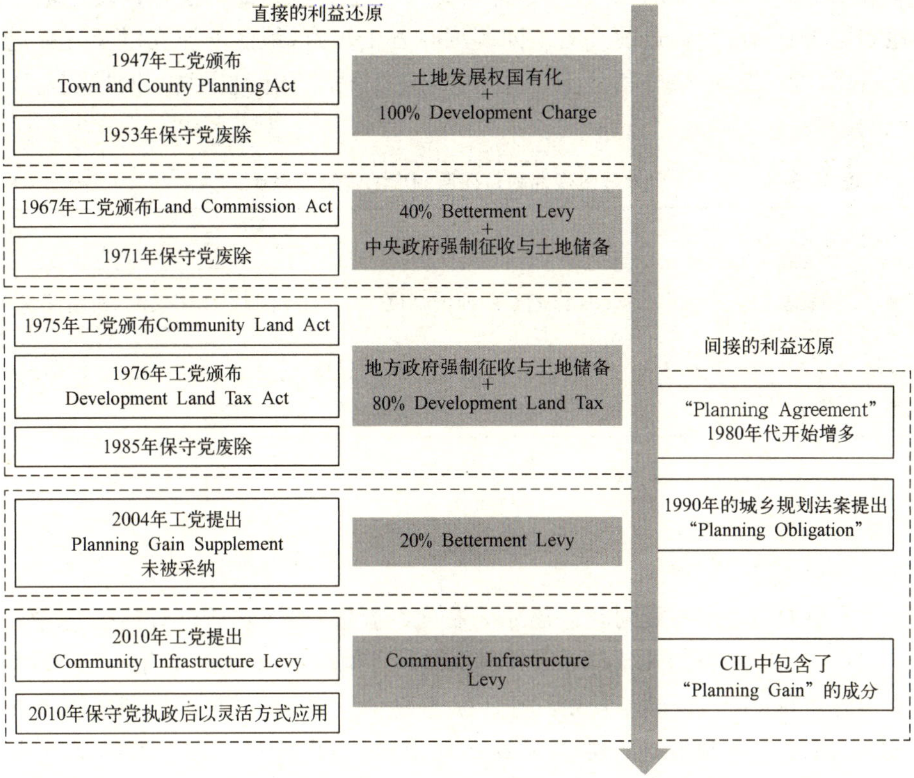

图 3-3 英国 1947 年以来规划利益还原制度的演变

但即使是更加激进的工党政府，从 1947 年的 100%增值收益回收，到 20 世纪 80 年代土地发展税的废止，再到后来一些没有成功的提案（Alterman，2012；Connellan & Lichfield，1997），其自身的政策也在逐渐趋于柔和，并且更加重视对地方政府的激励以及对间接收益捕获手段的运用，体现出考虑市场效率的一种折衷选择。

三、境外城市规划利益还原制度优缺点对比

表 3-3 对各类利益还原制度的特点、优缺点进行了对比。可以看到土地

储备以及以土地租税费为代表的直接利益还原制度具有强制性的特点，其优点是能够保证利益还原的强度，但是同时也存在抑制市场积极性、增加交易成本以及引起社会冲突的可能性。而市地重划以及以规划得益为代表的间接利益还原特点在于协商性与参与性，其优点在于有利于提高市场的积极性、降低交易成本并减少可能的社会冲突，但是这类制度可能无法完全保证理想的土地利益还原强度。通过前文对不同制度在各个国家、地区的演变以及选择进行对比，可以发现，境外利益还原制度出现逐步倾向于市地重划和间接利益还原的趋势。

表 3-3　　境外城市规划利益还原制度的优缺点对比

机制类型	特点	优点	缺点
● 土地储备 ● 直接利益还原	强制性	保证利益还原的强度	抑制市场积极性，实施交易成本高、引起社会冲突
● 市地重划 ● 间接利益还原	协商性	提高市场积极性、降低交易成本、减少社会冲突	无法完全保证利益还原的强度

小　结

本章对境外城市规划利益还原的制度经验进行总结，通过对英国、美国、中国台湾和中国香港的城市规划利益还原制度概况进行梳理，总结出宏观的、直接的和间接的三类城市规划利益还原的方式。宏观的城市规划利益还原方式包括土地储备和市地重划等；直接的城市规划利益还原方式主要为收取土地的租税费；间接的城市规划利益还原方式包括规划得益、奖励性区划以及土地发展权转移制度等。

但是，种种为了达到社会公平的规划利益还原手段并不总能如愿以偿，因为利益还原机制本身存在交易成本，很可能会降低市场效率。对比境外国家的多种利益还原机制，发现土地储备和直接利益还原机制具有更高强制性，能够保证土地利益还原的强度，但交易成本较高；市地重划和间接利益还原具有协商空间，能够降低交易成本，但对利益还原强度的保证有限。从相关国家与地区利益还原制度中土地税费与规划得益、土地储备与市地重划的制度变化，可以看到境外利益还原制度上逐步倾向于市地重划和间接利益还原的趋势。

这种倾向表面上看是社会力量对市场力量的一种妥协，但从更宽泛的利益内涵上来看，可以认为是一种更高层次的还原，体现出城市规划利益还原的效率原则。如图 3－4 所示，虽然土地价值可以认为是城市规划利益的核心内容，但城市规划带来的利益改变还包括税收等经济利益以及社会利益、环境利益等非经济利益。在土地收益上的让利，如果可以带来税收的增加、社会冲突的减少以及对生态环境保护的激励等，提高社会的公共福利，则可认为实现了最不利者的利益最大化，符合城市规划利益还原的效率原则。同时，这种倾向也体现出土地事务中由自上而下的管制向多方参与的共同治理模式转变的趋势。

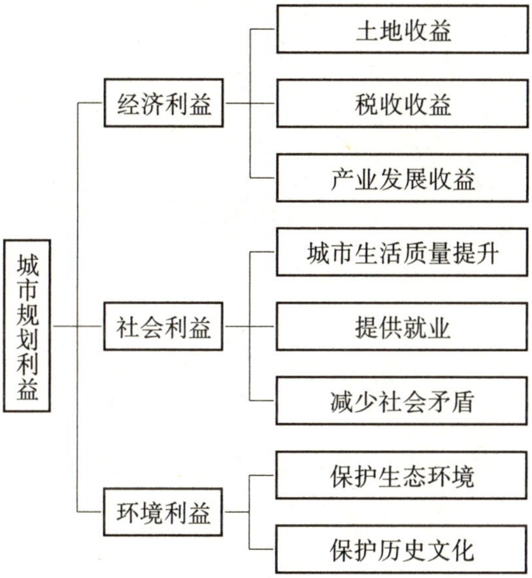

图 3－4　城市规划利益的广义内涵

第四章　中国开发区工业用地更新利益还原制度的分析

第一节　中国开发区转型趋势与工业用地更新需求

一、中国工业开发区的转型趋势

从20世纪80年代开始，中国的第一批经济技术开发区和高新技术开发区陆续成立，拉开了中国工业开发区发展的序幕。截至1991年底，中国共有国家级开发区41个，一些地方政府也在积极酝酿建设地方性的开发区。1992年，邓小平南方谈话掀起了对外开放和引进外资的热潮，中国开发区也由此进入了快速发展期。在经历1992年和21世纪初的两次“开发区热”后，59个国家级开发区和6 000多个各级地方政府兴办的开发区相继成立。2003年7月30日国务院颁发了《关于清理整顿各类开发区加强建设用地管理的通知》，对各类开发区进行严厉的清理整顿。到2006年，全国各类开发区由6 866个核减至1 568个，规划面积由3 186万平方千米缩减至9 949平方千米，并且暂停新设和扩建各类开发区。

郑静等(2000)通过总结中国城市开发区的发展历程，认为中国开发区发展的生命周期分为四个阶段：早期阶段、扩张发展阶段、竞争分异阶段、成熟阶段。其中从竞争分异阶段开始可认为是开发区的转型期，最后一部分开发区发展成为城市新区，甚至新兴城市，另一部分仍然维持为中小规模工业区，其余的以失败告终，必须缩小规模，复耕还田。

郑国(2010)以北京亦庄经济技术开发区为例，研究开发区的转型发展与城市空间重构之间的关系，通过分析北京经济技术开发区发展与北京市的经济、人口和社会空间重构之间的相互影响，提出北京经济技术开发区向亦庄新

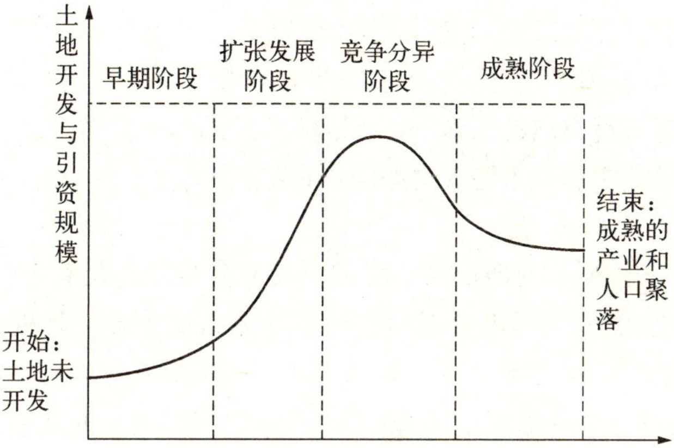

图 4－1　中国城市开发区发展的生命周期

资料来源：郑静等(2000)。

城转型的趋势，并总结开发区向边缘城市转型的理论范式。他将中国开发区发展分为了三个阶段：起步阶段、发展阶段和后开发区阶段。他认为随着政策优势的逐步消失，开发区经济开放的历史使命也将走向终结，进入后开发区阶段。在这个阶段，开发区的功能将面临分异：一部分开发区将成为“创新的空间”；大部分开发区将由新的产业空间转变为一个新城区；还有一些开发区将进入衰退阶段。

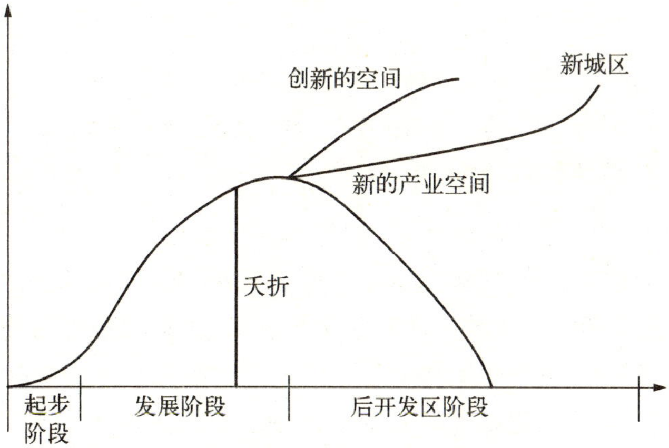

图 4－2　中国开发区发展的生命周期

资料来源：郑国(2010)。

通过对中国工业开发区发展历程的回顾，可以发现中国的工业开发区，特别是沿海发达地区的工业开发区，已经经历生命周期中的起步、发展阶段，现阶段逐步进入转型期。实际上，许多开发区开始了对“二次开发”“优二进三”“转型升级”等发展方向的探索。开发区转型的需求主要体现在两个方面：产业转型升级的需求和城市综合功能提升的需求。

1. 产业转型升级需求

一方面，产能低下的产业需要腾退。大部分开发区在最初引进企业时入区门槛不高，主要依靠国内低廉的劳动力等要素成本吸引外资，发展了大量“三来一补”的出口加工型企业。受到劳动力成本提升、国际经济危机等大趋势的影响，这些企业附加值较低，需要寻找新的成本更低的地区；对开发区来说，它们已经无法实现经济增长的目标，或者存在环境问题，也需要进行“腾笼换鸟”。如图 4－3 所示，广州开发区从 2003 年到 2012 年高新技术产品产值占开发区总的工业工产值的比重从 33.5％增长到 51.2％，呈现出明显的上升趋势，体现出开发区产业从低端向高端的转变。

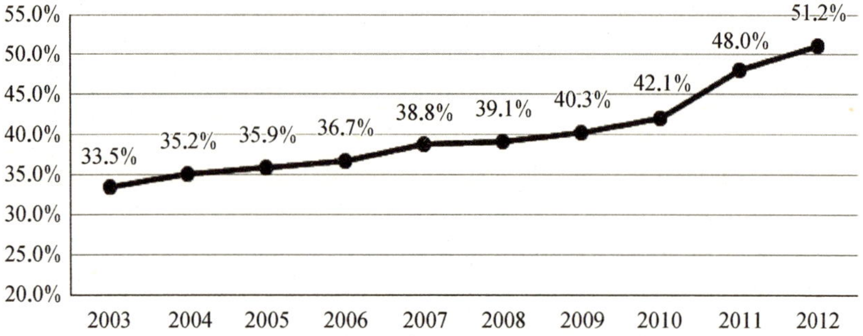

图 4－3　广州开发区高新技术产品产值占工业总产值的比重

资料来源：《广州开发区发展报告》。

另一方面，产业功能需要升级。除了本身产能低下的企业需要迁出，开发区中的其他企业在生命周期中也将向价值链高端演进，从制造为主向研发、服务转变。程进等(2012)在对上海金桥出口加工区的研究中提出其产业发展经历了加工导向期、制造导向期和创新导向期 3 个时期。加工导向期以劳动密集型企业为主，主要问题是产品竞争力弱，附加值低；制造导向期通过承接国际产业转移，借助跨国公司的技术溢出效应，大力提升技术水平；创新导向期受到生产成本上升以及中西部竞争的影响，产业由要素驱动向创新驱动转化(见图 4－4)。李耀尧(2011，2013)强调产业集聚与开发区产业升级之间的关

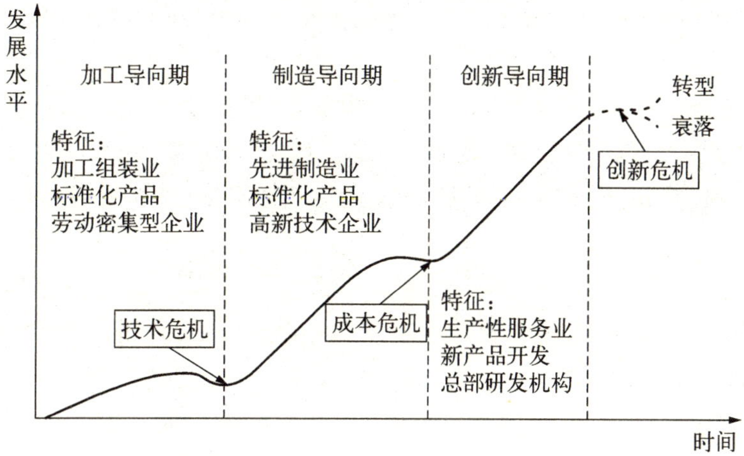

图 4-4　金桥出口加工区生命周期模型

资料来源：程进等(2012)。

系，认为创新驱动是开发区产业升级的核心动力。

2. 城市综合功能提升需求

城市发展要求开发区进行综合功能提升。开发区建设以单一经济功能特别是工业生产功能为主，居住、商服等职能欠缺。随着城市发展，城市空间重构，开发区区位发生了改变。母城郊区化发展，开发区作为城市重要联系方向上规模较大的成熟建成区，则可能向综合新城的方向发展，成为母城人口、产业疏解的一个中心。在这种情况下，由于开发区有比较好的产业基础，通常需要增加更多居住、商业和服务功能，解决产城融合的问题。

赖江浩和杨志(2011)以吴江经济技术开发区控规为例，对开发区转型的空间组织进行研究，其中工业用地结合产业转型和升级的思路可以分为调整、保留、新建三类，这三类用地可根据开发区不同用地的区位，采取梯度空间模式布局，居住用地则需增加中等品质的住宅供应。祝智慧(2012)将开发区的空间组织方式与开发区发展的生命周期相联系。在起步期，开发区仅是机械地分割用地，用地之间缺乏联系，生产性用地和生活性用地之间严重割裂；在成长成熟期，开发区用地类型日趋丰富，出现了专门的较大规模的居住、商业等商业性用地，并注重与生产性用地之间的联系；转型期，各种用地之间相互融合，相互协调，有便捷的交通系统相联系，开发区空间更具有机性和整体性。王兴平等(2013)研究认为，开发区的功能转型需要促进开发区产业功能与居住功能就近融合，各种功能由“断裂”走向“融合”。郭素君和莫湖燕(2011)以深圳市宝安区为例，认为工业开发区产业的转型会带来空间转型的需求，现状的“均质化”空间可能会逐步“异质化”，并对配套产生更高的需求，促进产业空间与居住空间的融合。冯健等(2012)也以北京经济技术开发区为例，研究了开发区发展过程中的产业配套问题。产业配套问题是开发区空间组织转变过程中的核心问题之一，冯健等的研究提出了开发区进行生活生产服务配套的参考标准。

二、土地压力下的转型策略：存量用地更新

城市扩张带来开发区土地升值、土地资源紧张的压力。随着城市发展，原来建立在城市边缘的开发区区位发生了变化(见图 4－5)，有的甚至与城市重要的商业服务中心相邻。例如，苏州工业园区的起步区在苏州市的规划中被城市主要的发展轴穿过，成为重要的城市中心之一，并修建了“苏州东方之门”的超高层建筑作为城市中心的标志。这种趋势使开发区土地价值上涨。同时，原来开发区所在区位土地资源相对丰富，政府可以通过相对低廉的成本进行征地，开发区土地供应也相对充足。但随着城市扩张，开发区周边的土地逐步被开发，征地成本升高。另外，政策上对于开发区扩区的控制也更加严格。如表 4－1 所示，北京经济技术开发区政策区范围内的可建设土地已经不足 30%，申请扩区的难度也越来越大。而从 2009 年到 2013 年上半年，北京经济技术开发区的土地价格明显上涨，特别是在 2012—2013 年(见表 4－2)。但同时，北京市政府对开发区经济发展的要求却没有降低，开发区亟须调整增长方式。

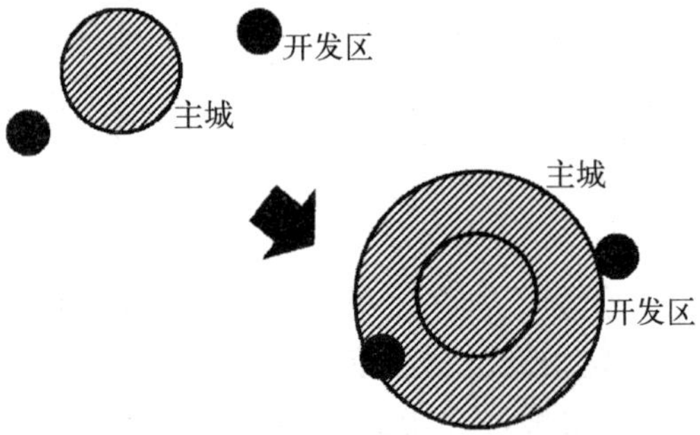

图 4－5　开发区与主城相对区位关系变化

表 4－1　北京经济技术开发区可建设用地面积与比重

年份	已规划用地		已建设用地	
	面积(公顷)	占政策区面积百分比(%)	面积(公顷)	占政策区面积百分比(%)
2005	2 857.03	51.48	2 515.53	45.33
2011	5 549.70	100.00	3 985.02	71.81

资料来源：北京经济技术开发区。

表 4－2　　北京经济技术开发区土地出让价格(2009—2013.8)

年　份	工业用地(元/平方米)	商住综合用地(元/平方米)
2009	593.589 8	3 497.114
2010	558.341 8	6 330.516
2011	698.821 8	4 563.134
2012	617.324 7	12 006.340
2013	1 161.941 0	26 175.740

资料来源：根据北京市土地整理储备中心网站数据整理。

另外，大部分开发区自成立以来的发展模式一直是以土地依赖式发展为主。图 4－6 显示了 2010 年或 2011 年，中国主要的国家级经济技术开发区的工业用地产出效率与新加坡裕廊管理局所辖工业园区的对比。可以发现，除了上海漕河泾开发区之外，其他各个开发区与新加坡的都有较大的差距，用地效率仍需进一步提升。

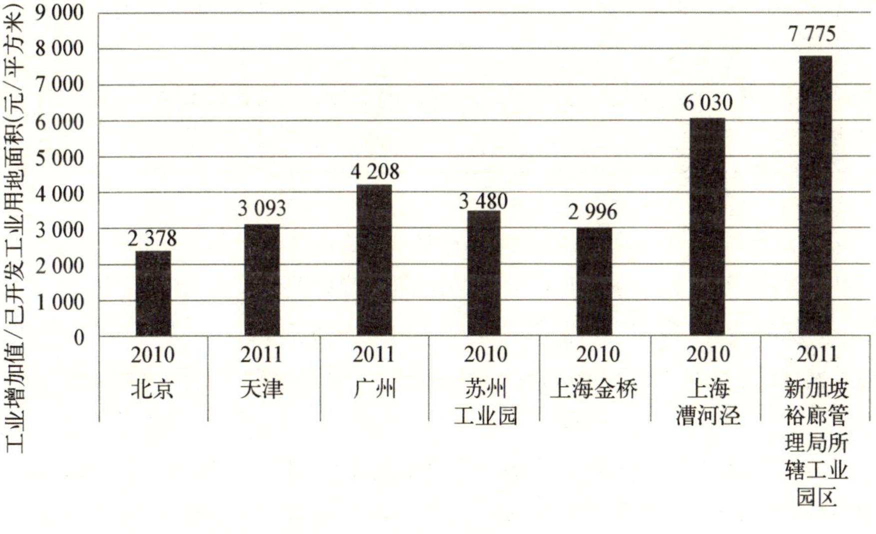

图 4－6　不同工业园区工业用地产出效率对比

资料来源：中国国家级经济技术开发区资料来源于各开发区统计公报整理；新加坡裕廊管理局所辖工业园区资料来源于新加坡裕廊管理局网站 http：//www.jtc.gov.sg/。

土地资源的紧张、价格的上涨以及一直以来相对低效的土地产出，给中国开发区的发展带来了最现实的压力，对原有发展模式是一种冲击。开发区的转型升级需要通过内在结构调整来释放更多动力，土地使用效率需要提升，用途也需随之发生改变。

三、中国开发区工业用地更新的需求

开发区进行存量用地调整主要是工业用地的调整，可以分为三种不同的类型，包括工业用地转为工业用地，工业用地转为科技研发用地，工业用地转为商业办公、居住等用地（见表4-3）。从其产业性质来看，又被称作"2转2"、"2转2.5"、"2转3"。

表4-3　　开发区工业用地调整类型

调整方向	产业类型转变	建筑功能调整	土地用途调整
工业用地（2转2）	低端制造业向高技术产业	利用原有建筑或小规模改建	不需调整
科技研发用地（2转2.5）	制造业环节向科研环节	调整容积率，改建或重建	需调整
商业办公、居住用地（2转3）	工业向居住、服务业	调整容积率，大规模改建或重建	需调整

工业用地转为工业用地。此类型用地调整后，土地仍然用于工业生产，但原本主要用于较为低端产业的工业用地向高端制造业、高新技术产业用地转化。高端制造业、高新技术产业用地的形式与传统低端制造业有所差别，但差别不大，可以利用原有建筑基础进行改建、扩建。有时也需要对容积率进行调整。

工业用地转为科技研发用地。此类型的用地调整指的是原本主要用于工业生产的土地向科技研发用途转化。产业类型由制造环节向科技研发转变。由于工业厂房的容积率一般较低，建筑空间较大，改为办公用地通常需要对原有建筑进行改造，调整容积率以及建筑空间形态。

工业用地转为商业办公、居住等用地。产业类型由制造业生产向商业办公、商业服务、金融业以及居住等产业转变。通常这种调整需要提高容积率，改变建筑形态和空间，改动通常较大。

第二节　中国开发区工业用地更新利益还原的制度现状

一、中国城市规划利益还原的制度现状

(一) 宏观制度设计——土地储备

土地储备制度的建立是中国完善土地市场、调控土地供应、促进土地集约节约利用以及减少土地资产流失的重要举措。从城市规划利益还原的角度来看,土地储备也是中国现阶段进行规划利益还原可以依托的最主要制度。

土地储备制度在中国建立的初衷是有效控制新增建设用地的供应,实现政府集中供地,促进存量闲置、低效用地的盘活,特别是实现对存量的国有划拨经营性用地的市场化改造(王宏新与勇越,2011)。1996 年,上海成立了中国第一家土地储备机构,到 2006 年为止,中国已经累计成立约 2 000 家土地储备机构(刘明皓,2008)。土地储备的范围也逐渐扩大,由困难、破产国企的划拨用地以及旧城更新的存量用地,逐渐扩大到农用地转用的增量用地。

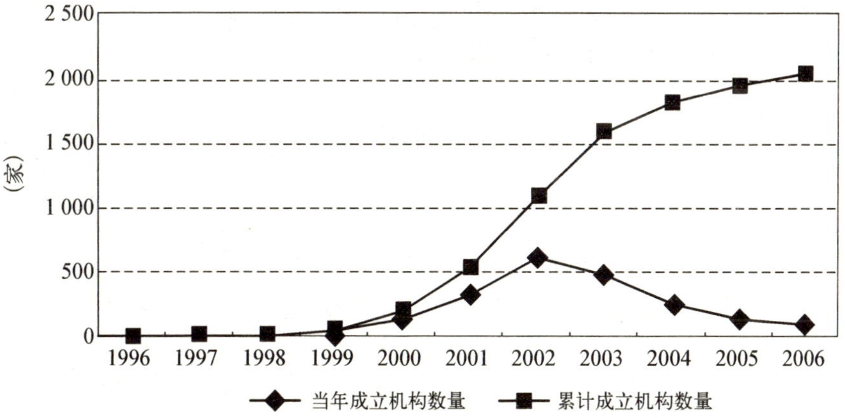

图 4-7　中国土地储备机构增长情况

资料来源:刘明皓(2008)。

根据上文总结,中国现阶段主要的土地供应方式为土地出让,少量的非经营性公共设施用地仍然采取划拨的方式。不管是出让还是划拨,在实施了土地储备的城市,土地储备机构都是其实现交易的必要平台。至此,土地储备的作用不

仅仅是调控城市发展方向和土地利用效率的手段，更成为中国地方政府获取土地增值收益的重要手段。通过提前以较低的价格进行土地的收购，在进行了土地的一级开发之后，再通过土地供应的方式以高价格卖出，土地的卖出价格扣减土地收购价以及一级开发投入之后的部分就成为政府获取的土地增值收益。

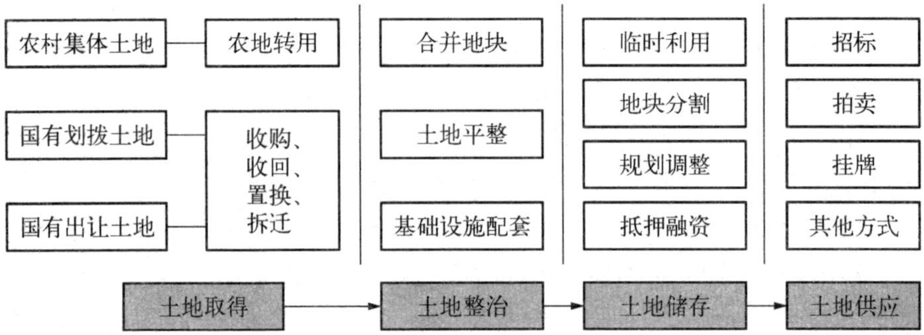

图 4-8 中国土地储备的环节

资料来源：刘明皓(2008)。

由于没有关于土地储备的准确统计，但土地出让是土地储备的主要出口之一，因此以土地出让的数据进行侧面说明，可以看到，中国从 2003 年开始到 2008 年，土地出让的成交价款大概增长了一倍，而土地出让的纯收益也大约增长了一倍，土地出让的纯收益占土地成交总价款的比例一直维持在 36%左右，这部分可以看作是政府获得土地增值收益。

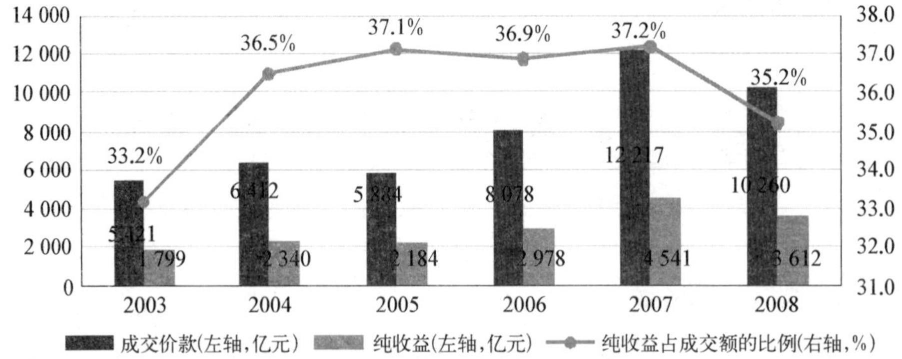

图 4-9 2003—2008 年中国土地出让收益

资料来源：《中国国土资源统计年鉴》。

中国《土地储备管理办法》规定，土地储备的类型包括五类：依法收回的国有土地；收购的土地；行使优先购买权取得的土地；已办理农用地转用、土地征收批准手续的土地；其他依法取得的土地。虽然土地储备制度建立的最初目的是盘活存量国有土地，但是随着城镇化进程的加快，农地转用和征收的规模增大，而土地储备中新增用地的比例也逐渐增高。从土地出让的面临和类型来看，土地供应的面积总量缓慢上升，其中新增国有用地的供应量增长更快，比例逐步上升。虽然土地供应与土地收购并不完全同步，但从土地出让的情况来看，仍可以推断出土地储备中新增用地的比例增长，有超过存量用地储备的趋势。

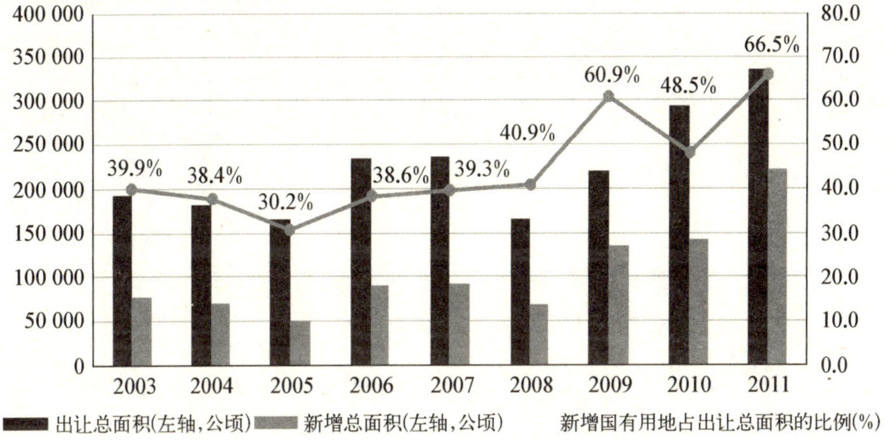

图 4-10 2003—2011 年中国土地出让面积情况

资料来源：《中国国土资源统计年鉴》。

(二) 直接的利益还原——土地租税费

在中国，土地出让金和租金可以认为是土地的地租，但国有租赁土地的比例和收益都很小，可以认为土地出让金是地租的主要收入。通过土地出让金获取土地增值收益的主要办法正是上文所述的土地储备制度。

中国政府土地收入的另一方面来源为土地税费，下面主要对中国土地税费作为土地增值收益捕获的方式进行介绍。

中国与土地相关的税包括几种类型：第一种为调节土地利用行为，促进土地节约集约利用的税种，包括耕地占用税、城镇土地使用税；第二种为土地交易相关的税种，包括土地增值税、契税、印花税等；第三种为受益税，主要指城市维护建设税，城市维护建设税作为专款专用的税种，专门用于保障城市的公共事业和公共设施的维护和建设，是公共事业和公共设施受益者缴纳的税款；最后是所得税，主要包括个人所得税、企业所得税以及外商投资企业和外国企业所得税。

表 4－4　　中国主要土地租税费一览表

税　种	纳　税　人	计税依据	税　　率
耕地占用税	占用耕地建房或者从事其他非农业建设的单位和个人	实际占用耕地面积	人均＜1 亩：10—50 元/平方米；人均 1—2 亩：8—40 元/平方米；人均 2—3 亩：6—30 元/平方米；人均＞3 亩：5—25 元/平方米
城镇土地使用税	城、镇、工矿区使用土地的单位和个人	实际占用的土地面积	大城市：1.5—30 元/平方米；中等城市：1.2—24 元/平方米；小城市：0.9—18 元/平方米；县城、建制镇工矿区：0.6—12 元/平方米
城市建设维护税	缴纳消费税、增值税、营业税的单位和个人	消费税、增值税、营业税税额	市区：7% 县城和镇：5% 其他地区：1%
房产税	产权所有人	房屋的计税价值或租金收入	租金收入的 12%
契税	凭房屋所有权征收，有当事人双方订立契约，承受人依照规定纳税	土地使用权或房地产的价格	差别比例税率：3%—5%
土地增值税	对转让国有土地使用权、地上建筑物及其附着物(及房地产)并取得收入的单位和个人	转让房地产所得收入扣除相关项目的余额	增值额小于 100%：40%；增值额 100%—200%：60%；增值额 200%—300%：80%；增值额大于 300%：100%

资料来源：根据张俊(2007)，张立彦(2010)，唐在富(2008)整理。

对上文提到的与土地相关的主要税种进行统计(所得税种类没有对与土地相关收益的单独统计数据)，可以发现土地税收总量呈逐年上涨趋势，2012年，以上税种的总收入达到了 38 754 亿元，是 1999 年的 18 倍。在各税种当中，城市维护建设税和契税比例最高，而土地增值税近年来增长趋势明显，比例上升。但总体来说，土地税的总量大幅低于国有土地有偿出让的收入的总量，土地税在土地增值收益回收中的作用相对较低。

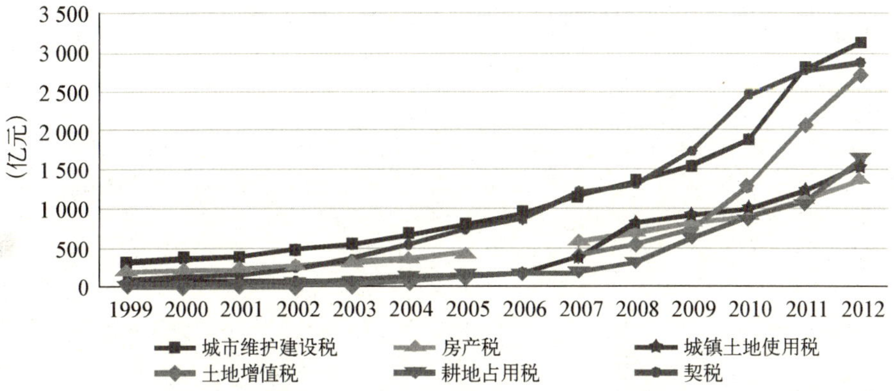

图 4－11　1999—2012 年中国土地相关税收收入情况

资料来源：结合《中国财政年鉴》与张俊(2008)整理。

中国的土地费按照管理性、服务性和补偿性收费分类，分别包括管理性收费如土地管理费、征地管理费、新菜地开发建设基金、耕地开垦费、土地闲置费等；服务性收费包括工本费、土地登记费、土地测量和规划等相关收费；补偿性收费包括新增建设用地有偿使用费、城市基础设施配套费等。由于土地收费的种类由地方政府依据各地情况制定自已的标准，各地的收费项目差别较大，没有全国性的统计。仅以 2011 年全国的新菜地开发建设基金、新增建设用地有偿使用费以及城市基础设施配套建设费三项收入为例，2011 年，三项收入之和为 1 880 亿元，而土地租税的总收入为 42 148 亿元，远远低于土地租税收入，但其他费用难以估计。

除了土地收费之外，将主要的土地租金（土地出让收入）和土地税金收入加总作为土地总收益，可以看到土地租金占土地总收入的比例大约为 65％—85％，而土地税收所占的比例只有 15％—35％。

表 4－5　　1999—2012 年中国国有土地有偿出让收入及其占比情况

年份	国有土地有偿出让收入占土地总收入的比重(％)	土地租税总收入(亿元)	国有土地有偿出让收入(亿元)
1999	67.3	2 121.753	1 428.693
2000	—	801.180	—

续表

年份	国有土地有偿出让收入占土地总收入的比重(%)	土地租税总收入(亿元)	国有土地有偿出让收入(亿元)
2001	80.3	4 484.193	3 599.693
2002	85.4	7 860.263	6 713.313
2003	78.9	6 871.981	5 421.311
2004	77.3	8 293.106	6 412.176
2005	71.1	8 270.097	5 883.817
2006	—	10 232.960	8 077.645
2007	75.7	16 128.450	12 216.720
2008	67.2	15 260.500	10 259.800
2009	73.0	23 535.960	17 179.530
2010	76.5	35 881.450	27 464.480
2011	74.5	43 133.820	32 126.080
2012	65.8	38 753.620	25 500.000

资料来源：结合《中国财政年鉴》、《中国国土资源统计年鉴》与张俊(2008)整理。

根据上文的分析，可以认为在中国直接的城市规划利益还原中，以土地出让金形式的土地租金为主，通过土地储备的制度形式实现，而通过土地税收和土地收费回收的土地收益相对较少。

现阶段，不管是土地出让金还是土地税费，主要的收入形式都是在土地出让发生、土地交易发生的时候一次性的利益还原，在土地使用的很长一段时期内，土地增值的收益都由土地使用者获得。特别是对使用过程中周边基础设施建设带来的物业增值，在中国缺乏必要的利益回收机制，仅通过收取城市基础设施配套建设费的方式实现，对特定的城市基础设施带来的特别受益(如轨道交通开发)缺乏回收机制；对一些带来负面效应的“邻避”基础设施，同样缺乏必要的补偿措施。

(三) 间接的利益还原——规划管理手段

在中国，间接的规划利益还原方式主要通过商品住宅开发时要求开发商进行公建配套的方式实现，但这种方式只是对于土地出让金收益的一种补充，在实际实施中，效果与规模都比较有限。

中国在商品住宅的开发中，通过对配套公建开发的要求来实现部分的增值收益共享。在《城市居住区规划设计规范》(GB 50180—1993)中规定了居住区配建公共设施的种类和标准，主要的配套公建包括教育、医疗卫生、文化体育、商业服务、金融邮电、社区服务、市政公用和行政管理及其他八类设施，根据居住区的人口规模确定配建的规模大小。在《城市房地产开发经营管理条例》中规定："土地使用权出让或者划拨前，县级以上地方人民政府城市规划行政主管部门和房地产开发主管部门应当对下列事项提出书面意见，作为土地使用权出让或者划拨的依据之一：……基础设施和公共设施的建设要求；基础设施建成后的产权界定……"

在实际开发中，公建配套的方式存在以下一些问题：

(1) 开发商都会按要求履行相关的公建配套要求，还会为了增加居住区品质，自行配建额外的公建设施，但公建设施配套的主要问题在于其建成后的产权归属不明确，造成公建收益特别是经营性公建的收益由谁获得不明确。商品房开发的配套公建可以分为经营性公建和非经营性公建两大类。一般来说，非经营性的公建如学校、医院等设施应由开发商建设后无偿移交给政府相关部门，另一些公共设施或空间如绿地等应该属于社区全体业主所有，而经营性的公建如储蓄所、书店等，则登记在开发商的名下。但是相关法律法规对公建设施的产权登记没有明确的规定，究竟哪些类型设施属于经营性，哪些属于非经营性，各地甚至各项目的规定不同，以致带来政府过多的自由裁量权利，留下了较大的寻租空间。

(2) 一些应该属于全体业主所有的设施，常常由于产权管理存在困难而被开发商据为己有。

(3) 有些开发商在公共设施验收之后，擅自改变设施的用途，损害社区业主的利益。

因为以上原因，虽然可以通过配套公建来实现的部分规划利益的还原，但在实际实施中，这种方式的作用是比较有限的。

(四) 中国城市规划利益还原制度的主要问题

1. 利益还原的法理依据不清

在中国土地管理法律法规①中，并未对土地增值收益如何分配给出法律依据，这成为现阶段中国城市规划中多种矛盾的根源。例如旧城更新与农地征收中充分保障与过度补偿的问题，城中村改造与工业区更新中推进困难的问题等，究其根源，都是因为对土地增值利益分配难以达成共识。

---

① 《中华人民共和国土地管理法》(2004 年修订)及《中华人民共和国土地管理法实施条例》(2011 年修订)。

总结起来，主要的现实问题可以概括为两类：一种情况是“涨价”大量归私，而某些个体特别是弱势群体的利益没有得到合理补偿，公共利益受到损害，比较典型的例子出现在旧城更新、农地征收的过程中；另一种情况则是“涨价”严格归公，市场个体在这种制度下失去了获得合理收益的途径，从而抑制了市场的活力，导致城市空间质量无法改善，同样也使公共利益受到损害，主要情况出现在一些城中村改造或者工业用地更新的过程中。

在明确了利益还原法理依据的情况下，可以依托现有的规划利益分配制度框架设计利益还原的机制。在中国城市土地国有的制度条件下，出让给单位或个人的土地使用权到底包括哪些权利范围，可以结合土地用途管制制度对土地发展权进行界定；同时，还需要在土地交易制度中，对如何获取、转让、变更土地发展权进行更清晰的规定。

2. 利益还原的模式较为单一

前文已经提到，中国主要的规划利益还原手段以土地租税费等直接的增值收益回收手段为主，其中又以土地出让金为主要的收入手段。

土地储备是通过土地出让金获取土地增值收益的主要制度依托。因此在中国，当城市规划因为容积率或用途的调整直接影响土地价值时，通过将土地收购重新储备，再投入市场的方式，政府收回土地，会给予一定补偿，再通过招标、拍卖和挂牌的方式出让，获得土地出让金。

这种方式在面对存量用地时，需要付出巨大的补偿成本，往往难以实现。因此，还出现了第二种获取存量用地土地出让金的方式，也就是补交土地出让金差价。当土地使用者需要对土地的用地、容积率等规划条件进行修改时，必须取得原出让方以及相关规划行政主管部门的同意，签订土地使用权出让合同变更协议，或重新签订土地出让合同，补交相应土地出让金（杨干，2007）。但由于其中规划部门的自由裁量权较大，容易出现巨大的寻租空间，在制度严格的区域实施起来有较多限制，而在制度宽松地区，则出现开发商与政府串通，先以较低价格用途获得土地再进行规划调整，补交少量出让金，造成土地增值收益大量流失的情况。

当基础设施的建设带来土地价值的改变时，中国并没有任何明确的工具进行利益的还原，这一方面忽视了一条重要的基础设施融资渠道，也给土地投机提供了土壤，同时，对具有负面影响的设施周边土地权利人补偿的缺失，也是近年来各种“邻避”环境冲突的重要原因之一（李晓晖，2009；陈佛保和郝前进，2013）。

可以看到，在中国正式制度中进行城市规划利益还原的机制主要为公共土地租赁制度下的直接利益还原，而间接利益还原机制相对缺乏。通过土地储备获取土地出让金的方式在新增城市国有土地开发的过程中，一定程度地实现了规划利益的还原。但在存量用地再开发或基础设施改善的过程中，土地出让金的获取方式存在交易成本高昂的问题，实施困难。另一方面，非正式的利益还原在没有明确法律约束的条件下，产生巨大寻租空间，造成大量增值收益为个人获得，没有与社会分享。二者都对公共利益带来了损害。

除了缺乏多样化的间接利益还原机制，即使在直接的利益还原制度设计中，中国以一次性缴纳的土地出让金为主，而能够根据土地市场情况进行调节的，可以维持政府持续性稳定土地收入的相关土地税种所发挥的作用也极其有限。

二、中国工业用地管理的制度特征

（一）中国工业用地的供应

在中国，随着土地市场的建立与完善，工业用地的获取方式也发生相应的变化。在1989年国有土地有偿使用制度建立之前，中国工业用地的供应方式主要为行政划拨，1989年以后，工业用地的供应则以协议出让为主。在2002年出台土地招拍挂条例时，规定必须经过土地招拍挂出让的用地类型中并不包括工业用地，2006年出台的条例修订版中，才把工业用地加入需要进行市场化招拍挂的经营性土地类型中。因此，2006年之后，招拍挂出让的工业用地逐渐增多。

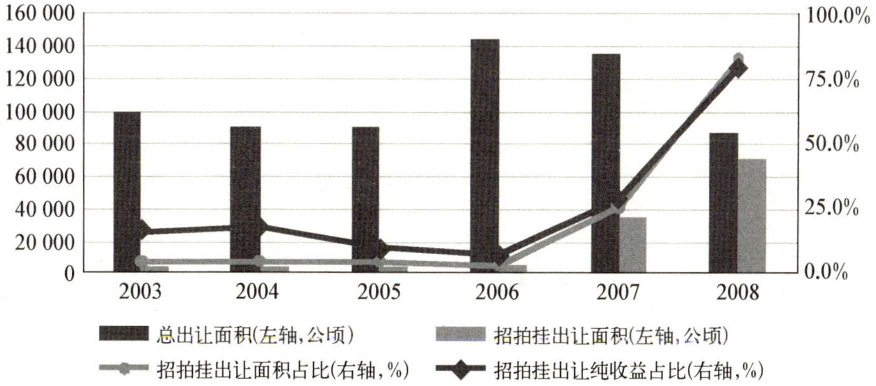

图4-12　2003年以来工业仓储用地出让供应类型变化趋势

资料来源：《中国国土资源年鉴》。

由于中国改革开放初期在工业发展上的落后，为了促进工业产业发展，吸引外商投资，降低工业发展成本，工业用地呈现出更明显的非市场化、大规模以及低地价供应特征，工业用地的低地价竞争成为地方政府之间争夺工业企业落户、招商引资的重要手段(唐焱和高明媚，2012)。工业用地的低价供应一方面为工业企业发展提供了低成本环境，另一方面带来一系列问题：(1) 低价供应以及恶性竞争带来工业用地价值的流失，一些工业企业通过低价获取工业用地并非真正用于生产，而是等待升值或干脆改变用地功能，获得寻租收益；(2) 大规模甚至过量的工业用地供应，带来土地利用效率低下甚至闲置，开发区的建设作为这种大规模低价供地的主要方式，前文提及的两次开发区热都可以说是这种低价供应竞争的结果。

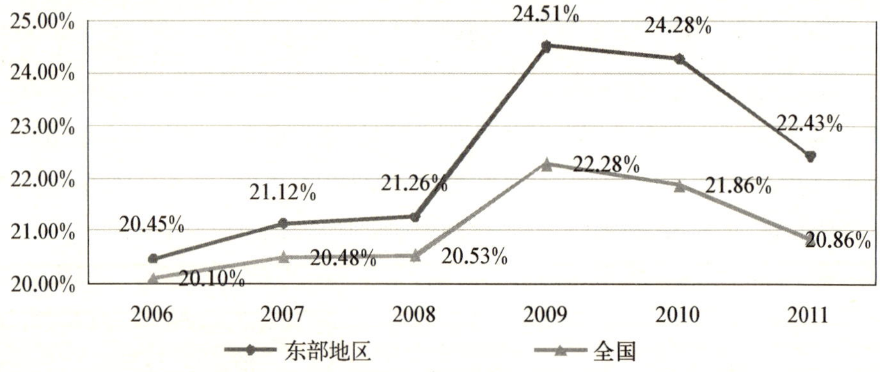

图 4-13 工业用地占城市建设用地的比重变化

资料来源：《中国城市建设统计年鉴》(2006—2011)。

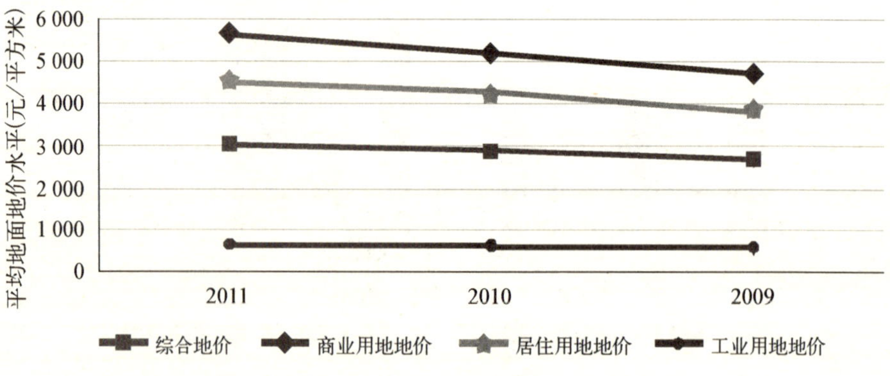

图 4-14 全国 105 个城市平均地面地价水平

资料来源：《中国国土资源统计年鉴》(2010—2012)。

为了应对协议出让工业用地的弊端，2006年之后，工业用地被纳入必须通过招拍挂出让的经营性用地范畴，招拍挂出让的比例也逐渐增多，但相对于住宅、商业等用地在市场竞争上严格的规范，工业用地供应仍然存在更多非市场化操作的空间。例如，在许多开发区中，作为国资所有的园区开发主体，常有定向获取工业用地的特权；在进行工业用地的招拍挂过程中，常常制定细致的出让条款，为政府物色好的企业"量身定制"，变相实现协议出让。以上海市为例，在上海市出台的《上海市土地使用权出让办法》（2008年修订）中，提出"六类经营性用地"的概念，包括商业、旅游、娱乐、金融、服务业、商品房，但不包括工业用地，工业用地的出让在上海仍大量采用"定向挂牌"的方式（陆国飞，2013）。

上文提到的是一般工业用地的供应方式，在工业开发区中，工业用地一般由园区管委会或地方政府下属的国有开发公司进行土地的一级开发，之后有多种方式实现土地的供应，包括土地出让、工业楼宇的出售、工业楼宇的出租等。从中国开发区发展的趋势来看，在开发区建立初期，由于产业环境、周边配套不成熟，为了吸引更好的企业落户，工业用地的供给以直接出让给工业企业为主，因工业用地价格本身较低，通过出让方式取得50年的工业用地产权是对工业企业一项重要的吸引力。在大企业落户的同时，一个健康的产业集群还需要有中小企业在产业链上的支撑，这些中小企业不一定有实力直接获得土地，因此，开发区的国有开发主体会自己持有部分土地，建设标准厂房进行出售或出租，满足中小配套企业的用地需求。随着开发区产业环境的成熟，竞争力逐步提升，这时开发区的园区开发主体在能够定向获取土地的优势之下，更愿意自己持有土地，通过量身定制的方式，为入区企业提供其所需要的厂房，只对土地之上的房产物业进行转让，而不出让土地。现阶段，随着沿海地区工业开发区向科技研发方向的转型，在工业用地上进行研发办公的需求逐步增多，这时，园区开发企业开始更多地建设兼容轻型生产和研发职能的通用厂房，以出租的方式供给工业物业，通过租金的方式获取收入，这种方式能

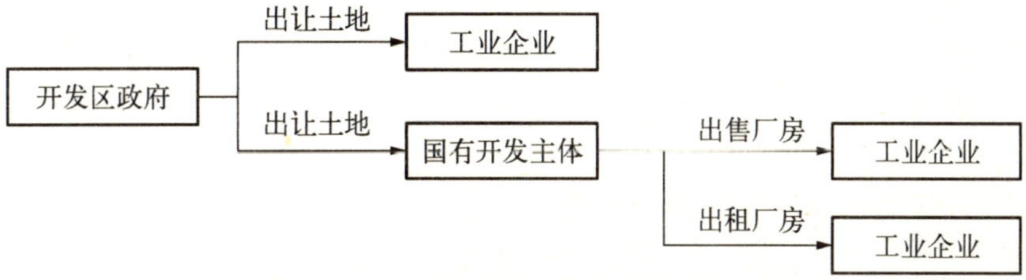

图4-15　中国开发区工业用地供应的主要形式

够更好地调控产业发展的方向，为园区整体的产业转型创造环境。

除了通过招拍挂的方式促进工业用地的进一步市场化，实行工业用地的租赁制也是学术界对进行工业用地供应方式改革建议的一个重要方向，但目前在国内真正实施的案例还较少。由于工业企业自身存在一定的生命周期，大约为10—20年，因此部分地区在尝试将过去50年的产权期限缩短，并鼓励采取土地年租的方式代替土地出让。

（二）中国工业用地的使用

工业用地按性质在中国的城市规划中一般被分为三小类，按照工业用地对环境的污染程度不同，分为一类工业用地、二类工业用地和三类工业用地，工业用地的污染程度逐步上升。近年来，随着产业转型发展的需求增加，工业企业的用地需求也发生了变化，整个开发区需要更多的配套生产性服务业空间。正如前文所述，工业企业不仅仅需要进行制造生产，还需要相应的研发、设计、办公空间，开发区也要增加商务办公的空间，以便为产业发展提供金融、法律等生产性服务。

为了适应这样的需求，许多城市在自行制定的城市规划用地分类标准中，对工业用地的分类进行了相应的调整，以应对在工业用地上发展新型产业以及科技研发功能的需求。例如，北京市的城乡规划用地分类标准①中增加了地类“工业研发用地（M4）”，其对“工业研发用地（M4）”的定义为“以技术研发、中试为主，兼具小规模的生产、技术服务、管理等功能的用地”，允许在工业用地上进行中试、小试等研发活动，但对设计、办公仍然有所限制。上海市的控制性详细规划用地分类中也加入了“工业研发用地（M4）”地类②，对其定义为“各类产品及其技术的研发、中试等设施用地”，与北京类似。但在实际中，于工业研发用地上进行研发设计办公功能的项目并不少，因此在2013年，上海出台了相关政策，提出了增设“研发总部用地（C65）”的政策③，对工业研发功能与研发办公功能进行区分。深圳市的用地分类④中，工业用地分为两类，分别为“普通工业用地（M1）”和“新型工业用地（M0）”，“普通工业用地（M1）”是指以生产制造为主的工业用地，“新型工业用地（M0）”指融合研发、创意、设计、中试、无污染生产等创新型产业功能以及相关配套服务活动的用地。深圳市对工业用地的用途定义不仅包括中试、小试类的工业研发活动，还包括了设

① 《北京市城乡规划用地分类标准》（2013版）。
② 《上海市控制性详细规划技术准则》（2011版）。
③ 《关于增设研发总部类用地相关工作的试点意见》（2013年）。
④ 《深圳市城市规划标准与准则》（2013版）。

计、创意等研发办公功能。

以上是城市规划中对工业用地使用兼容性的分类，与规划审批有关，不同类型的用地，容积率的限制、配套服务设施的比例大小不同。但城市规划中的用地分类并不完全与土地管理中的类型相对应，因此需要依据新的工业用地分类对土地分类进行相应的调整，特别是对土地价格标准进行修订。例如在上海，新设立“研发总部用地”之后，同时对其计收地价的标准进行的规定；在深圳，虽然“新型工业用地”仍属于工业用地的大类，但在进行地价计算时，研发功能的地价按照工业用地与办公用地的均价来计算。

(三) 中国工业用地的处置

工业用地管理上的另一个特殊性在于对工业用地分割转让的限制。

在相关的法律法规文件中，无法找到对工业用地不允许分割转让的相关依据。例如在《国有土地使用权出让合同》的一般条例中，指出：“受让人按照本合同约定已经支付全部土地使用权出让金，领取《国有土地使用证》，取得出让土地使用权后，有权将本合同项下的全部或部分土地使用权转让、出租、抵押，但首次转让(包括出售、交换和赠与)剩余年期土地使用权时，应当经出让人认定符合下列条件：(一) 按照本合同约定进行投资开发，完成开发投资总额的百分之二十五以上；(二) 按照本合同约定进行投资开发，形成工业用地或其他建设用地条件。”在《中华人民共和国城市房地产管理法》中，工业用地也并不构成不能转让的限制条件，“按照出让合同约定已经支付全部土地使用权出让金，并取得土地使用权证书；按照出让合同约定进行投资开发，属于房屋建设工程的，完成开发投资总额的百分之二十五以上，属于成片开发土地的，形成工业用地或者其他建设用地条件”就可以转让。因此，依据法律，工业用地在满足一定条件的情况下是可以进行分割转让的。

但在实际操作中，工业用地却一直存在不允许分割转让的限制。这种被政府和市场默许的“潜规则”，主要出于政府对把控产业发展方向、防止工业土地投机的考虑。一方面，政府在出让工业用地时，最重要的目的是用地企业能够实现其产业发展、经济增长以及创造就业的效益，并且需要产业发展符合政府预想的方向。如果企业拿到土地之后将土地分割出让，政府对产业发展方向和发展效益的把控就会减弱。另一方面，如果可以将工业用地建设的房地产分割转让，会造成更大的市场土地投机空间，不利于实体经济的发展。但不允许分割转让对部分企业来说带来了更多融资上的成本，因为这会拉长其资本回收的周期。同时，不允许土地产权的分割造成一些企业只能进行房地产产权的分割转让,带来后续交易中的产权纠纷。

三、中国工业用地更新中与城市规划利益还原相关的制度现状

通过上文对中国工业用地在供应、使用和转让上特征的阐释,可以发现工业用地与其他类型的经营性用地相比,市场化的程度相对较低,甚至呈现出介于公益性用地与经营性用地之间的特殊性质。理论上,经营性用地指的是经营性项目的用地,而公益性用地承载的是社会公共利益或集体的福利。工业项目一方面存在经营的特征,另一方面由于其创造就业岗位、带来地区经济增长的特性,产生除土地收益之外的其他综合效益,带有公共利益的性质。有学者试图从工业用地收益的角度解释工业用地低价出让的动机,通过计算,发现工业用地虽然在土地出让金收益上大幅低于住宅用地,但是加上税收、劳动者报酬带来的综合收益折算,工业用地带来的综合收益是大幅高于住宅用地的(楚建群等,2014)。因此,当政府更加看重工业用地带来的长期综合收益时,为了在竞争中占据优势,会倾向于用更低的价格出让工业用地。

由于历史性的低价供应,工业用地在转换用途,特别是转变为商业、办公、住宅等经营性用地用途的过程中,产生的增值收益是巨大的。制度上,为了防止寻租,更有效地回收这部分利益,规定工业用地更新的过程必须通过先将工业用地收储,再由透明市场竞争的方式招标、拍卖或挂牌出让进行,如不通过这种方式,则会存在国有资产流失的风险。开发区在建设初期,为了吸引投资,大量国有工业用地被以非常低的价格出让或出租给企业(阎川,2008;皮黔生和王恺,2004)。表4-6显示了1989年部分经济特区与开发区有偿出让工业用地的价格,地价普遍偏低。因此,开发区相对城市中的其他用地在进行调整时,土地增值收益的空间更大,这部分土地自然增值带来的收益应该归还给社会。

表4-6　部分经济特区与开发区有偿出让工业用地价格(1989)

名　称	价格(元/平方米)
深圳经济特区	200—420
珠海经济特区	300
汕头经济特区	265
厦门经济特区	120
广州市经济技术开发区	570
昆山经济技术开发区	100

资料来源:国家土地管理局,转引自皮黔生和王恺(2004)。

依据现有的土地制度，工业用地更新中的城市规划利益还原是通过政府收回土地再重新招拍挂，从而获得土地出让金来一次性实现的。在工业用地规划调整的程序上，根据《招标拍卖挂牌出让国有建设用地使用权规定》，《国有土地使用权出让合同》中约定或法律、法规、行政规定等明确应当收回土地使用权实行招标、拍卖或挂牌出让的用地，在改变用途时需采取招拍挂程序。由于开发区发展工业的特殊政策性质（例如在开发初期划拨使用土地、超低价出让土地的存在），在开发区中对工业用地性质进行调整时，需要政府将土地收储再通过重新招标、拍卖或挂牌的方式出让给新的权利人。

第三节　中国开发区工业用地更新利益还原制度的问题

一、各利益主体的诉求分析

在工业用地更新中，主要涉及政府、开发商以及工业企业三个利益主体。政府分为上级政府与地方政府：上级政府主要指市政府、区政府；地方政府主要是指开发区管委会，但在某些情况下也指乡镇、街道政府。对于开发商，开发区的特殊情况在于开发区管委会下属的开发总公司通常发挥的重要的作用，所以开发商主体包括国有开发总公司以及一般的开发商。开发区中的工业企业是另一个主要主体，在不同的情况下，也有国企、私企之分。

（一）上级政府（市政府、区政府）

对于市、区两级政府来说，在工业用地更新中主要有三方面的诉求。

第一，大城市的市、区两级政府需要对整个城市的可持续发展进行考虑，在土地利用效率上，需要进一步提高集约节约利用的水平，有些政府甚至面临着土地资源紧缺的巨大压力，需要促进存量用地资源的盘活。

第二，作为土地出让收入的主要受益主体，市、区政府需要维持一定的财政收入，对回收土地增值的收益具有较大动力。因此，其与直接允许土地权利人进行工业用地用途的调整是存在利益冲突的，因为这种情况会造成其土地收入的减少。

第三，市、区政府面临制定政策的政治风险。存量工业用地作为一种国有资产，如果市、区政府制定的相关政策存在土地增值收益流失的风险，则可能面临政治上的问题。因此，市、区政府在制定相关政策时需要谨慎考虑，通常需要有国家政府的特殊政策支持。

（二）地方政府（开发区管委会或其他地方政府）

地方政府面对转型时最大的压力来自土地供应的紧张。开发区多年来实现的经济增长主要是依靠不断地追加土地投入来实现的，是一种土地依赖式的增长。在土地扩张受阻的情况下，上级政府下达到开发区管委会的经济发展任务，通常不会减少。这时，管委会必须通过转变产业类型，提高单位土地的利用效率来实现经济发展的任务。同时，单一经济目标的发展模式带来各式各样的城市问题，也使得开发区管委会不得不思考如何解决产城融合等问题的方法。

因此从这两个方面来看，地方政府在转型的压力下主要有两点诉求：第一，提高土地的利用效率；第二，丰富开发区生活服务方面的功能。这两点其实都促使开发区政府乐于推动开发区工业用地更新。

然而，由于受到土地制度的约束，在现有框架下推进工业用地更新对开发区政府十分困难。因为如果按照法定的程序，将工业用地改为经营性用地，需要改变土地的使用性质，则必须通过“收回—整理—重新招拍挂”的程序进行，这个过程需要付出高昂的经济和时间成本用于收回土地，常常是僵持在与企业谈判的阶段难以推动。如果推出特殊政策，避开重新招拍挂，则有可能面临“国有资产流失”的风险。因此，政府既希望通过工业用地更新实现之前所提到的两个目标，又难以承担巨大的成本或相应的政治风险，使得政府推动开发区工业用地更新陷入僵局。

（三）开发商（国有开发总公司、一般开发商）

在开发区中，有一些土地是直接出让给工业企业进行工业生产的，还有一些土地是由开发商拿地进行标准厂房的建设，再将建好的厂房或租或卖给相关的企业。对于开发商来说，土地增值、城市发展对于他们的经营方向必然产生影响。首先，在他们手中的土地上进行附加值更高的开发随着城市的发展变成了可能，在这种情况下，开发商自身希望通过增加容积率、改变建筑使用功能等方式来获得更多收益。因此，从开发商的角度来看，他们希望进行开发区工业用地更新。

但是，他们同样面临着制度的限制。因为改变一块用地的相关规划要求十分严格，改变用地性质更是要走重新招拍挂的程序。他们面临的不仅仅是更高的地价，更大的风险是失去土地的使用权，因为在重新招拍挂的过程中，很有可能不再由原权利人，而是由其他开发商获得土地。在现有市场条件下，持有土地是比持有货币更稳定的方式，因此这种失去土地的风险是开发商极力避免的。这就成为开发商在规定程序下进行工业用地更新的巨大阻碍。

(四) 工业企业(国企、私企)

企业在开发区转型压力下的行动理性与开发商是类似的，都是在风险尽量低的情况下获得更多的收益。一方面，随着母城发展，一些开发区的劳动力成本也在上涨，他们想要将原来的制造环节转移到劳动力成本较低的地方，而在现有的土地上发展价值链高端的环节，如研发、销售等。这样就需要将原有的工业用途向生产者服务业转变，同时适合制造业的建筑形态也需要进行调整，一般需要提高容积率。由于土地价值的增长，还有另一些企业则与开发商一样，将自己的土地转让给其他的企业，因为转让所获得的利益高出自己利用时所获得的价值。根据其转让的项目不同，对用地也需要进行相应的调整。

但企业与开发商面临相似的失去土地的风险。如果完全按照法律规定的程序进行，改变用地性质进行重新招拍挂，那原本拥有土地使用权的企业很可能无法再次获得这块土地的使用权。同时，他们占有这块土地的边际成本却很有限。此外，搬迁企业需要寻找新的土地、转移或者重新购置设备、安置员工等，这些过程成本很高。受到巨大的成本和风险的阻碍，企业通过正规手段进行工业用地更新的积极性被大幅削弱。

二、各主体诉求与现行利益还原制度协调的难点

可以发现，各个主体从自己的利益出发，都希望能够对开发区的工业用地进行更新。通过有序的调整，政府可以获得相应的经济、社会效益，开发商可以增加自己的土地收益，企业也可以获得更高利润。这个过程本应该是多赢的(见图 4 - 16)。

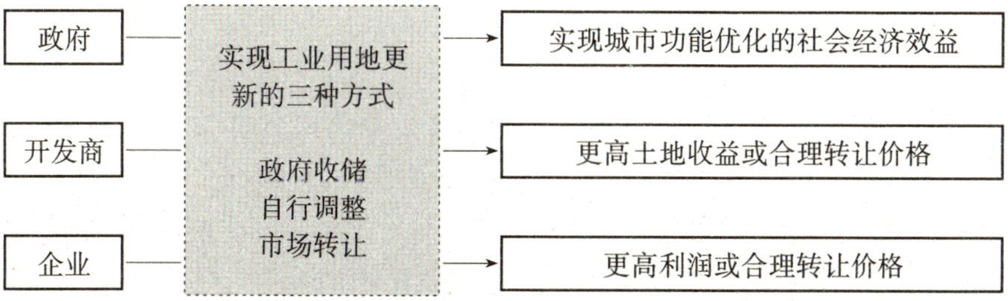

图 4 - 16　理想状态下实施开发区工业用地更新的情况

但在开发区转型的过程中，工业用地更新带来土地增值的收益，存在利益还原的问题。如前文所述，为了实现利益还原，在工业用地更新的过程中需要采取土地收回再重新招拍挂的程序。这个程序要求出于对市场公平和社会公平的考虑，具有合理性，但在实际实施中却对各个利益主体的积极性产生了影响。分析各个利益主体在开发区转型压力之下的主要诉求和这些诉求在实现过程中的阻碍，可总结如表 4－7 所示。

表 4－7　各利益主体在开发区用地规划调整中的诉求与制度限制

利益主体	主体的诉求	主体遇到的阻碍	维持原状的成本
上级政府	● 提高工业用地使用效率，盘活存量用地	● 土地出让金的减少 ● 政策制定的政治风险	● 工业用地低效使用，产业转型受阻
地方政府	● 提高开发区土地利用效率 ● 提升开发区综合城市功能	● 高昂的土地收回成本 ● 国有资产流失风险	● 经济、社会效益指标无法完成
开发商	● 增加持有土地的收益（租给能够付更高租金的租户，增加容积率）	● 上缴土地增值收益 ● 失去土地使用权的风险	● 成本很低，且可通过私下改造获得收益
工业企业	● 产业向价值链高端转变 ● 增加持有土地的收益（转租给付更高租金的租户）	● 上缴土地增值收益 ● 企业搬迁的高昂成本 ● 失去土地使用权的风险	● 企业倒闭或迁出，但仍可通过土地获得收益

综上分析，现行的利益还原制度在实际中产生了很大的交易成本，因此推行较为困难。一方面，原权利人没有将土地交回政府的动力，因其占有土地的边际成本较低，即使维持现状也没有太大损失，如果进行调整，则有在重新招拍挂之后无法再次获得土地的风险，而且搬迁企业也需要支付巨大的成本。另一方面，政府也缺乏进行高额补偿的财政能力。

小　　结

本章对中国开发区工业用地更新利益还原制度的现状与问题进行分析。在介绍中国开发区工业用地更新利益还原制度现状的基础上，分析各个利益主体在开发区工业用地更新中的利益诉求，得出利益还原的制度设计是推动开发区工业用地更新的关键，平衡利益还原制度中的效率与公平，降低交易成本，是利益还原制度设计的难点。

中国工业开发区在经历了改革开放30年的发展之后，开始出现转型升级的需求，这种需求一方面体现在产业本身从低成本制造业向高新技术产业、生产者服务业的转变，另一方面则体现在工业开发区单一的工业生产功能向综合性城市服务功能的转变，这两种转变都要求开发区在空间上作出调整，在新增建设用地供应紧张的情况下，则需要对存量用地进行更新，这种更新包括工业用地提升容积率(2转2)、工业用地向科技研发用地转型(2转2.5)以及工业用地向商办服务、居住用地(2转3)的转型。

在中国，实现城市规划利益还原的主要制度包括：(1) 宏观制度设计上通过土地储备制度，获取土地出让金和土地收储成本的差额作为土地增值收益。(2) 直接的利益还原主要依赖宏观的土地储备制度获取土地出让金，占所有的直接利益还原的65%以上，土地税费起到的效果相对较弱。(3) 间接的利益还原方式主要包括商品住宅开发中的公共设施配建，但在实际实施中效果和规模都较小。同时，中国工业用地管理具有一定特殊性，由于工业用地不仅仅带来土地的收益，作为生产性用地，它还带来经济发展的动力、创造就业并增加税收，其带来的土地收益之外的社会综合效益大幅高于居住等经营性用地。在经济产业发展作为重要发展目标的条件下，虽然政府不断收紧工业用地供应的政策，推进其进一步市场化，但工业用地的管理在实际实施中市场化程度相对较低。工业用地的低价供应倾向是存量工业用地规划调整中的特殊背景。因此，中国开发区工业用地更新利益还原的主要方式为土地收储重新招标、拍卖或挂牌出让，获得土地出让金。

在此背景之下，各个利益主体的诉求在工业用地更新的过程中无法顺利实现。本章主要分析了四类利益主体，包括上级政府、地方政府、开发商以及工业企业。如果只看每个主体的诉求，进行工业用地的调整对各个主体来说都是有利的，政府可以实现土地集约利用、改善城市功能，开发商可以提高租金收入，工业企业可以实现产业升级。如前文分析，为了保证市场公平，需要实施土地收回重新招拍挂的利益还原政策，这是具有合理性和必要性的，但也给工业用地更新的过程带来巨大交易成本，对政府来说有巨大的谈判成本，对市场来说有招拍挂之后土地易主的风险，与此同时，持有土地维持原状对原土地权利人来说成本很低。综上原因，在现实中出现了工业用地更新推进困难的情况，需要对现有的利益还原制度进行优化。

第五章　中国开发区工业用地更新利益还原机制分析与绩效评价模型

第一节　利益还原机制分析与绩效评价模型的构建

一、利益还原机制分析与绩效评价模型的构建方法

本书采取基于扎根理论的文本、案例的分析方法构建评价模型。分析的对象包括相关案例的访谈录音整理（访谈人员名单见附录 A）、各地的政策法规文件以及相关的规划资料（政策文件与规划资料清单见附录 B）。本书采用 Nvivo 软件作为文本分析的辅助工具，首先将文本材料进行初始编码，在初始

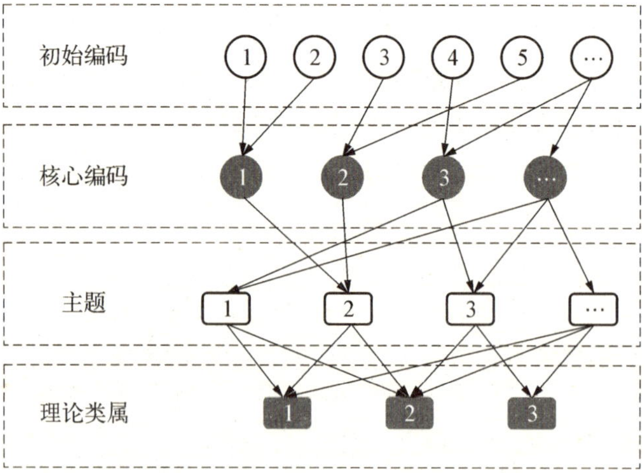

图 5－1　基于扎根理论的质性材料分析与模型构建方法

编码的基础上，寻找核心编码，这些核心编码分别属于不同的主题，最终可将这些主题聚合为不同理论类属。最终形成的理论体系自上而下可展现为：理论类属之下，由一些主题组成，而主题之下包含了一些核心编码，这些核心编码由初始编码聚合而来，初始编码则构成了核心编码的例证与解释。这三个理论类属之间并非完全独立的，通过核心编码与初始编码的对照，可以发现它们相互之间的交叉与影响。

通过对案例材料的整理，得到初始编码 264 个，核心编码 160 个，主题 16 个，3 大理论类属。本研究最后得到的三大理论类属分别为：(1) 利益还原的机制特征；(2) 利益还原政策的实施绩效；(3) 工业用地更新过程的交易成本。各主题与理论类属之间的关系如图 5－2 所示，初始编码、核心编码与主题之间的对应关系见附录 C。

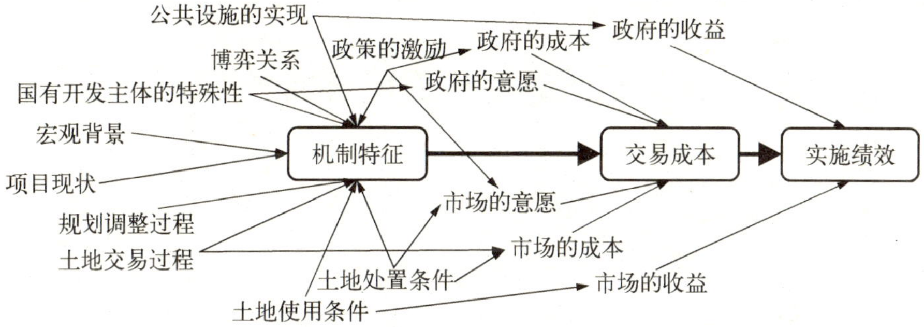

图 5－2　案例材料分析得到各主题与理论类属之间的关系网络

二、利益还原机制分析与绩效评价模型框架

基于对质性材料的分解与重组，得到三大理论类属，分别为利益还原的机制特征、利益还原模式的实施绩效以及工业用地更新过程的交易成本。三大理论类属之间又存在相互的关联，如图 5－3 所示。

利益还原模式评价的核心是评价模式实际实现的利益还原绩效。利益还原的绩效分为两个方面：一是狭义的利益还原绩效，评价项目对土地增值收益的回收是否实现了土地权利人的公共利益负担与社会返还；二是广义的利益还原绩效，评价除了土地收益之外的税收、产业、社会、环境等综合收益的改善。同时，利益还原政策本身存在实现还原的理论值，但受到项目交易成本的影响，这个理论值在实际项目中并非总能完全实现。但不管是利益还原的绩效，还是规划调整过程的交易成本，都与利益还原机制特征相关。下文将对三

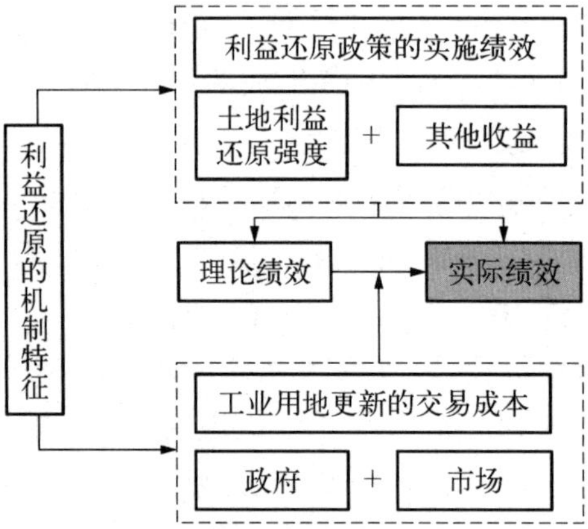

图 5-3　利益还原机制分析与绩效评价模型框架

大理论类属的内涵分别进行分析。

第二节　利益还原的机制特征

一、利益还原政策特征

通过对案例材料的分析，可以发现中国现有的工业用地更新政策中，对利益还原问题的考虑贯穿于用地规划调整的整个过程中，出现在不同的环节。从各个环节的处理方式中可以识别出利益还原政策的特征要素。同时政策本身的确定性在不同案例也体现出可识别的特点，对利益还原的结果和交易成本产生影响。因此，本书将利益还原政策特征总结如表 5-1 所示，主要包括：(1) 修改土地合同的制度特征；(2) 修改规划条件的制度特征；(3) 土地使用的制度特征；(4) 土地处置的制度特征；(5) 政策确定性特征。

表 5-1　利益还原政策特征及其要素

利益还原政策特征	特　征　要　素
修改土地合同的制度特征	是否必须重新招拍挂 协议出让的受让主体 补交地价的标准 是否允许分期、分块支付土地出让金 对产业效益的评估

续表

利益还原政策特征	特征要素
修改规划条件的制度特征	规划调整的方式
	规划调整申报主体条件
	公共基础设施的处理方式
	公益贡献的相关规定
土地使用的制度特征	工业、研发用地开发强度限制
	工业、研发用地配套比例限制
	项目监管强度
	土地使用年限
土地处置的制度特征	土地、物业转租限制
	土地、物业分割转让限制
	权利人股权结构调整限制
政策确定性特征	是否有相应的规划编制规范
	是否有正式的土地管理法律法规

(一) 修改土地合同的制度特征

正如前文对中国现行制度的总结，政府将工业用地收回进行重新招拍挂并获取新的市场性的土地出让金，是工业用地更新中进行利益还原的主要方式，有时甚至是唯一方式。因此，新出台的工业用地更新政策中，对利益还原方式的创新也主要集中于对土地收回重新招拍挂这种制度设计的改变。

那么，如何在不进行土地重新招拍挂的情况下进行土地增值收益的回收，完成利益的还原呢？最主要的方式就是在修改土地出让合同时补交地价。补交地价存在不同的方式，其不同之处主要体现在四个方面：协议出让的受让主体限制、补交地价的标准、是否允许分块、分期进行地价补交以及对产业效益的评估与权衡。

协议出让的受让主体限制有三种情况。第一，协议出让的受让主体被限定为国资所有的开发主体，主要指的是负责进行开发区一级开发的国有开发公司，有时下属于开发区管委会，有时作为市属或区属的开发集团，独立负责开发区的开发、招商与管理运营。通过将协议出让的受让主体限制于国有开发公司，能够保证超额的土地增值收益仍然在国有资产内部流转，从而变相限制利益的流失。第二，将协议出让的受让主体限定为原权利主体，并对其转让物业、调整股权结构作出限制。通过这种方式，限制受让主体的收益权，使其只能享受产业升级带来的经济回报而不能够获得土地资产的增值收益，从而限制利益的流失。第三，允许其他的市场主体作为协议受让主体，谁能够取得土地，由原权利人进行选择。如果原权利人自身有进行开发的愿望，可以优先作为受让主体。如果有其他市场主体希望参与开发，他们需要和原权利人进行谈判，以市场的方式进行土地的补偿收购。这种情况下，协议出让主体限制并不作为一种防止土地权利人获得超额收益的方式。

补交地价的标准主要以两个条件进行区分。第一，地价按照基准地价或市场评估地价计算。第二，转变为研发用地按照工业用地或商办用地的标准进行补交。一般情况下，市场评估地价高于基准地价，特别是除工业用地以外的其他用地，市场价格与基准价格差距更大；工业用地价格一般大幅低于商办用地标准。补交地价作为协议出让中回收土地增值收益的最重要手段，补交标准越高，回收的利益也越多。

第三个补交地价的政策特点体现在是否允许进行分块、分期的地价补交。从结果来看，允许分块、分期补交所获得的最终土地价款并不比一次性补交要少，如果进行利息的计算，甚至可能更多，对利益还原的最终效果没有实质性的影响。但是分次补交地价可能增加政府收款的监督执行成本，因此不同政策也选择了不同的执行方式。

最后，修改土地合同的政策特征还体现在对产业效益的评估。在一些政策中，为了鼓励相关产业的转型与升级，提升用地更新的综合效益，对满足某些条件的土地价格进行优惠与减免。

（二）修改规划条件的制度特征

对工业用地规划条件改变的制度特征主要体现在以下几个方面：进行规划调整的方式、对规划调整申报主体的限制以及规划调整涉及的公共基础设施的处理方式、对公益贡献的相关要求等。

修改规划条件的方式可分为两种。一种为原权利人自发申请独立地块的规划许可变更；另一种是，不能单独进行某地块的规划调整，必须对周边区域编制整单元的转型规划或更新规划。一般只有在调整程度较小的情况下可以采用第一种情形，在调整程度较大的情况下，为了保证对公共基础设施、服务设施的统筹安排，需要采取后者。

对规划申报主体的限制是指由政府或市场主体来组织规划的编制。由政府组织规划编制，通常由开发区政府主体如管委会或区、县、乡镇等地方政府来编制规划，这种情况能够更好地保证政府对区域发展定位、产业发展方向以及公共服务设施的调控。这时，地方政府一方面需要协调土地原权利人的利益，通过规划编制对公共利益进行落实，另一方面需要满足上级政府对审批技术指标等方面的要求。这时的公共利益落实虽然也考虑原权利人的意愿，但更具有自上而下的强制性，在规划生效后的实施过程中，成为指导土地权利人申请规划许可变更、协商公共利益处理方式的依据，也因此，政府所编制的规划为政府实现利益还原带来了更多的谈判资本。在由市场主体进行规划编制的情况下，市场主体能够在编制规划的过程中对自身的发展需求和利益得失进行计算，同时，他们也需要主动地对公共服务设施进行保障，并通过提供公益贡献的方式来获得政府对规划的批准。允许市场主体进行规划的编制，将利益还原的环节提前，并将市场竞争的机制引入利益还原的过程中。

(三) 土地使用的制度特征

通过在规划中对土地使用条件作出限制，可以限制土地权利人收益的大小，从而防止超额收益被土地权利人获得，也是实现利益还原的一种政策方式。主要的土地使用限制体现在对工业、研发用地的开发强度限制，对工业用地使用兼容性的限制，对项目的监管以及对土地使用年限的规定等多个方面。

对工业、研发用地开发强度的限制越多，则利益还原的强度越大。一方面，限制越多，土地权利人能够实现的收益就越有限，防止了利益的流失；另一方面，限制越多，土地权利人想要进行更新需要突破的政策越多，进行规划条件修改与土地合同的修改需付出的利益代价也越多，利益还原的程度也越大。

对工业用地兼容性的限制主要体现在是否严格地区分工业用地与研发用地。通过将二者区分，在工业用地上发展研发功能受到限制，因此土地权利人改工业为研发的规划利益可得到还原。在符合政府鼓励发展的产业类型的条件下，如创新型产业，对工业用地兼容性的放宽，则是用综合效益提升对土地收益的一种置换。

对项目的监管可以达到限制权利人实现收益的方式以及保证产业发展综合收益的目的，对项目的监管越严格，则利益还原的程度越大。

工业用地土地使用年限一般为 50 年，但一些政策缩短了这个标准，并提出弹性出让的机制，即将出让年限与产业的效益联系起来。弹性出让制并不直接影响利益还原的强度，但可以改变利益还原过程的交易成本。

(四) 土地处置的制度特征

土地处置的制度特征主要体现在相关政策对规划调整后的用地及其物业进行转租、分割转让以及股权调整等引起的权利主体变更情况的限制，核心思想也是通过限制土地权利人的收益权，来防止增值利益的流失。

常用的方式为限制对工业厂房或研发办公物业进行分层、分栋或用地分割转让，对原权利人自持物业的比例采取一定的要求。在此基础上，有时还会限制物业的转租，开发区政府或开发主体需要对转租的对象进行审批。更严格的限制还在于对原权利人股权结构变更的限制，防止其通过其他金融手段兑现增值的收益。

（五）政策确定性特征

政策确定性并不直接与利益还原的达成机制相关，但其特征对利益还原的实际实施效果有重要影响。不同的利益还原机制对应法律法规限制的严格性不同，有一些做法必须在相应的政策中做出明确的规定和实施的细则后才可能推动，另一些在政策相对不明晰的情况下也可自主实施。总的来说，与土地相关的政策相对更加严格，与规划相关的政策相对宽松。

最为严格的政策限制是对是否能够进行协议出让的要求，在没有明确政策对可以进行自主转型或协议出让进行规定，并对补交地价的标准进行说明的情况下，进行工业用地更新协议出让的风险是巨大的，因此一般不会在没有明确政策的情况下发生。

而对于自行改变建筑功能，在工业用地上兼容性地进行研发办公，一直是政策中的灰色地带，在没有明确政策的情况下，很多地方政府对这种情况是默许的。另外，对项目的监管也一直是开发区政府对自发转租或非正式改变功能进行管理的一种方式。

因此，评价政策的确定性，从规划上，是看是否有明确的更新单元编制规范或是针对性的用地类型标准，这种规范越强，则利益还原的强度越大，因为其给自发更新留下的空间更少；从土地上，看是否有允许进行协议出让的政策许可与实施细则，政策越清晰越稳定，市场风险和政策风险越小，越有利于用地更新的实现。

二、利益还原的过程机制

不论在理论还是现实中，利益还原机制的设计主要需解决两个关键性问题：第一，采取何种方式实现利益的捕获，能够保证市场的积极性；第二，通过什么样的方式保证市场的公平。相应地，探讨中国工业用地更新中的利益还原机制设计也需考虑两方面的内容：(1) 利益捕获机制。考虑哪种方式交易成本更低，例如土地租税费制度与规划管理手段的选择。(2) 利益限制机制。由于公开招拍挂通过引入市场竞争来保证土地交易的公平公正，在不进行招拍挂的情况下，缺乏市场竞争，这时如何保证市场公平、防止利益的流失成为制度设计的重要考虑。不同的政策模式并非单一的机制选择，而是对多种利益还原机制的差异化组合。

图 5-4 对中国工业用地更新中利益还原机制的设计进行了具体分析，以还原利益产生与实现的过程为基础，对各个环节还原利益产生、捕获与限制的具体方式进行了解析。

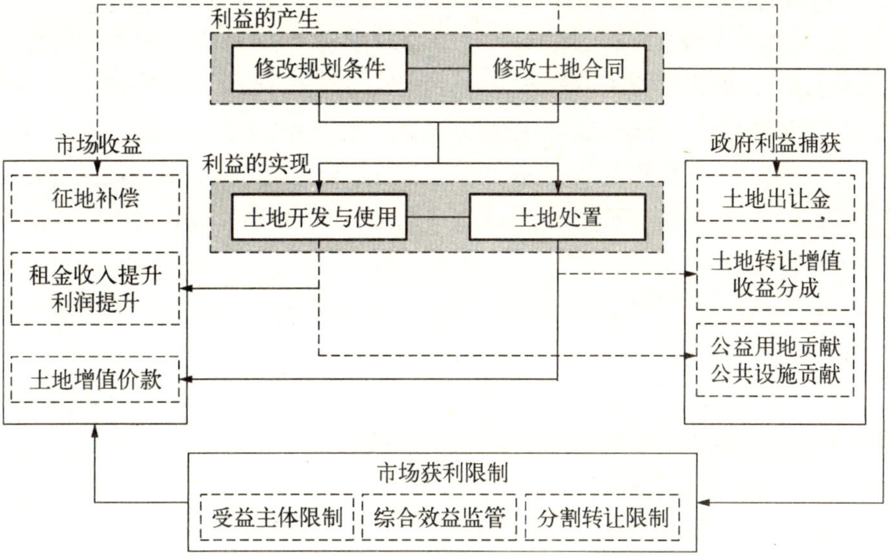

图 5-4　中国工业用地更新的利益还原过程机制

首先，规划的利益存在产生和实现两个环节，利益产生于修改规划条件、修改土地合同的过程中，但真正地实现和显化是在土地开发与使用和土地处置的过程中。在利益产生与实现的不同环节，市场通过政府征地补偿、土地租金收入提升、土地使用带来的利润提升以及土地处置中获得的土地增值价款获得收益。同时，在相应的环节，作为利益还原的核心机制，政府通过收取土地出让金、土地增值收益的分成以及获取公益贡献的方式对土地增值的利益进行捕获。除此之外，政府通过在规划条件与土地合同中写入限制性的条款，对市场获益的范围进行限制，是进行利益还原的辅助性机制，包括分割转让限制、受益主体限制和综合效益监管等措施。

(一) 利益产生与实现的过程

中国工业用地更新过程可以分为两大阶段：利益的产生阶段与利益的实

现阶段。

第一阶段主要包括修改规划条件与修改土地合同两个环节。通过修改规划条件，工业用地可能发生三种变化：(1) 工业用地容积率提升(2 转 2)；(2) 工业用地调整为研发用地(2 转 2.5)；(3) 工业用地调整为商业、办公、居住用地(2 转 3)。这时，法律所允许的最好最高土地开发方式得到了提升，但在中国，想要依据新的规划进行土地开发，还需要对土地出让合同进行更新。通过这两个环节，工业用地的开发方式调整与提升得到了法律认可，土地的增值利益由此显化。

当完成了规划条件的调整和土地合同的修改之后，土地权利人即可按照规划与合同的要求进行土地的开发、使用与处置，这是利益的实现阶段。利益的实现有两种主要方式，实际中既可能是其中的一种方式，也可能是两种方式的组合。第一种实现利益的方式为土地开发与使用，通过提高开发强度及改变使用方式，土地权利人一方面可能获得产业升级效益如利润的提升等，另一方面也可能获得租金的增长。另一种实现利益的方式是土地处置，通过将土地或部分土地及其上物业进行转让，获得新条件下的土地价款，从而获得土地增值的收益。

进行利益还原的机制贯穿于两个阶段的各个环节之中，下面分别按照利益捕获与利益限制两个方面对其机制进行阐述。

(二) 利益捕获机制

利益捕获是指通过市场主体缴纳土地租税费或进行实物贡献的形式进行利益还原，主要出现在修改土地合同、土地开发与使用以及土地处置三个环节。

在修改土地合同时，捕获还原利益的方式仍然为收取土地出让金，但采取协议出让的方式替代土地招拍挂。这样做能够有效降低原市场主体失去土地使用权的风险，但由于缺乏竞争机制，土地出让金的金额与土地招拍挂机制下相比可能存在差距，降低利益还原的强度，同时给政府带来土地收益流失的政治风险。

在土地开发与使用中，捕获利益的方式为公益用地、公共设施等实物贡献的形式。这种方式捕获的利益等效于政府收回土地的补偿金额以及自行建设公共设施的成本，但由于不用一次性付出大量资金，对市场主体来说，交易成本相比于支付等量土地出让金较低，对政府来说，也减少了收回土地再开发的谈判成本。

在土地的处置中，利益捕获的方式为对土地转让的增值收益进行分成，要求土地权利人按照一定的比例上缴转让土地或物业获得的增值收益。进行土地增值收益的分成会减少土地转让的获益预期，但相较于后文将会提到的完全的转让限制，对土地权利人来说交易成本相对较低，因为土地处置仍然可以作为一种资金回笼的方式，降低其融资的成本。

（三）利益限制机制

利益限制的机制通过规划条件以及土地合同中开发条件条款来实现对市场主体兑现土地增值收益的限制，主要的方式包括受益主体限制、综合效益监管以及分割转让限制。

受益主体的限制主要指将受益主体限制为全国资所有的开发主体（简称“国有主体”），如某些政策中协议出让的受让方仅限于国有主体。如上文所述，用协议出让替代土地招拍挂可能产生部分土地增值收益的流失，因此，将政策的适用条件限定为国有主体，增值的利益仍然在国有资产内部流动，可以规避“国有资产流失”的政治风险。受益主体限制还包括限定协议出让的受让人为原权利主体，可避免其他市场主体介入进行土地投机。

综合效益监管指的是在土地出让合同中对产业发展的方向、土地使用的效率以及税收贡献等综合效益指标进行协定，只有当用地权利人达到了有关要求，才能够继续使用土地，否则政府将可以进行劝退或土地收回。这种机制更好地保证土地的使用满足政府对产业发展的综合预期，限制土地权利人通过其他方式实现土地收益。

分割转让限制指土地权利人不能随意将土地或者物业进行分层、分栋或分块转让，需要满足一定的自持比例。通过这样的限制，防止土地权利人在利益还原强度相对重新招拍挂较低的情况下，再以市场价格进行土地转卖获得土地投机收益，保证土地权利人只能获得有限范围内产业发展的经济收入，如租金收益、利润等，从而避免还原利益的流失。

后两种对利益实现进行限制的方式相当于限定了土地增值的范围，降低了土地价值的预期。从这个角度看，这种机制在利益捕获相对土地重新招拍挂情况较小的情况下，仍然保证政府捕获利益占实际可获得土地增值总收益的比例不降低。

第三节 用地更新的交易成本构成

用地更新的项目是否能够成功实施，利益还原实际能实现多少，都受到整个更新过程中交易成本的影响。交易成本越高，则政策的实施越困难，利益还原的理论绩效也越难以达到；反之，交易成本越低，政策实施越顺利。

不同的政策要素，给不同的利益主体带来的交易成本是不同的。从工业用地规划调整的过程来看，其中主要涉及的两类主体分别为政府与市场。在文本分析的过程中，也可将影响交易成本的因素分为影响政府与影响市场两个方面。其构成与影响因素如表 5－2 所示。

表 5－2　　用地规划调整过程的交易成本构成及其影响因素

主　体	交　易　成　本	影　响　因　素
开发区政府	土地收回谈判成本	是否需要重新招拍挂
	允许自主转型的政治风险	政策确定性
		是否有相关法律法规依据
		法律法规的稳定性
		自主转型的程度
	规划调整成本	是否需要由政府编制规划
		规划编制的协调成本
		规划审批指标弹性
		规划审批流程
土地原使用权人或其他市场主体	修改规划条件的成本	是否需要修改规划/是否需要变更规划许可/是否需要修编整单元控规
		申报主体条件
		是否突破原规划
		公共基础设施的处理方式
		规划审批指标弹性
		规划编制的协调成本
	修改土地合同的成本	是否需要重新招拍挂
		协议出让的主体限制
		补交地价的标准
	融资成本	资金投入量压力
		是否允许分块补交、分期支付土地出让金
		投资主体限制
		土地使用年限
		资金回收方式与周期
		是否限制分割转让
	规划调整后的使用限制	土地使用条件
		容积率限制
		使用功能兼容性
		配套比例限制
		项目监管强度（项目类型、项目税收、项目环保要求、项目注册要求）

一、政府的成本

首先来看影响政府进行工业用地更新决策的交易成本分类，这里的政府主体，主要指工业开发区的管理主体，大部分情况下为开发区管委会，有些情况下是区县、乡镇政府或国有园区开发主体。本书将这类交易成本分为了土地收回谈判成本、进行自主转型的政治风险和规划调整成本三大方面。

（一）土地收回谈判成本

土地收回的谈判成本首先与是否必须进行土地的收储重新招拍挂有关。如果必须进行土地的收储，则政府需要与原权利人进行征收补偿谈判。由于原权利人通常有强烈的持有土地的愿望，这个谈判在一般情况下都需要付出巨大的资金和时间成本，成功率极低，因此，如果需要进行强制征收，则项目推进实施的情况一般都较差。

具体交易成本高低的判断标准可以分为三类，分别为必须进行土地收回重新招拍挂、部分情况下可以不进行土地收回重新招拍挂以及不需要进行土地收回重新招拍挂，分别对应高、中、低三个等级的交易成本大小。

表 5－3　　土地收回的谈判成本评价标准

交易成本大小	评价标准
高	必须进行土地收回重新招拍挂
中	部分情况下可以不进行土地收回重新招拍挂
低	不需要进行土地收回重新招拍挂

（二）进行自主转型的政治风险

前文已经分析过，虽然土地收回谈判的成本如此之高，但政府并不能因此就直接允许土地权利人进行自发的规划调整与转型，原因是这样会造成大量的土地增值收益流失，形成所谓的“国有资产流失”风险。对于开发区政府来说，这样的风险主要与两个因素有关：上级政府的政策导向和自主转型的程度等。如果政治风险过高，开发区政府将不会允许进行自主转型。开发区政府或开发主体并非政策的制定者，他们所做的决策需要遵循上级政府的政策导向。如果上级政府出台了相关的政策文件，对开发区工业用地进行调整的方法、限度以及操作方式进行了规定，则开发区政府主体遵循相关的政策法规执行，将不会遇到所谓的政治风险，且相关政策法规越清晰，对操作流程规定越详细，对于开发区政府来说风险越小。另外，自主转型的程度与所释放的土地价值关系密切，进行自主转型的程度越大，所释放的土地价值越高，在不考虑其他条件的情况下，政府所面临的政治风险也越高。

对允许自主转型的政治风险这类交易成本评价的标准如表 5－4 所示。政策的稳定性分为三种情况，分别为有明确的法律法规依据、法律法规在渐进式完善过程中以及无相关的法律法规依据，三种情况的交易成本依次升高；自主转型的程度也可分为提高容积率、不改变用地性质只改变使用功能以及改变用地性质（研发用地或商办、居住用地）几类，交易成本依次升高。

表 5－4　　允许自主转型的政治风险评价标准

交易成本大小	评价标准	
高	无相关的法律法规依据	改变用地性质
中	无相关的法律法规依据	提高容积率、不改变用地性质只改变使用功能
	法律法规在渐进式完善过程中	各类自主转型
低	有明确的法律法规依据	各类自主转型

（三）规划调整的成本

对政府来说，进行工业用地更新还有一部分重要的交易成本来自规划调整的过程本身。在有些政策中，市场主体可以单独申报自己持有地块的规划许可变更，或者由不同的主体来编制更大范围内的更新单元规划，这时开发区政府只负责某些情况下的规划审批。但在另一些政策中，工业开发区的转型必须由政府主导编制区域整体的更新规划，以便统筹产业发展方向、城市功能整合以及公共服务设施。在需要由政府主导编制规划的政策中，其所承担的规划调整成本更高。

规划调整带来的交易成本高低评价标准如表 5－5 所示。规划调整的交易成本主要与是否需要由政府编制相关转型规划有关。如果不需要政府编制转型规划（即由市场主体编制或由权利人申请独立地块的规划许可变更），则政府方面的规划调整成本较低。在需要政府编制转型规划的情况下，交易成本高低与规划编制报批的程序以及指标的弹性相关，实际模式中出现两种类型。一种是正式的转型单元规划修编，需要协调各相关部门的利益与意见，对转型指标有明确的规定，弹性较小，审批周期长，这种情况规划调整的成本较高；另一种为简化的规划修编，可以是规划评估的形式或实施方案的形式，没有严格的指标要求，审批周期缩短，交易成本为中等。

表 5－5　　规划调整成本评价标准

交易成本大小	评　价　标　准
高	正式的转型(更新)单元规划,指标弹性小,审批周期长
中	简化的规划评估或实施方案,指标弹性大,审批周期缩短
低	不需由政府进行转型规划编制

二、市场的成本

除了政府方面的交易成本,市场主体也会承担相应的交易成本。这里的市场主体主要指工业用地的原权利人,包括用地企业或开发商。交易成本过高,对市场主体的最大影响在于,降低他们进行转型发展的意愿。通过对案例材料的分析,本书总结出四点主要的市场交易成本,包括:修改规划条件的成本、修改土地合同的成本、融资成本、规划调整后的使用限制。

(一) 修改规划条件的成本

对市场主体来说,修改规划条件的成本主要与原权利人是否需要进行规划修改、用什么方式进行规划修改有关。在某些更新程度较小的案例中,可以不用进行规划条件的修改,这时交易成本最低;如果可以对独立地块申请规划许可变更,或仅需原权利人对地块及其周边较小范围进行控规或修规调整时,程序相对简单且审批较容易,需要协调的利害关系人也较少,通常也不涉及公共设施的贡献,因此交易成本为中等;在需要原权利人编制整单元的更新规划或转型规划的情况下,规划的审批、协调程序更加复杂,公共设施的贡献需要得到确定,因此成本较高。另外,不管通过哪种方式进行规划调整,如果相应的调整本身难以得到批准,则交易成本更高。

表 5－6　　修改规划条件的成本评价标准

交易成本大小	评　价　标　准
高	相应调整程序审批通过困难 需进行整单元规划编制,划定公共设施贡献
中	独立地块申请规划变更或小范围控规、修规调整,无须贡献公共设施
低	不需进行规划条件修改的申请和审批

(二) 修改土地合同的成本

市场主体进行工业用地的更新,所需承担的另一项重要交易成本来自修改土地合同的成本。影响该项交易成本最为关键的政策要素在于修改土地出让合同上的相关条件是否必须将土地收回再放入市场，进行重新招标、拍卖和挂牌出让。对于原权利人来说，不管是企业还是开发商，都把土地作为一块重要的资产，在持有成本很低的情况下，即使土地使用低效或者闲置，土地权利人仍有强烈的持有土地的愿望。如果必须进行重新招拍挂，通常会带来无法接受的市场风险，也即无法保证其能够再次获得土地的使用权，因此形成巨大的交易成本，阻止市场主体进行用地更新与规划调整。

不进行重新招拍挂的政策，又可以分为多种情形，不同情形的交易成本不同：有的将政策条件限定为国资所有的开发主体，而其他的主体想要进行自主转型，只有通过国资开发主体作为媒介来实现，对于非国资开发主体来说，交易成本增加。有的将协议出让的对象限定为原土地权利人，并对原权利人进行资产转让、股权结构调整作出了限制，而另一些政策中协议出让的对象不仅仅是原权利人，还可以是与原权利人协商好的其他市场主体，前者与后者相比，所需的交易成本更高。

不进行重新招拍挂的情况，通常需要补交地价差价，不同政策中补交地价的标准也不同。是采用基准地价还是市场评估地价，是否对补交地价进行优惠，其中转为研发办公类用地是采用工业还是商业办公用地类型作为参考，对于补交地价的额度影响较大。标准越高，原权利人付出的资金成本越高，也将很大程度影响其进行用地更新的意愿。

综上，修改土地合同的交易成本评价标准如表 5－7 所示。如无法避免土地的收回与重新招拍挂，则对原权利人来说风险过大，交易成本高；如果能够以一定的方式避免重新招牌挂，则修改土地合同的成本会大幅降低，与此同时，如果不需要付出额外的土地出让金或土地出让金的标准较低，则交易成本也较低；如果补交地价的标准较高，则交易成本为中等。

表 5－7　修改土地合同成本的评价标准

交易成本大小	评价标准
高	必须进行土地收回重新招拍挂
中	可以不进行土地重新招拍挂，按照市场评估地价、商办地价等高标准进行地价补交
低	可以不进行土地重新招拍挂，按照基准地价、工业地价或其他打折方式进行低标准的地价补交，或无须进行地价补交

(三) 融资成本

市场主体在更新过程中需要付出资金成本，不仅仅包括进行改扩建或者拆除重建的建设资金，还包括上文提到的补交土地出让金的价款。资金量较大的情况下，资金来源通常不可能依靠自有资金，需要进行融资，包括借贷、合资等形式。那么所需资金量的大小、投资主体的限制条件以及资金回收的方式与周期都对融资成本带来影响，资金量越大，投资主体限制越多，回收周期越长，市场主体需要承担更多的融资成本。

资金量的大小不仅与上文提到的补交地价的标准相关，还与更新地块的大小、土地出让的年限相关。在大部分开发区，初期出让的地块宗地规模都较大，如果不允许分块进行土地合同的修改，或是分期补交地价，则需一次性补交的地价数额巨大，给市场主体带来较大的资金压力。另外，工业用地的出让年限也影响所需支付土地出让金的大小。出让年限限制对市场主体成本的影响体现在两个不同的方面。一方面，市场主体所能一次性获得土地出让年限缩短，土地使用的不确定性增加。另一方面，土地出让金会根据出让年限进行调整，减轻了市场主体一次性支付土地出让金的资金压力。同时，由于工业企业存在自身的生命周期，50 年的使用年限往往大幅长于企业的生命周期，所以综合来说，缩短土地使用的年限，对于市场主体来说，可以降低一定的交易成本。

对投资主体的限制也带来额外的融资成本，如果限制用地更新后的主体必须为原权利人，并对相关的股权结构调整进行限制，则融资会更困难；反之，允许其他市场主体通过协议出让获得土地则会降低融资成本。

资金的回收周期也是影响融资成本的重要因素。对建成后物业进行分层、分栋或者分块转让、出租的限制越严格，资金的回收周期也越长。过长的资金回收周期给市场主体带来资金链断裂的风险，也带来额外的融资成本。

综上，融资成本一方面与市场主体一次性需要投入的资金量大小有关，另一方面与资金回收方式是否受限也即是否受到分割转让限制有关，具体评价标准如表 5-8 所示。如果只需要付出改建成本，一般资金投入总量较小或一次性投入量可控，即使资金回收方式受限，融资成本也可认为较低；如果除了改扩建成本，还需付出一定量的土地出让金，则高标准的土地出让金补交标准和严格的转让限制结合，会带来较高的融资成本；如果土地出让金标准不高，允许分期缴纳，同时转让限制较为灵活，则可有效降低交易成本。

表 5－8　融资成本评价标准

交易成本大小	评价标准
高	高标准土地出让金，严格转让限制
中	高标准土地出让金，分期缴纳，少量转让限制
低	无土地出让金，只需付出改扩建成本 低标准土地出让金，分期缴纳，少量转让限制

（四）规划调整后的使用限制

规划调整后的使用限制也会影响市场主体进行用地规划调整的决策，成为阻碍用地更新实现的又一交易成本。土地使用的限制主要体现在两个方面，包括土地使用条件和项目监管强度。

土地使用条件又包括了容积率、建筑高度等开发强度限制、配套设施比例的限制以及土地使用兼容性的规定。在工业用地的更新中，可以按照调整的程度分为三种调整方向，前文总结为工业转工业（2 转 2）、工业转研发（2 转 2.5）以及工业转商业办公与居住（2 转 3），调整的程度依次升高。一般来说，2 转 2 的用地调整主要为容积率的提升，不能兼容研发类的功能，或只能兼容中试、小试等产业项目类型的研发功能，受到的限制仍较大；2 转 2.5 则可以兼容研发设计办公的功能，一般也会对容积率的上限进行放宽，并可增加配套面积的比例；2 转 3 的情况则在使用上按照新的用地类型进行，受到的限制最低。因此三种情况的交易成本依次降低。

对项目的监管指的是规划调整之后，对进行土地使用的实际项目进行监管，监管的内容包括多个方面，如工商部门对项目类型的监管、产业发展部门对产业增加值和税收的监管、环保部门对企业环境影响的监管以及招商部门对企业注册地的监管等。一般来说，工业用地调整为工业或者研发功能时，该用地的产业发展功能是非常重要的，这时，政府对于各方面的监管会更加严格。若是调整为商业办公、居住等用地类型，则对于项目的监管程度会降低，市场主体的自由度会加大。

综上，用地调整后的使用限制可以分为不同的等级，限制越高，带来的交易成本越高，具体标准如表 5－9 所示。调整后变为商办、居住用地的情况，一般容积率的上限都较高，功能限制少，且不用接受产业项目监管，交易成本低；调整后为工业、研发用地的情况，如果对容积率有所放宽，高于一般工业用地标准，且可以兼容研发办公的业态，则可认为使用限制带来的交易成本为中等；如果不能改变生产功能或只能兼容中试、小试的功能，容积率没有放宽，则交易成本为高。

表 5－9　　用地调整后的使用限制评价标准

交易成本大小	评　价　标　准
高	不能改变工业生产功能或只兼容中试、小试，容积率上限不放宽，接受产业项目监管
中	兼容研发设计办公的业态，容积率上限放宽，接受产业项目监管
低	调整为商办、居住用地

第四节　利益还原的绩效评价

利益还原的绩效评价主要考虑两个方面的内容。一方面，计算直接或间接的土地收益，此处定义为土地利益还原强度，即政府与公众所获得的土地收益占土地增值总收益的比例大小；另一方面，评价利益还原综合绩效，也就是将广义的除土地收益之外的公共收益考虑在内来评价利益还原的实际效果。

一、土地利益还原强度

土地利益还原强度主要考虑两方面的还原利益，即直接的还原利益和间接的还原利益之和占土地增值总收益的比例。因此，首先对该案例的直接还原利益即政府应收的土地出让金 P_1 进行估算。接着，计算公共设施建设的成本收益，并估算与土地面积和公共设施等价的土地价值 P_2。两部分之和即认为是该项目所获得的还原利益。同时，对案例实施后的土地增值总收益进行计算，采用两种方式对土地价值进行计算。一是在土地获益方式主要为出租的情况下，利用租金价格贴现对土地价值总额进行估算：

$$P = R/i \times [1 - 1/(1+i)n]$$

其中，P 为土地价值，R 为土地年租金，i 为贴现率，n 为土地使用年限。一般工业研发用地、办公用地主要用这种方式进行估算。

另一种情况是可以直接对土地上开发的物业进行买卖，这时的土地价值则以土地及其物业买卖的市场价格进行估算，主要出现在居住用地、商业用地中。

土地利益还原强度 I 可以表达为：

$$I = (P_1 + P_2) / \Delta p$$

其中，P_1 为政府回收的土地出让金，按照各地政策细则进行估算。P_2 为与公益贡献等效的土地价值，按照政府在市场上征收相似地块所需付出的补偿成本进行估算。Δp 为土地增值总收益，等于用地规划调整后的土地价值减去用地规划调整前的土地价值。

二、利益还原综合绩效

正如在前文的理论分析中所提到的，广义地考虑利益还原，则还原的利益不仅仅包括土地收益，还包括用地规划调整对税收、产业发展、工作机会、社会和谐性、城市环境的影响。这些影响不一定像土地收益一样可以在短期内显现，可能需要在用地规划调整之后的长期过程中逐步实现。

表 5－10 对广义的利益还原所考虑的利益类型进行了分类列举，主要包括经济利益、社会收益以及环境收益三个方面。经济利益除了直接或间接获得的土地收益之外，还包括了产业转型发展带来的长期经济效益以及企业税收的增长等。社会收益包括工业用地调整对人口结构的改变、城市生活质量的改善以及减少社会冲突的作用。环境收益包括降低污染工业的环境影响、改善老旧建筑的质量与风貌以及通过增加公共绿地、生态修复等手段改善生态环境。

表 5－10　　还原利益的分类

还原利益分类	分类举例	
经济利益	土地收益	土地出让金
		开发者公益负担
		免去土地收回成本
	税收收益	企业税收增长
	产业转型发展	低端制造业向新型制造、研发办公转变
社会收益	改变人口结构	就业结构优化
	改善城市生活质量	公共服务设施的完善
	减少社会冲突	减少征地拆迁矛盾
环境收益	降低环境影响	污染工业的迁出
	改善建筑质量	老旧建筑的改扩建、重建
	改善生态环境	公共绿地增多

除此之外，对利益还原综合绩效的考虑还要加入对交易成本的分析。当交易成本较高时，利益还原的过程可能无法顺利实施，这时，工业用地调整所带来的不管是土地利益还原还是广义的利益还原都可能无法完全实现，实际效益就会小于理论值。

小　　结

本章通过对质性材料的解构与重组，建立起评价中国开发区工业用地更新的利益还原政策的模型。模型包含三个重要的理论类属，分别为：利益还原机制的特征、工业用地更新过程的交易成本、利益还原的绩效。三个理论类属之间的相互联系构成了利益还原政策评价的模型框架，其中利益还原的特征影响着利益还原的绩效和交易成本，利益还原的绩效又包含理论上的绩效和实际实现的绩效，而实际实现的绩效与理论绩效的关系受到交易成本的影响。

在构建起评价模型的基础上，本章进一步剖析了三大理论类属的内涵。识别利益还原机制特征包括两个环节，首先识别利益还原政策的特征要素，包括修改规划条件、修改土地合同、土地使用、土地处置以及政策确定性几个方面，接着按照工业用地更新的过程，阐释利益还原的机制，主要包含了利益捕获和利益限制两类。

工业用地更新的交易成本也分为两个方面，一方面是对政府主体来说的交易成本，包括土地收回的谈判成本、允许自主转型的政治风险以及规划调整的成本；另一方面是对原权利人等市场主体来说的成本，包括修改规划条件的成本、修改土地合同的成本、融资成本、规划调整后的使用限制等四个方面。

最后是对利益还原绩效评价指标与方法的细化。利益还原的绩效评价包含两个层次，第一个层次是利益还原的强度，计算的是直接和间接的还原利益占总的土地增值的比例；第二个层次是利益还原的综合绩效，不仅计算土地收益的还原，还计算土地收益之外的经济收益、社会收益和生态收益等。最后，还加入对交易成本的考虑，评价实际可实现的综合绩效。

第六章　中国开发区工业用地更新的利益还原模式及其适用条件

近年来，沿海发达城市中可建设的新增建设用地总量越来越少，存量工业用地更新的重要性也越来越受到关注。但是，不同城市在城市用地发展现状和政策环境上的不同，使其在开发区工业用地更新上选择的政策也不尽相同。本章选取北京、上海和深圳三个城市的开发区为例，三个城市在用地紧缺程度以及政策环境上的不同使之在工业用地更新中选择了不同的利益还原模式，在中国具有一定的代表性。

从存量用地更新压力大小来看，深圳的压力最大，上海次之，而北京相对较小。三个城市中，深圳的市区面积为 1 991.64 平方千米，为三个城市中最小，也因此，深圳早在 2006 年编制城市总体规划时就已经意识到了土地紧缺带来的严峻压力。根据当时的测算，深圳在 2006 年时城市建设用地规模约为 730 平方千米，而按生态控制要求划定的空间管制范围内可利用的城市建设用地规模仅为 1 045 平方千米，因此，深圳市未来可以发展的新增空间资源仅剩 315 平方千米(邹兵，2013)。在空间资源紧缺的硬性约束下，深圳必须从提高存量土地利用效率上寻找经济的增长点。上海的市区面积为 6 340.5 平方千米，2012 年时，上海市总的建设用地面积已经达到 2 904.25 平方千米，约占整个市域面积的 45.8%，在上海市 2006 版土地利用总体规划中，提出到 2020 年上海市建设用地规模的上限为 3 226 平方千米，在新一轮的上海 2040 总规中，将 3 226 平方千米继续作为上海市未来城市发展的建设用地“天花板”，因此，上海市可利用的新增建设用地最多仅剩 330 平方千米，土地压力同样巨大。相比而言，北京市的市域面积为 16 410 平方千米，面积较大，北京的建设用地规模为 3 340 平方千米，占市域面积的 20.4%，对比上海和深圳，比例较低。但实际上北京的可建设用地规模并不大，在新一轮总规中，对建设用地规模控制的研究为远景控制在 3 320 平方千米以内，现在的建设用地规模已经超过了上限，但由于北京市域总面积较大，硬性约束相对较小，且主要的问题集中在集体建设用地的快速增长和粗放蔓延，工业用地更新的压力反而并不紧迫。

从城市的政策环境来看，深圳的政策环境较为宽松，上海次之，而北京最为严格。在进行存量工业用地更新的过程中，政策设计的焦点集中在允许存量土地不经过土地收回和重新招拍挂而进行规划调整，本质上是允许土地的协议出让。在中国土地市场化的进程中，市场化的招标、挂牌和拍卖逐步替代协议出让，从表面上看，再次允许协议出让是一种市场化的倒退，并且存在降低土地出让金收益的“国有资产流失”风险。因此，进行存量用地更新的制度设计面临着一定的政治风险，而当国家层面给以一定的特殊试点政策时，可以降低地方政府的政治风险。三个城市中，最早在政策上有突破的城市是深圳。深圳颁布《深圳市城市更新办法》的契机则是国土资源部在2009年时给广东省的“三旧”改造政策，当时“三旧”改造的政策为了鼓励城市更新，允许在进行旧厂、旧城和旧村改造时进行一定条件下的协议出让，从而创造了较为宽松的政策环境。同时深圳作为特区，拥有自己的立法权，因此在政策创新中面对的政治风险相对较小。在上海，局部范围内的宽松政策也依托了国家自主创新示范区的背景，在面对全市的政策决定上，上海市的制度设计由于没有更为宏观的政策作为依托，则明显比深圳更为谨慎。相对而言，作为首都的北京，在政治环境上更为严格，因此相关法律法规的制定面临的政治风险更高，所以在现阶段还没有相关的特殊政策出台。

第一节　北京：土地压力初显，维持现行机制

本书选取了亦庄经济技术开发区作为北京市的案例。北京亦庄经济技术开发区（后简称“亦庄开发区”）的规划范围约56平方千米，2011年已建设了72%。亦庄在北京市以及整个区域的制造业中地位非常重要，经济效益指标的完成在土地压力下难以实现。因此政府在进一步寻找空间拓展可能性的同时，也想推动存量工业用地的转型。

亦庄开发区正式成立于1994年，以2000年星网工业园的入驻和2005年亦庄新城总体规划的实施为两个重要节点，可以分为三个发展阶段。开发区成立初期，随着基础设施等投资环境的完善，吸引的企业质量逐步提升。到

2000年星网工业园入驻后，产业高端化更加明显，高新技术企业成为带动开发区经济高位运行的主体力量，开发区进入高速增长阶段。2005年，亦庄新城作为北京市三个重点新城之后，开始实施总体规划，对其提出综合化发展的要求。从开发区GDP的增长以及产业结构的变化中，可以看到产业升级与综合转型带来的两次快速增长。

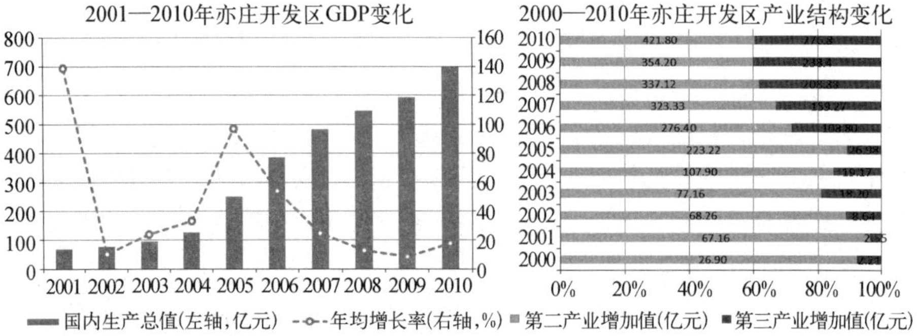

图6-1 北京亦庄经济技术开发区生产总值及其结构变化

资料来源：《北京经济技术开发区社会经济统计公报》。

从亦庄开发区的空间发展情况来看，自其成立以来，主要经历两次扩区。第一次扩区在2002年，开发区向京津塘高速和凉水河以西扩展了24平方千米。第二次扩区在2010年，开发区和大兴区在2010年初进行行政资源整合后，为拓展产业发展空间，两区联合启动了六环路以南8.2平方千米产业功能区和六环路以北3.86平方千米综合配套区的土地一级开发工作，总扩区12平方千米范围。

但即使在这样的情况下，截至2011年，其政策区内的建设用地已经达到了72%，用地情况紧张。从用地的结构来看，仍然是以工业用地为主，2011年，工业用地所占比例约为34%，与亦庄新城的用地规划目标还有一定的差距。

因此，作为地方政府的开发区管委会，在土地压力之下，为了实现持续的经济增长和新城的综合功能发展目标，需要对存量用地进行盘活，产生了推动工业用地更新的需求。同时，在整体区位条件改善、地价上涨的背景下，亦庄开发区中的土地使用者也产生了将土地改作他用的动机。特别是在亦庄开发区的核心区，更多为初期引进的企业，产能相对较低，转型升级的需求最为强烈。

图 6－2　北京亦庄经济技术开发区分发展阶段土地供应情况

资料来源：北京经济技术开发区管委会。

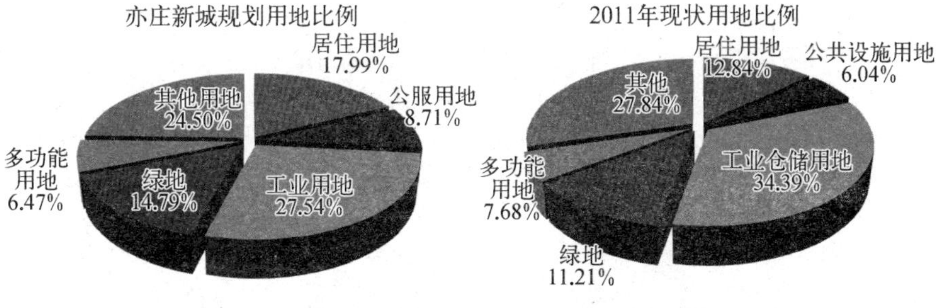

图 6－3　亦庄新城规划用地结构和现状用地结构

资料来源：北京经济技术开发区管委会。

北京市整体的规划土地政策较为严格。2004 年 1 月，北京市国土房管局、市发展改革委、市规划委、市建委、市监察局发布了《关于停止经营性项目国有土地使用权协议出让的补充规定》，明确指出“除房改带危改项目外，利用划拨土地进行经营性开发建设的；改变用地使用性质，进行经营性开发建设的"情况，在办理国有土地使用权出让时，均须通过招标、拍卖、挂牌方式在土地交易市场公开进行。并补充说明，对国家级开发区和科技园区外非生产加工型一般性高科技项目用地也必须进行招拍挂出让程序。2007年，北京市开始执行国家《招标拍卖挂牌出让国有建设用地使用权规定》(39号文)，工业用地也被归入必须进行招拍挂出让的经营性用地类型。在这样的背景下，亦庄开发区在工业用地更新中遇到较大阻力。

一、收回招拍挂模式

(一) 收回招拍挂模式的利益还原政策特征

收回招拍挂模式依据正式法律法规进行用地规划的调整，操作的程序为，首先由政府收回国有土地的使用权，再进行公共设施的开发建设，或重新放入市场进行公开的招标、拍卖或挂牌出让。这种方式符合土地管理相关法规对于土地出让的要求，没有政策上的阻力，但实施起来却相当困难。具体的利益还原政策特征如表6-1所示。

表6-1 收回招拍挂模式的利益还原政策特征总结

利益还原政策特征	特征要素	收回招拍挂模式
修改土地合同的制度特征	是否必须重新招拍挂	是
	协议出让的受让主体	—
	补交地价的标准	—
	是否允许分期、分块支付土地出让金	—
	对产业效益的评估	—
修改规划条件的制度特征	规划调整的方式(独立申请规划许可变更、整单元规划编制)	报控规调整
	规划调整申报主体条件	原权利人
	公共基础设施的处理方式	无规定
	公益贡献的相关规定	无规定
土地使用的制度特征	工业、研发用地开发强度限制(容积率、建筑高度)	—
	工业用地使用功能兼容性	—
	项目监管强度(项目类型、项目税收、项目环保要求、项目注册要求)	—
	土地使用年限	无特殊规定

续表

利益还原政策特征	特　征　要　素	收回招拍挂模式
土地处置的制度特征	土地、物业转租限制	可出租
	土地、物业分割转让限制	不限分割转让
	权利人股权结构调整限制	无特殊规定
政策确定性特征	是否有相应的规划编制规范	与原政策无冲突
	是否有正式的土地管理法律法规	与原政策无冲突

按照《北京市收回企业国有土地使用权补偿办法》，收回企业国有土地使用权补偿采取货币补偿、实物补偿或货币实物相结合的补偿方式；补偿价格由有评估资质的中介机构按照现状用途进行评估，评估结果由市国土局会同市发展和改革委员会和市财政局等有关部门确定；土地使用权人已交纳土地出让金的，将已交的剩余年期的土地出让金返还。这样的补偿价格一般土地权利人都不会接受，而其要求的补偿额度，对政府来说又是巨大的财政成本，因此政府与权利人的谈判难以达成一致。因此这种模式主要用于收回一些已经到期而没有续期的用地、违约地或条件较差的地块，但由于谈判的难度，这类用地调整模式在亦庄开发区中实际成功的比例很少。

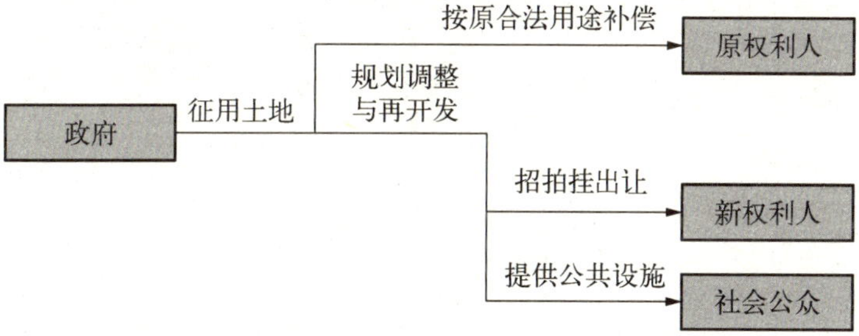

图 6－4　收回招拍挂模式

(二) 收回招拍挂模式的交易成本分析

根据前文构建的交易成本及其影响因素的评价体系，对亦庄开发区调整工业用地性质的模式进行交易成本分析，总结如表 6－2 所示。

政府主体方面，主要是对开发区管委会来说的交易成本。首先，因为必须通过将土地收储再重新建设或招拍挂的形式来实现用地性质的调整，进行土地收回谈判的成本较高。一方面，政府的强制征收权利一般只有在土地合同

表 6 - 2　　北京经济技术开发区收回招拍挂模式交易成本构成

主体	交易成本	影响因素	收回招拍挂模式
开发区政府	土地收回谈判成本	是否需要重新招拍挂	需要
	允许自主转型的政治风险	政策确定性	无工业用地更新特殊政策
		是否有相关法律法规依据	无
		法律法规的稳定性	无出台试点的预期
		自主转型的程度	改变用地性质
	规划调整成本	是否需要编制整单元规划	不需要
		规划编制的协调成本	—
		规划审批指标弹性	—
		规划审批流程	—
土地原使用权人或其他市场主体	修改规划条件的成本	是否需要修改规划/是否需要变更规划许可/是否需要修编整单元控规	申请规划变更困难
		申报主体条件	—
		是否突破原规划	—
		公共基础设施的处理方式	—
		规划审批指标弹性	—
		规划编制的协调成本	—
	修改土地合同的成本	是否需要重新招拍挂	必须重新招拍挂，市场风险巨大
		协议出让的主体限制	—
		补交地价的标准	—
	融资成本	资金投入量压力	重新拍得土地资金要求高
		是否允许分块补交、分期支付土地出让金	—
		投资主体限制	—
		土地使用年限	—
		资金回收方式与周期	资金回收方式灵活，周期可控
		是否限制分割转让	不限制
	规划调整后的使用限制	土地使用条件	按商办用地使用条件
		容积率限制	—
		使用功能兼容性	—
		配套比例限制	—
		项目监管强度（项目类型、项目税收、项目环保要求、项目注册要求）	项目监管强度较低

到期或用地者有违法用地情况时可运用，其他情况下，只能采取谈判协商补偿的办法；另一方面，在亦庄，用地权属以直接出让给工业用地企业的情况为主，园区开发主体自己持有土地的比例较小，这些工业企业在转型中还需考虑企业搬迁安置的成本，对于用地性质调整的积极性更低，谈判难度更大。

从企业来说，什么来钱他干什么，即使他什么事儿也不干，还可以拿到银行抵押贷款，有些企业有钱的，干脆就空在那。（访谈 201）

不是说你给重新找块地儿，给我补点钱，我就愿意搬了，我搬迁有很多隐性的成本，你给我补你补得起吗，你说补不起，那我就不走。（访谈 201）

我刚才说的那个劝退，其实也不排除就像拆迁一样，你坐地起价，你要多少钱才走，但是可能对管委会来说是一种最被动的方式。（访谈 203）

其次，对政府来说，如果允许自主调整用地性质调整，由于在北京没有相应的特殊政策文件支撑，甚至也没有进行政策试点的预期，对于开发区管委会来说，具有巨大的风险。另外，改变用地性质属于用地规划调整中调整尺度最大的类型，并且，以工业企业本身持有土地为主的用地权属特征，使其自主进行用地调整带来的土地利益流失风险巨大。

他的顾虑就有一点，是他对现有政策的突破，然后就是会造成国有资产流失，等于说，他这一部分，这是××这，他们是国企啊，肉烂在锅里，虽然是他们公司吃了，但是对于其他企业来说，它可能是个外来的企业。（访谈 203）

但是这个土地增值部分去分配，各级政府没有达成一个操作规程，没有一个操作路径的指引，而且不能规避一些风险，担心国有资产流失，所以很多地方还是实行收回招拍挂，比较少的地方是直接补交地价。（访谈 609）

第三点，对亦庄开发区管委会来说，如果要进行较大程度的用地性质调整，如工业用地向商务办公或公共服务设施类进行转型，原权利人在收回招拍挂的前提下不会自主提出调整用地性质的需求，需要由开发区政府来进行用地性质调整的统筹。在亦庄，虽然上级政府并没有明确的政策文件要求必须编制转型规划，但开发区自身正在探索一种指导转型的规划方式，只是这种规划的编制还存在一定的阻力。在争取扩区新增用地与盘活存量两种选择中，前者仍然是目前亦庄开发区寻求解决土地紧张问题更主要的手段，原因是盘活存量在土地政策没有突破的情况下实施阻力巨大，而土地政策的突破在北京市可能性还很小。在公共设施的实现方式上，因为必须通过收储的方式进行，存在巨大的实施阻力，政府只在设施不可缺少的情况下进行规划调整，对餐饮、住宿等商业服务设施用地的缺乏则缺少调整规划的动力。

亦庄因为是前期成片开发的，基础设施标准比别的区域很多都高。但如果说商业服务、餐饮什么的确实比较缺乏。但管委会只有在比较重要，你说缺一个电站，那没办法，需要去调整，有些可有可无的餐馆、酒店之类的就不会去调。（访谈 204）

从市场主体的角度来说，在亦庄开发区进行工业用地更新主要面临的交易成本首先是土地收回重新招拍挂带来的市场风险。不管对开发商还是企业来说，土地都是他们手中重要的资产，在土地合同还未到期之前，即使本身使用效率较低，他们持有土地的意愿仍然是非常强烈的，因为持有的成本很低，但收益的潜力却很大。在这种情况下，如果进行土地的重新招拍挂，作为一个主业为制造业的企业或以园区开发为主要经营方向的开发商，其与市场上专门进行房地产开发的纯市场主体相比竞争力较弱，因而重新获得土地的机会很小，面临很大的市场风险。

如果是就近，在比如说河北、廊坊找块儿地，他会愿意搬吗？北京的问题在于，企业他就是不愿意离开北京。但比如说他留在这里有劳动力成本的问题，但河北那里劳动力便宜啊，你可以把管理机构设在亦庄？问题在于，就算企业真的是在内蒙古比较合适，他才不会让你去帮他调查找地，他自己就在内蒙重新建一个厂了。我自己腾出笼子来，但是我这笼子我不会给开发区，我自己留着玩儿房地产了。土地重新招拍挂，他才不愿意呢，拍完了地不是我的了。尤其是北京、上海，又是开发区这么好的地，他说什么也不干。（访谈 201）

一定会易主的，一定会易主的，就我跟那些个纯市场化的那些公司是没有办法去拼的，就算我，比如说我同意了，你开发这个地块，你说管委会摁着我说去那个，让我去干了，但是对于卖出去其他那些企业，他是一点这个动力都没有的，他是比方说是制造业的，他没有这样的开发的经验，他一定拼不过这种专业搞开发的人。（访谈 203）

另一方面，如果土地权利人希望重新拍得土地，需要付出巨大的资金成本。虽然在土地的转让以及使用上，用地规划调整之后的限制都较少，但是这部分一次性付出的资金与之前的市场风险叠加，进一步阻止了原权利人进行用地调整的意愿，即使进行调整之后可能带来更高的收益。

（三）收回招拍挂模式的实施情况

综上所述，在北京亦庄想要进行工业用地性质的调整面临巨大的交易成本，不论是政府还是市场主体，都没有足够的动力去推进这种方式的转型，因而在现实中还没有出现过真正实现的案例。

另一方面，由于开发区中确实存在商业服务设施缺乏的情况，一些区位较好的沿街建筑自行改变为住宿、餐饮等商业服务功能。一般工业用地允许一定的配套服务配建比例（7%以下），比例较小，这些改变建筑功能的做法一般超出了允许的比例。按照法律法规，规划管理部门需要对这种情况进行查处，但由于开发区原本用地结构中服务设施用地的缺乏，这些自行发展的服务业对开发区服务配套是一种补充，因此政府对这类少量开发采取默许的态度。图6-5显示了亦庄开发区部分转为餐饮住宿用途的工业建筑。

图6-5　北京亦庄经济技术开发区中工业用地上自行改变建筑功能为餐饮住宿的情况示意

资料来源：作者自摄。

因此，理论上，通过进行市场化的招标、拍卖和挂牌出让程序，政府可以获得较高的土地出让金，扣减以原有土地用途价格回收土地的成本，用地规划调整后的增值收益大部分由政府捕获。但实际上，由于转型受阻，这种机制无法真正实施,这部分土地收益并不能实现,同时,开发区希望实现产业升级、公共服务设施完善的愿望也因此受阻。相反,部分存在的非正规的用地功能调整,虽然事实上造成了部分土地增值收益的流失,但成为对园区缺乏的服务功能的一种补充。另一方面,这种自发性的寻租无法被纳入正式管理,市场的逐利动机可能驱使其进一步扩大,造成管理上的混乱以及更大程度的土地增值收益流失。

二、自主调整容积率模式

(一) 自主调整容积率模式的利益还原政策特征

自主调整容积率是指在不调整用地性质的情况下,调高原有用地的容积率限制。这时需要土地权利人向规划部门提出修改规划的申请,规划部门会根据实际情况予以审批,但最高容积率不能超过工业用地所规定的上限 2.5。规划审批通过之后,土地权利人还需要向土地部门申请修改土地合同。土地部门是否允许通过补交出让金来调高容积率的情况受政策环境影响,由于近年来出现政策收紧的趋势,允许的情况较少出现。除此之外,由于工业用地的性质没有发生变化,用地仍然受到分割转让的限制,并且接受开发区对项目的综合监管。自主调整容积率模式的利益还原政策特征如表 6-3 所示。

表 6-3　　自主调整容积率模式的利益还原政策特征总结

利益还原政策特征	特征要素	自主调整容积率模式
修改土地合同的制度特征	是否必须重新招拍挂	某些情况可以不用重新招拍挂
	协议出让的受让主体	原权利人
	补交地价的标准	无明确规定
	是否允许分期、分块支付土地出让金	否
	对产业效益的评估	按园区产业要求
修改规划条件的制度特征	规划调整的方式(独立申请规划许可变更、整单元规划编制)	报控规调整
	规划调整申报主体条件	原权利人
	公共基础设施的处理方式	无规定
	公益贡献的相关规定	无规定

续表

利益还原政策特征	特征要素	自主调整容积率模式
土地使用的制度特征	工业、研发用地开发强度限制（容积率、建筑高度）	按工业用地上限2.5
	工业用地使用功能兼容性	兼容中试、小试
	项目监管强度（项目类型、项目税收、项目环保要求、项目注册要求）	项目监管严格
	土地使用年限	无特殊规定
土地处置的制度特征	土地、物业转租限制	可出租
	土地、物业分割转让限制	不可分割转让
	权利人股权结构调整限制	无特殊规定
政策确定性特征	是否有相应的规划编制规范	无明确规定
	是否有正式的土地管理法律法规	无明确规定

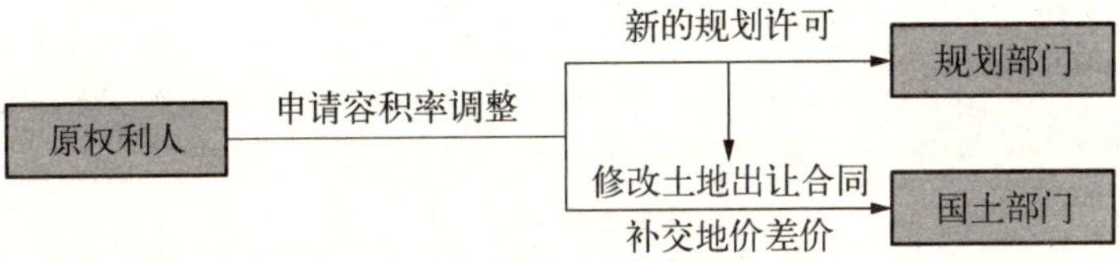

图6-6　自主调整容积率模式

(二) 自主调整容积率模式的交易成本分析

对自主调整容积率的交易成本进行分析，如表6-4所示。

表6-4　北京经济技术开发区自主调整容积率模式交易成本构成

主体	交易成本	影响因素	自主调整容积率
开发区政府	土地收回谈判成本	是否需要重新招拍挂	部分情况可以不重新招拍挂
	允许自主转型的政治风险	政策确定性	无工业用地更新特殊政策
		是否有相关法律法规依据	无
		法律法规的稳定性	无出台试点的预期
		自主转型的程度	提高容积率

续表

主　体	交易成本	影　响　因　素	自主调整容积率
	规划调整成本	是否需要编制整单元规划	不需要
		规划编制的协调成本	—
		规划审批指标弹性	—
		规划审批流程	—
土地原使用权人或其他市场主体	修改规划条件的成本	是否需要修改规划/是否需要变更规划许可/是否需要修编整单元控规	需变更规划许可
		申报主体条件	原权利人
		是否突破原规划	可以突破
		公共基础设施的处理方式	由政府收回再建设
		规划审批指标弹性	最高 2.5
		规划编制的协调成本	是否通过不确定性大，与企业实力、政策弹性有关
	修改土地合同的成本	是否需要重新招拍挂	可以不重新招拍挂
		协议出让的主体限制	原权利人
		补交地价的标准	工业用地标准
	融资成本	资金投入量压力	补交地价成本较高
		是否允许分块补交、分期支付土地出让金	不允许
		投资主体限制	原权利人
		土地使用年限	无特殊规定
		资金回收方式与周期	回收周期长
		是否限制分割转让	限制分割转让
	规划调整后的使用限制	土地使用条件	兼容中试、小试，容积率上限放宽
		容积率限制	容积率 2.5
		使用功能兼容性	兼容中试、小试
		配套比例限制	7%
		项目监管强度（项目类型、项目税收、项目环保要求、项目注册要求）	项目监管强度高

对开发区管委会来说，自主调整容积率的交易成本在以下几个方面。首先，在部分情况下，调整容积率可以不通过土地收储再重新招拍挂的方式进行，因此，在进行谈判的交易成本上有所降低。但是也正如前文所述，是否能

够不进行重新招拍挂实现容积率调整的政策条件并不稳定。因此，虽然调整容积率的规划调整程度不如调整用地性质，对政府来说仍然存在一定的政治风险，但因为不需要政府组织编制转型或用地调整的规划，在规划调整上的成本很低。

在今年以前，生产性的企业进行生产扩容是可以的。另外生产性的企业发展了这么多年本来也需要注入研发功能，但现在卡得比较严。（他这个变化的背景是什么？为什么原来可以？）住建部给规委下了个文，自有用地的调整要严控的文件。（访谈 603）

在 2012 年以后，政策就收紧了。据我了解还没有这种情况，没有这么做的。土地部门会说那就收回来重新出让。真的要做，那可能就要看企业的实力了，反正都是市里面批，特事特办。（访谈 204）

对市场主体来说，首先需要由土地权利人向规划部门申请规划许可的变更，一般来说，在工业用地规定的最高容积率上限 2.5 的范围内，是可以论证进行容积率调整的，因此在修改规划条件的程序上，市场主体的交易成本主要在于规划审批的时间成本。但是，即便可以进行补交地价的操作，也需要按照工业用地的价格补交土地出让金。这时，土地权利人又面临融资的成本。对以厂房出租为主要盈利方式的园区开发商来说，2.5 的容积率并不能带来足够的租金流来平衡所付出的土地出让金以及临时安置客户的成本；对以自用为主的工业企业来说，问题相对较小，因为其效益提升理论上主要通过产业升级，但它们仍需考虑一次性支付的土地出让金的成本收益。最后，提高容积率后，对于土地使用的限制仍然按照工业用地执行，对容积率、配套、项目监管仍然具有较多的使用限制。

那个 HD，那个情况比较复杂，应该是接近用足了，HD 可能稍微差一点，YC 应该是够了。原来有过这个想法，因为 HD 差一点嘛，想把这一块给批给 YC，正好是盖这个一层过来，但那样沟通成本太高了，而且时间也特别长，可能不是说几个月或者一年能够拿得下来的，这影响整个项目。（访谈 203）

不，改建的成本，一点，砖头瓦块都不值钱，值钱的是，我占了容积率这地，我要付给政府的这部分钱是很高的，这样的话把这部分钱给省了，砖头瓦块的话一平方米几百块钱也就这样了，整个楼你要是算上那个精装乱七八糟的，你

要是算是土地的成本，那可能得要大几千。（访谈 203）

调整地性是一定需要（重新招拍挂）的，如果你不调整地性只调整容积率，但是容积率是只能调到 2.5 的，市规委会批，就是让你这样做，但是对于他们来说就没有什么吸引力了。（访谈 203）

（三）自主调整容积率模式的实施情况

通过分析自主调整容积率的模式可以发现，虽然在各项交易成本上，这种模式比调整用地性质相对低一些，但实施中仍然存在阻力，实际适用范围很窄。另外，由于容积率最高只能调整到 2.5，即使可以通过补交土地出让金的方式完成规划调整，对开发商来说带来的收益激励仍然不足。因此在实际中，通过这种方式实现工业用地更新仍然较为困难。

因此，理论上通过自主调整容积率，政府可以获得补交土地出让金的土地收益，并促进制造业向研发类型转变，获得更高的税收。但实际中这种机制实施困难，不仅无法捕获土地增值的收益，还无形中阻碍了企业的产业升级，影响区域产业综合效益的提升。

三、自主改变建筑功能模式

（一）自主改变建筑功能模式的利益还原政策特征

自主改变建筑功能指的是原土地权利人在不改变用地空间形态的情况下，将原有建筑由制造生产功能调整为研发功能。由于既未调整用地性质，也没有改变容积率等用地条件，土地权利人不用向规划土地部门进行申请，只需获得工商部门对项目的批准。自主改变建筑功能模式的利益还原政策特征如表 6 - 5 所示。

表 6 - 5　　自主改变建筑功能模式的利益还原政策特征总结

利益还原政策特征	特征要素	自主改变建筑功能模式
修改土地合同的制度特征	是否必须重新招拍挂	不需要
	协议出让的受让主体	原权利人
	补交地价的标准	不需补交
	是否允许分期、分块支付土地出让金	—
	对产业效益的评估	按园区产业要求

续表

利益还原政策特征	特征要素	自主改变建筑功能模式
修改规划条件的制度特征	规划调整的方式(独立申请规划许可变更、整单元规划编制)	无须调整
	规划调整申报主体条件	—
	公共基础设施的处理方式	—
	公益贡献的相关规定	—
土地使用的制度特征	工业、研发用地开发强度限制(容积率、建筑高度)	按原容积率
	工业用地使用功能兼容性	兼容中试、小试
	项目监管强度(项目类型、项目税收、项目环保要求、项目注册要求)	项目监管严格
	土地使用年限	无特殊规定
土地处置的制度特征	土地、物业转租限制	可出租
	土地、物业分割转让限制	不可分割转让
	权利人股权结构调整限制	无特殊规定
政策确定性特征	是否有相应的规划编制规范	无明确规定
	是否有正式的土地管理法律法规	无明确规定

在亦庄,这种需求主要来自由管委会下属的国有开发公司持有的工业园区。一方面,这种园中园形式的开发,主要的建筑形态为适应轻型生产的多层标准厂房,比一般直接由工业企业拿地进行建设的厂房对研发办公的兼容能力更强;另一方面,这些物业由房地产商直接持有进行出租,其对更高租金的利益追求更加明确,且其与租户进行谈判收回所出租房间或楼宇的阻力相对于政府收回土地使用权阻力小很多。因此,部分开发商对这种园中园物业的转型进行了尝试。

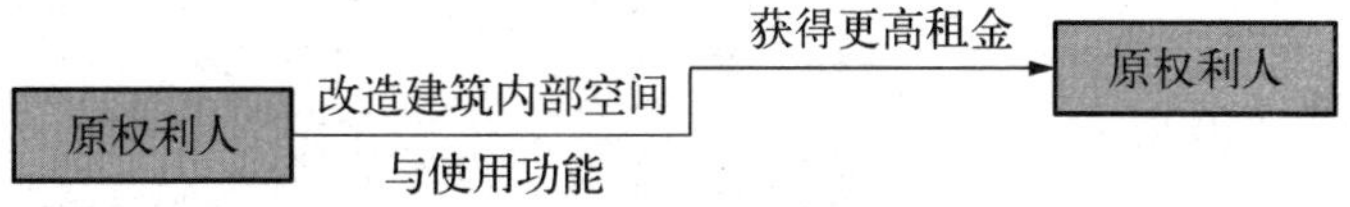

图 6-7 自主改变建筑功能模式

(二) 自主改变建筑功能模式的交易成本分析

对自主改变建筑功能情况下的交易成本分析如表 6-6 所示。

表 6-6　北京经济技术开发区自主改变建筑功能模式交易成本构成

主　体	交易成本	影　响　因　素	自主改变建筑功能
开发区政府	土地收回谈判成本	是否需要重新招拍挂	不重新招拍挂
	允许自主转型的政治风险	政策确定性	无工业用地更新特殊政策
		是否有相关法律法规依据	无
		法律法规的稳定性	无出台试点的预期
		自主转型的程度	改变功能
	规划调整成本	是否需要编制整单元规划	不需要
		规划编制的协调成本	—
		规划审批指标弹性	—
		规划审批流程	—
土地原使用权人或其他市场主体	修改规划条件的成本	是否需要修改规划/是否需要变更规划许可/是否需要修编整单元控规	无须变更规划许可
		申报主体条件	—
		是否突破原规划	—
		公共基础设施的处理方式	—
		规划审批指标弹性	—
		规划编制的协调成本	—
	修改土地合同的成本	是否需要重新招拍挂	不重新招拍挂
		协议出让的主体限制	原权利人
		补交地价的标准	不用补交地价
	融资成本	资金投入量压力	只有改建成本，总量低
		是否允许分块补交、分期支付土地出让金	—
		投资主体限制	—
		土地使用年限	—
		资金回收方式与周期	回收周期长
		是否限制分割转让	限制分割转让
	规划调整后的使用限制	土地使用条件	兼容中试、小试，容积率上限不放宽
		容积率限制	原容积率
		使用功能兼容性	兼容中试、小试
		配套比例限制	7%
		项目监管强度（项目类型、项目税收、项目环保要求、项目注册要求）	项目监管强度高

对开发区管委会来说，由于北京市对工业用地的规范中允许并鼓励进行中试、小试等研发功能，在不改变建筑形态结构的前提下，将原本的制造生产功能转变为研发功能是不需要进行收回重新招拍挂的，因此，政府在土地收回谈判和允许自主调整以及规划调整程序上交易成本都很低。

用地性质没有发生变化，因为研发的企业是可以注册在工业用地上的，这块没有什么问题。(访谈 203)

对市场主体来说，由于是在原规划条件允许的范围内进行改变，因此也不需要申请规划许可的变更；不进行重新招拍挂，也不需要补交地价，市场风险较小；资金投入主要来自改建成本以及临时安置客户的成本，虽然由于仍然受到限制转让的约束，资金回收存在一定周期，但仍然在可接受的范围之内。因此，对市场主体总体来说交易成本也较低。

所以说生产型的企业，就我个人理解啊一直不是很喜欢这样的地方，所以它多年的出租情况一直不理想……多年它的出租率基本就是徘徊在 30%左右，租金的水平也偏低，基本上 1.3 算比较好的租金水平了……我们当时调研了一下之后，就把那个单元给切小了，原来基本单元是 1 000 嘛，然后或者一层是 5 000，整个楼是 3 万，六层，然后我们把它变成了 300—500 作为一个主力的空间。整个租金水平，现在应该到 3 块钱这样。2.5—3 之间这样。现在出租率应该是在一个比较正常的水平。(访谈 203)

(三) 自主改变建筑功能的实施情况

如上文所分析的，自主改变建筑功能模式在政府或市场方面的交易成本都较小，现实中成功实施的可能性较大。不过由于受到容积率调整的限制，真正实施中只有原本以多层厂房形式存在的轻型生产建筑具有改造的可能性，适用的范围较小。同时，土地使用虽兼容中试、小试，但对办公、设计等内容仍有比较严格的限制，产业转型的效果有限。

第二节　上海：土地压力增加，寻求制度突破

作为中国重要的工业城市，上海在改革开放前就具有较强的工业基础，改革

开放之后，工业开发区的发展又继续为上海经济的快速增长贡献了重要的力量。改革开放后，上海工业开发区的发展大致可以分为四个阶段(陶英胜，2009)。

第一个阶段为1984—1990年。1984年开始，国家在沿海城市设立了一批国家级经济技术开发区，上海在这个阶段也在城市边缘设立了虹桥、闵行、漕河泾等国家级开发区。

第二阶段为1990—2002年。1990年浦东新区的开放开发正式启动，成为发展外向型经济的重要前沿，在建设国家级开发区的同时，还出现了大量郊区工业园和乡镇村级工业园，上海全市的开发区出现遍地开花的局面。

第三阶段为2002—2005年。这个阶段，针对开发区发展对耕地的侵占，上海市对开发区进行了清理整顿。至2003年，上海共有177个各类开发区，规划用地1 008平方千米。经两次清理整顿，明确了41个国家级开发区，规划面积约556平方千米。2004年，上海又提出“三个集中”政策，明确郊区工业发展向园区集中的规划导向。

第四阶段为2005年至今。面对改革开放30年形成的工业用地格局，上海市存在工业用地总量大、布局分散等特点，工业用地的比例约占建设用地的

图6-8 上海104产业区块分布图

29%，远远高于东京、纽约等国际性大都市的15%—17%。同时上海面临着城市建设用地规模的紧约束，对存量工业用地的盘活成为上海城市可持续发展的重要课题。2005年上海市出台了《加强本市工业节约集约用地的指导意见》，提出了对存量工业用地减量增效的要求，开发区出现“二次开发”趋势。2011年，上海市又提出了104工业区块政策，要求工业用地进一步向全市104个工业区块集中；而104工业区块以外的工业用地要进行转型（黄珏，2012）。

另一方面，企业和开发商也具有转型升级的动机。对工业企业来说，随着上海市用工成本的上涨，一些劳动密集型的低附加值产业已经开始有逐步迁出向总部研发转型的趋势。对开发商来说，随着城市的增长，在原本的工业用地区位上进行研发办公活动的可能性出现，更高的土地价值也吸引其进行转型调整。

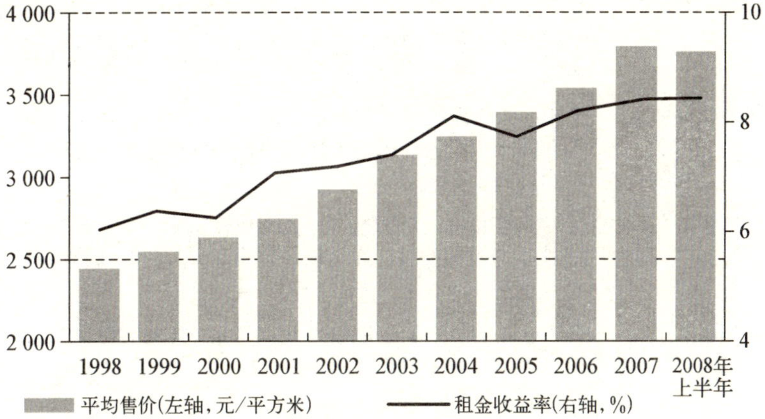

图6-9　上海主要工业园区的平均售价和收益率

资料来源：中银国际《上海工业园区转型之路》。

正如前文已经分析过的，在现有的制度框架下，要进行工业用地规划的调整面临着许多阻碍。但对上海政府来说，面对上海市土地开发的压力，存量工业用地更新具有一定的紧迫性。面对制度上存在的阻碍，上海市开始了制度上的探索，寻找调动市场力量的突破口。特别是上海新一轮总体规划提出“建设用地零增长，工业用地减量化”的目标之后，2011年以来，上海市对盘活存量工业用地的政策探索进一步加快。

2005年以来，工业用地的集约节约利用成为上海市规划管理中的重点内容，为了进一步盘活存量工业用地，提高用地效率，并促进工业用地的转型，上海市出台了一系列的政策。这些政策的出台体现了上海市政府在探索存量工业用地更新途径过程中的利益权衡。相关政策整理如表 6－7 所示。

表 6－7　　上海市与存量工业用地更新相关政策一览表

颁布时间	文件名称	颁布单位
2005 年 10 月 11 日	关于加强本市工业节约集约用地的指导意见	上海市经委 上海市发展改革委
2008 年 4 月 30 日	关于进一步加强土地集约利用,合理核定郊区工业用地规划指标的意见(沪规区〔2008〕287 号)	上海市城市规划管理局
2008 年 8 月 23 日	关于促进土地节约集约利用加快经济发展方式转变的若干意见(沪府办发〔2008〕37 号)	上海市房屋土地资源管理局
2011 年 12 月 12 日	关于委托区县办理农转用和土地征收手续及进一步优化控制性详细规划审批流程的实施意见(沪规土资地〔2011〕1023 号)	上海市规划和国土资源管理局
2011 年 12 月 19 日	关于在张江国家自主创新示范区试点进一步开展产业用地节约集约利用的若干意见(〔2011〕1056 号)	上海市房屋土地资源管理局
2012 年 5 月 16 日	关于贯彻住房城乡建设部《建设用地容积率管理办法》有关控制性详细规划容积率管理的实施意见(沪规土资详〔2012〕403 号)	上海市规划和国土资源管理局
2012 年 7 月 4 日	关于进一步加强工业用地内“非生产性”建筑规划土地管理的通知(沪规土资详〔2012〕549 号)	上海市规划和国土资源管理局
2013 年 2 月 26 日	关于增设研发总部类用地相关工作的试点意见(沪规土资地〔2013〕153 号)	上海市规划和国土资源管理局
2013 年 5 月 14 日	关于统筹优化全市工业区块布局若干意见(沪府发〔2013〕33 号)	上海市人民政府
2014 年 2 月 22 日	关于进一步提高本市土地节约集约利用水平若干意见的通知(沪府发〔2014〕14 号)	上海市人民政府
2014 年 3 月 28 日	关于本市盘活存量工业用地的实施办法(试行)(沪府办〔2014〕25 号)	上海市人民政府
2014 年 3 月 28 日	关于加强本市工业用地出让管理的若干规定(试行)(沪府办〔2014〕26 号)	上海市人民政府

从已经出台的政策来看,存量工业用地更新的政策主要针对两个方面:一方面为规划编制方面的政策,主要涉及工业用地的使用条件、工业用地更新

的方向以及规划调整的条件与规则；另一方面为土地出让管理相关的政策，主要涉及土地出让合同的调整程序以及后续管理问题。规划方面的政策解决规划编制、规划审批的问题，土地方面的政策解决规划调整后的实施操作问题。从政策出台的时间顺序上来看，随着存量工业用地更新进程的推进和所遇到的问题，政策也随之进行了相关的调整。

根据上文对工业用地更新中利益还原政策特征要素的分析以及上海市相关政策的梳理，本研究总结出上海工业用地更新中的三种利益还原政策模式，并对其特征进行分析。主要的案例地分布如图 6－10 所示。三种模式分别为：限用途模式、限主体模式、补地价限转模式。

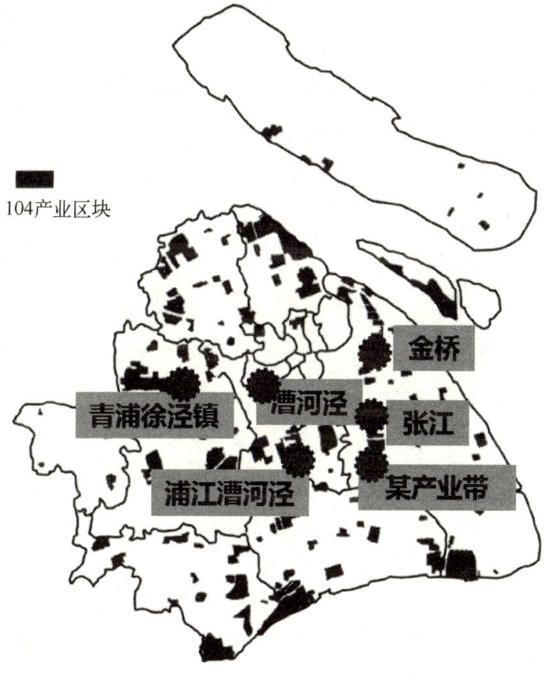

图 6－10　上海主要案例地分布

一、限用途模式

（一）限用途模式的利益还原政策特征

限用途模式在上海市的工业用地更新模式中出现最早，依托的是 2008 年出台的 37 号文，当时被称为“三不变”政策，指的是在不改变权利人、建筑结构以及土地性质的情况下，允许进行建筑功能的调整。该项政策实施的前提是，地块位于市政府认定的生产性服务业集聚区或文化创意产业园区，并且项目经过产业部门的认定。在这些区域之外的地块，则无法享受相关的政策条件。因此，想要通过工业用地发展政府鼓励的这些科技创新或创意文化产业，则需要争取将园区纳入市政府的认定范围。政府推动“三不变”模式的主要目的是提升存量工业用地的利用效率，并进一步促进创意文化产业、科技创新产业的发展。因此，此政策中通过限用途的方式对产业项目进行较为严格的把控，有限地放宽部分在工业用地上发展研发设计功能的土地发展权，有控制地让渡部分土地收益换取区域产业的发展，通过限制原权利人改造为住宅等经营性用途，防止出现土地利益的大量流失。

住宅不能变，经营性用地不能变，在手续可以办下来的范围内是可以变的。持有者会跟区域政府商量，在政府许可的前提下再在这个范围内去做。政府从区域的功能定位、对周围环境的影响程度会有一些要求，只是软要求。比如希望区域变成文化、创意产业园区而不是酒吧街，从定位上会提要求，但不会从审批环节来做。经济信息化产业会主管产业部门，从他的角度他会从这里面做得比较好的要竖牌子，另外一个就是在几个试点之后要推广，叫生产性服务业集聚区，就是在三个不变的前提下，经信委推了 14 个。(访谈 603)

2.5 产业必须要戴帽的，比如科技孵化器、创意产业园区，然后你可以注册企业，否则工业厂房不给你注册企业。(访谈 607)

表 6-8　上海市限用途模式利益还原政策特征总结

利益还原政策特征	特征要素	限用途模式
修改土地合同的制度特征	是否必须重新招拍挂	提高容积率、2 转 2.5 无须重新招拍挂
	协议出让的受让主体	原权利人
	补交地价的标准	无须补交
	是否允许分期、分块支付土地出让金	—
	对产业效益的评估与权衡	适用于认定的创意文化产业、生产性服务业园区

续表

利益还原政策特征	特　征　要　素	限用途模式
修改规划条件的制度特征	规划调整的方式（独立申请规划许可变更、整单元规划编制）	容积率调整需报控规或修规调整，存量建筑再利用无须规划调整
	规划调整申报主体条件	原权利人
	公共基础设施的处理方式	无规定
	公益贡献的相关规定	无规定
土地使用的制度特征	工业、研发用地开发强度限制（容积率、建筑高度）	容积率上限与工业用地相同
	工业用地使用功能兼容性	工业用地可做研发办公
	项目监管强度（项目类型、项目税收、项目环保要求、项目注册要求）	通过科技部门认定产业、工商部门管理注册
	土地使用年限	无特殊规定
土地处置的制度特征	土地、物业转租限制	可出租
	土地、物业分割转让限制	限制分割转让
	权利人股权结构调整限制	无特殊规定
政策确定性特征	是否有相应的规划编制规范	无
	是否有正式的土地管理法律法规	2008 年 37 号文

从表 6－8 的总结来看，限用途模式的实现主要有两种方式：一种是直接利用存量工业建筑，不改变形态，不调整容积率，只是对使用功能作出调整，这种情况既不需要进行规划修编，也不需要补交地价；另一种是对自有土地的容积率进行提升，这时需要进行控规或修规的修编，获得规划部门的认可，但也不需要补交地价。

限用途模式的利益还原政策以利益限制机制为主，而没有对利益捕获进行相关设计，政府通过土地利益的让渡鼓励生产性服务业、创意文化产业等产业发展来提高区域发展的特色与竞争力。

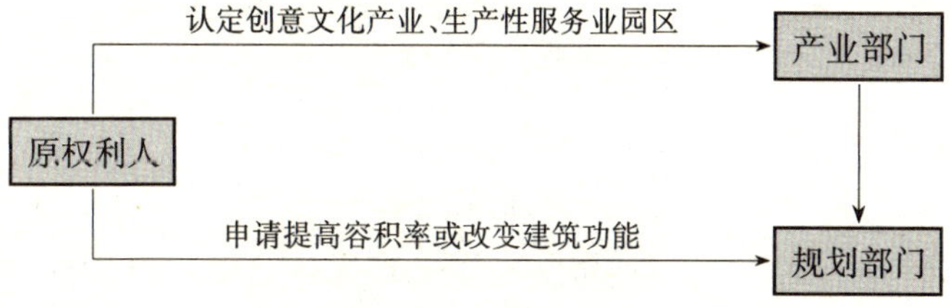

图 6－11　限用途模式

(二) 限用途模式的交易成本分析

接下来对限用途模式的交易成本进行分析，如表 6 - 9 所示。

表 6 - 9　　上海市限用途模式交易成本构成

主　体	交易成本	影　响　因　素	限 用 途 模 式
开发区政府	土地收回谈判成本	是否需要重新招拍挂	可以不进行重新招拍挂
	允许自主转型的政治风险	政策确定性	政策较稳定
		是否有相关法律法规依据	37 号
		法律法规的稳定性	实行时间长
		自主转型的程度	允许 2 转 2.5
	规划调整成本	是否需要编制整单元规划	不需要编制整单元规划
		规划编制的协调成本	—
		规划审批指标弹性	—
		规划审批流程	—
土地原使用权人或其他市场主体	修改规划条件的成本	是否需要修改规划/是否需要变更规划许可/是否需要修编整单元控规	容积率调整需报控规或修规调整，存量建筑再利用无须规划调整
		申报主体条件	市政府认定的生产性服务业集聚区和创意产业园区内的权利人
		是否突破原规划	可以调高容积率
		公共基础设施的处理方式	—
		规划审批指标弹性	需经过产业部门认定
		规划编制的协调成本	—
	修改土地合同的成本	是否需要重新招拍挂	不进行重新招拍挂
		协议出让的主体限制	原权利人
		补交地价的标准	不补交
	融资成本	资金投入量压力	只需投入建筑改扩建资金，压力小
		是否允许分块补交、分期支付土地出让金	—
		投资主体限制	—
		土地使用年限	—
		资金回收方式与周期	回收周期长
		是否限制分割转让	限定原权利人自用

续表

主　体	交易成本	影　响　因　素	限用途模式
	规划调整后的使用限制	土地使用条件	兼容研发设计办公，容积率放宽
		容积率限制	多为 2，最高不超过 3.0
		使用功能兼容性	允许工业用地做研发设计办公
		配套比例限制	—
		项目监管强度（项目类型、项目税收、项目环保要求、项目注册要求）	通过科技部门认定、工商部门管理注册

对政府主体来说，限用途模式的交易成本是较低的。首先，在符合政策条件的情况下进行容积率调整或建筑功能的改变是不需要进行土地收回重新招拍挂的，因此也不存在收回谈判成本；其次，依托明确的政策文件，且在不改变用地性质的条件下，用地规划调整的程度是较小的，政府的政治风险较小；最后，政府不需为此专门组织编制相关的转型规划，不存在规划调整的成本。可能存在一定成本的地方在于，开发区政府争取将某一块园区列入市政府的生产性服务业集聚区或者创意产业园区中的申请和协调成本。对已经划入这些产业集聚区的地块来说，不存在这类成本。

对市场主体来说，限主体模式的整体交易成本也较低。由于不用进行重新招拍挂，大幅降低了土地权利人的市场风险，此外，政策还免去了容积率提高部分以及功能改变的土地出让金，对土地权利人来说，只需要付出改扩建的建筑成本，成本较低，即使在限制分割转让的约束下，资金的回收周期也可接受，整体的融资成本较低。该模式带来的市场交易成本主要存在于修改规划条件的成本以及对使用条件的限制。在提高容积率的情况下，土地权利人需要申请修规或控规的调整，存在规划审批和协调的成本。同时，在土地的使用上，虽然可以提高容积率，并在工业用地上进行研发设计办公等功能，但对其项目的监管仍然是比较严格的，需要通过科技部门的认定，也受到工商部门注册的管理。

（容积率可以扩容多少?）工业用地一般是 0.8—1.5，可以提高到 2.0，中心城可以到 3.0。（不需要报控规?）要的，一般是报修规。一种是如果地块比较大

的话就做一个控详调整。(需要两年?)现在一般1个月到3个月。(访谈603)

我们正面说吧,他虽然同意你面向现代服务业方向去进行招商和服务,但是又有很多限制,比如说对注册的一些限制。比如说,我们这里面,如果招一些现代服务业当中有些特殊的,例如像食品类的,现在电子商务卖的很多东西都是和食品有关,那么食品方面注册需要食品流通许可证,问题就来了,工商就说你这块是工业用地,不行,你不是商业用地,诸如此类,有很多只能在商业用地的载体上去招商注册的,在我们这里就不行。(访谈608)

(三)限用途模式的实施情况

综上分析,限用途模式的运用总体交易成本并不高,因此在实施中有不少成功的案例。对限用途模式的利益还原绩效进行分析,可以发现,该模式之下,政府在土地增值以及公共设施建设方面的收益较少,反而是让渡了一部分收益给土地权利人。但是该政策在鼓励产业转型方面起到了积极的作用,一些低端制造业和闲置厂房通过这种方式向研发、创意或科技创新型产业转型,大幅提升了产业综合效益提升,同时也提高了税收。

当然,由于该政策涉及部分土地利益的直接让渡,必须权衡产业发展的综合效益,实施的条件和范围需要比较严格的认定,适用性也相对较窄,只对特定条件的工业用地更新有推动作用。

二、限主体模式

限主体模式的主要代表是张江高科技园区和金桥经济技术开发区依托国家自主创新示范区政策开展的转型升级。张江园区成立于1992年7月,位于浦东新区中部,总面积75.9平方千米。1999年,上海市出台了“聚焦张江”的政策,促进了张江的快速发展,形成一区十二园的发展框架。2006年,张江更名为高科技园区。2011年,国务院批准建设张江国家自主创新示范区,带来更多创新创业要素的集聚,同时对二次开发的政策有很强的指导作用。《关于在张江国家自主创新示范区试点进一步开展产业用地节约集约利用的若干意见》也依托国家自主创新示范区的政策出台,为张江的产业进一步升级寻求空间,主要试点的对象为张江高科技园区与金桥经济技术开发区。

从转型的动力来看,张江高科技园区主要面临几方面的压力:(1)土地紧张,用地效率不高。园区早年自建大量低密度孵化楼,用地效率低。目前核心区工业用地综合容积率为0.83,通过提高容积率,能释放土地2.76平方千米。(2)产业发展需求。初期引进的传统加工类如松下、罗氏、葛兰素史克等企业生命周期已到，有的已梯度转移至周边城市，企业进行产业结构调整和升级的愿望迫切。(3) 上海市整体布局。在上海市总体规划中，张江被规划为上海市的专业副中心，对其功能要求更加综合。因此，张江高科技园区明确了转型发展的方向，包括增加研发、结算、总部方向的产业集聚，形成一个研发孵化的整体环境；空间上增加科研教育用地，如中科院浦东产业园；产城融合，注重高品位、高端商务商业居住。

金桥经济技术开发区成立于 1990 年，位于上海市浦东新区中部，规划面积 27.83 平方千米，分为北区和南区两个部分。以汽车及零部件、电子信息、现代家电、生物医药食品为四大支柱产业。其所面临的主要转型压力来自两个方面：(1) 土地紧张，用地效率不高。北区尚存 4 幅土地，最大面积仅 11 公顷左右。金桥已开发了超过 90%以上的面积。工业用地综合容积率为 0.71，用地效率不高。(2) 服务业发展滞缓。园区功能再造的目标是强化现代服务业，但该区域可供开发的土地资源匮乏，导致地区与产业发展不协调，服务业发展滞缓。生产性服务业薄弱，无法担负起为制造业配套服务的重任。因此，金桥经济技术开发区希望在空间上促进产城融合，产业上优二进三。

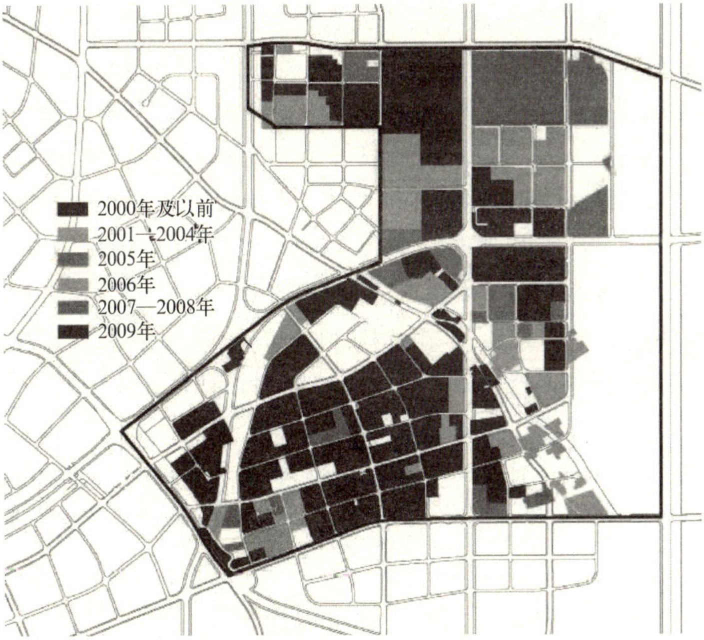

图 6－12　金桥工业区历年土地建设情况

资料来源：内部材料《上海产业结构调整中的用地对策研究》。

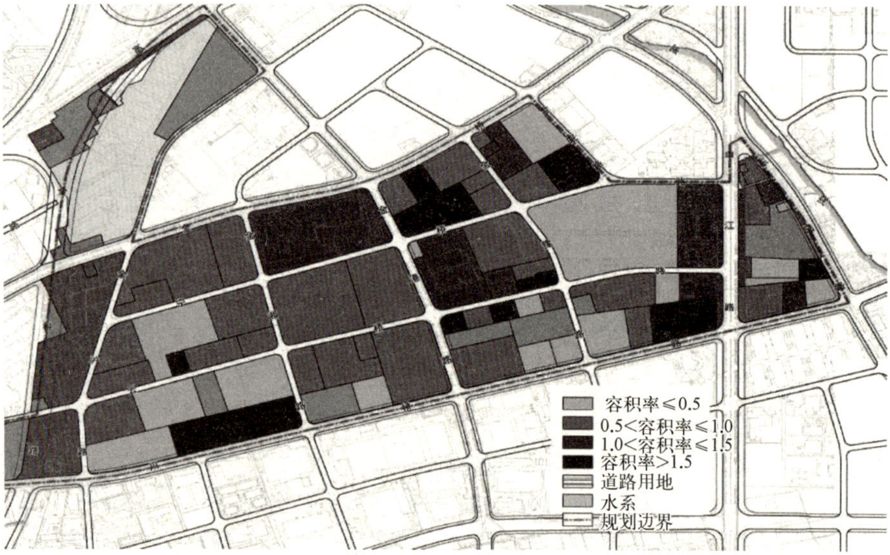

图 6-13 金桥典型已开发地块开发强度分析

资料来源：内部材料《上海产业结构调整中的用地对策研究》。

(一) 限主体模式的利益还原政策特征

限主体模式在上海工业用地更新中的主要应用是在浦东新区的张江高科技园区与金桥经济技术开发区，该模式的实施源于 2011 年张江获得了国家自主创新示范区的政策，并且因此而得到了土地政策改革的试点机会。2011 年，《关于在张江国家自主创新示范区试点进一步开展产业用地节约集约利用的若干意见》(1056 号)出台，批准在张江与金桥两个园区进行相关试点。限主体模式，顾名思义，是通过对协议出让的受让主体作出限制来防止土地增值收益的流失，具体来说，是将政策受益人限定为全国资所有的园区开发主体。如果非园区主体希望进行某些调整或转让，则需要通过园区主体作为桥梁实现。

很多企业来要 100 亩、200 亩，我们没有那么多，现在提出零地招商。开发区本来有企业，鼓励提高容积率，一部分作为自用办公研发设计。挖潜，有些企业拿了地，用不了这么大，我们通过这个平台，把多余的土地拿出来，周边需要生产扩能，需要牵线搭桥。李斯特用不了这么多，特鲁伯需要，我们通过金桥集团，它属于开发主体，整个 27 平方千米都是国家转让给它，承担七通一平的工作，我们搭建桥梁以后，把多余的土地分割出来，转让给需要的企业。(访

谈 601)

我们希望，就这块土地，你不能增加土地，希望土地产值……是不是能抬高点？国有资产增加了，我们可以给政策啊……反正肉都烂在锅里。不能到外边去了。过若干年人家追究起来怎么办？有这么一个问题。批项目的时候，部队的项目，批得很快就过去了。民营企业、外资，有时手就不敢这么松。(访谈 601)

表 6－10　　上海市限主体模式利益还原政策特征总结

利益还原政策特征	特征要素	国资园区开发主体	非国资主体
修改土地合同的制度特征	是否必须重新招拍挂	提高容积率、结余地分割、2 转 2.5,2 转 3	政策允许提高容积率、2 转 2.5,实际中受限
	协议出让的受让主体	原权利人	原权利人
	补交地价的标准	2 转 2.5 不补交,2 转 3 按市场评估价补交	2 转 2.5 不补交,实际中需将增加部分一半交给园区开发主体
	是否允许分期、分块支付土地出让金	不允许	不允许
	对产业效益的评估	鼓励科技研发产业发展,促进配套完善	鼓励科技研发产业发展,促进配套完善
修改规划条件的制度特征	规划调整的方式(独立申请规划许可变更、整单元规划编制)	园区政府进行整体规划评估,权利人申请控规调整或街坊评估	园区政府进行整体规划评估,权利人申请控规调整或街坊评估
	规划调整申报主体条件	原权利人或政府	原权利人或政府
	公共基础设施的处理方式	直接调整	由园区开发主体回购再出让
	公益贡献的相关规定	无规定	无规定
土地使用的制度特征	工业、研发用地开发强度限制(容积率、建筑高度)	容积率上限与工业用地相同	容积率上限与工业用地相同
	工业用地使用功能兼容性	工业用地可做研发办公	工业用地可做研发办公

续表

利益还原政策特征	特 征 要 素	国资园区开发主体	非国资主体
	项目监管强度(项目类型、项目税收、项目环保要求、项目注册要求)	部分情况需管委会审核,如公租房建设	由园区开发主体或管委会审核监管项目类型
	土地使用年限	无特殊规定	无特殊规定
土地处置的制度特征	土地、物业转租限制	可转租	需由管委会统一管理
	土地、物业分割转让限制	只能自用,不能分割转让	除自用外,只能转让给园区开发主体
	权利人股权结构调整限制	无特殊规定	无特殊规定
政策确定性特征	是否有相应的规划编制规范	无	无
	是否有正式的土地管理法律法规	1056 号文	1056 号文

从表 6 - 10 上海限主体模式利益还原政策特征总结来看,通过限主体模式进行用地更新需要分为国资所有开发主体与非国资主体进行讨论。对国资所有的园区开发主体来说,用地更新是容易实现的。在保证调整后土地和建筑自用的前提下,可以直接进行工业用地容积率的调整或转变为科技研发类用地,无须补交地价;在园区管委会认可的情况下,可以利用工业用地进行公租房建设;在符合现有规划的条件下可以通过补交市场评估地价的方式转变为商业办公用地类型。

以金桥工业区的阳光公寓为例。浦东新区为满足各类需求,形成多层次多渠道住宅发展格局,制订了《浦东新区住宅发展初步规划及实施计划(2008—2010)》以缓解人才的租房困难,其中金桥集团承担 4 000 套人才公寓的建设目标。为了落实新区的工作要求,满足金桥开发区北区、南区入驻企业及周边企业对集中出租类人才公寓的需求,完善开发区的配套服务环境,上海金桥(集团)有限公司选址南区 WK16 地块规划建设阳光公寓,通过文化、体育、卫生、商业、社区服务、金融、市政公用等服务内容,缓解区内外蓝领工人及部分白领员工的住宿难问题。金桥阳光公寓项目位于金桥开发区南区的

WK16号地块，项目用地面积约10公顷，总建筑面积约20.5万平方米。由于项目地块规划用地性质为工业用地，作为产业配套服务区开发建设，新区土地部门与金桥股份公司协商后，明确项目建成后全部物业由金桥集团公司持有，不向外拆分出售，全部采取租赁方式。（资料来源：内部材料《上海产业结构调整中的用地对策研究》）

对于非国企的转型升级，一方面，虽然政策中没有限定工业用地提高容积率和转变为研发办公必须为国资所有的开发主体，但在实际操作中，私企的转型是受到更大限制的。因此，两开发区在现实中探索出一些变通的办法，实际上，园区国资开发主体变成了一座桥梁，为开发区内企业的用地调整提供了间接的通道。主要的方式有以下几种：

1. 零地招商

当某企业自身的用地条件未完全利用，还有一定节余，而另外一家企业希望能够利用这块土地时，如果有剩余土地的企业非国有企业，它是不允许进行土地的分割转让的。这时，如果该块土地满足分割条件可以独立开发，且土地用途不发生变化，则可以由园区主体作为中介，回购节余土地，并售让给有意向的企业。

以金桥开发区克虏伯公司为例。上海蒂森克虏伯汇众汽车零部件有限公司是一家注册在金桥开发区内的外商投资企业，该公司在2007年全球500强企业排名第85位，是全球最大的汽车转向系统供应商。2008年该公司已与马自达日本、东风日产、日产日本、上海大众和东南汽车签订合同，年产能增加到40万套。目前已进入实质谈判的潜在项目已有10多个，年产量预计达到100万套。由于受到场地的限制，根据目前蒂森克虏伯公司的产能无法完成年产100万套的产能，该公司去年向我公司提出购买土地的要求，但金桥北区已没有符合要求的工业用地。2008年年初，该公司通过其德国总部与HITEC GESELLSCHAFT FUR HOCHTHCHNOLOGISCHE AUSBILDUNG UND BERATUNG M. B. H. 公司（以下简称：AVL）达成协商，受让AVL位于金桥北区64号地块内的部分闲置土地。AVL公司是一家成立于奥地利、主要设计和研发内燃发动机的企业，2001年该公司受让在金桥北区64号地块部分土地，土地面积27 012平方米，用于建造该公司在中国的研发与制造中心。该公司受让的土地位置与蒂森克虏伯公司相邻。由于公司在华投资的进度等原因，该公司当时只使用了受让土地的三分之二，尚有三分之一的土地闲置。

由于中国土地法律、法规的规定，严格禁止企业、公司进行土地买卖，因此AVL公司不能向蒂森克虏伯公司直接转让剩余土地。考虑到上海金桥出口加工区开发股份有限公司系原土地的一级开发单位，新区土地部门与金桥股份公司协商后，在未新增土地资源供应的前提下，先由AVL公司对其已使用土地和剩余土地进行土地分割，然后由金桥股份公司回购AVL尚未使用的剩余土地，再由蒂森克虏伯公司受让该地块。（资料来源：内部材料《上海产业结构调整中的用地对策研究》）

2. 园区开发主体作为公共利益接收者

对于非国有企业，如果希望进行调整，一方面在实际操作中可以通过将容积率增加的部分一半交予园区开发主体，另一半自持（自持的部分如需转让只能转让给园区开发主体）的方式来实现，另一方面，可以通过将用地反卖给园区开发主体的方式，通过园区开发主体来进行容积率的调整，之后再协商如何买回。

还有一种不是国企的话，有一个不成文的规定是，增加的部分一半归他，一半归张江。之后你这个房子是不能转让的，如果你转让，你就要补地价，要统一招拍挂。这就包括时间上的成本。（访谈602）

目前对私企是不可能让他增加容积率，那么就让他们按现在市场价、按现在的容积率把它反卖给我们集团，或者反卖给我们子公司，再在我们手上提高容积率，如果到时候他们还感兴趣，可以再买回去，通过这个形式来控制。（访谈602）

通过上文的分析可以看到，限主体的利益还原模式主要采用利益限制的机制，部分采用了利益捕获的机制，这时的国资园区开发主体，成为容纳用地调整带来的土地增值的“容器”。一方面，它可以对自持的物业进行转型，这时的土地增值仍然在“容器”之内；另一方面，它代替收储重新招拍挂过程中的政府主体，由于它既有代表国家公共利益的特性，又具有一定公司的职能，它可以代替政府作为利益捕获的接收方，如接收私企进行容积率调整后新增的一半用地，同时它又可以在运作上比政府主体更加灵活，对于回购的土地，可以通过市场交易的方式进行转卖，而不一定通过招拍挂的形式。

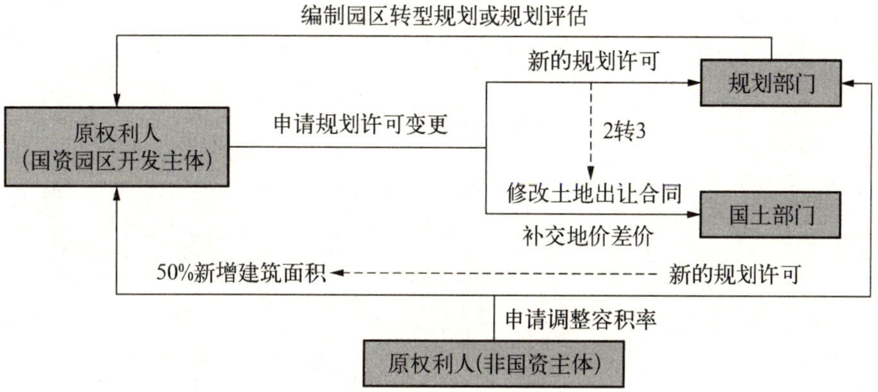

图 6 - 14　限主体模式

(二) 限主体模式的交易成本分析

下面对限主体模式的交易成本进行分析，如表 6 - 11 所示。

表 6 - 11　上海市限主体模式交易成本构成

主　体	交易成本	影响因素	限主体模式
开发区政府	土地收回谈判成本	是否需要重新招拍挂	可以不进行重新招拍挂
	允许自主转型的政治风险	政策确定性	政策较稳定
		是否有相关法律法规依据	依托国家自主创新示范区政策，1056 号文
		法律法规的稳定性	试点政策
		自主转型的程度	允许 2 转 2.5，部分允许 2 转 3
	规划调整成本	是否需要编制整单元规划	需由园区管委会进行规划综合评估
		规划编制的协调成本	—
		规划审批指标弹性	鼓励提高开发强度、增加科技研发用地、完善配套设施
		规划审批流程	—
土地原使用权人或其他市场主体	修改规划条件的成本	是否需要修改规划/是否需要变更规划许可/是否需要修编整单元控规	进行控规修编，部分情况可做街坊规划评估，通过简易程序调整
		申报主体条件	原权利人或政府

续表

主体	交易成本	影响因素	限主体模式
		是否突破原规划	鼓励提高开发强度、增加科技研发用地、完善配套设施
		公共基础设施的处理方式	企业贡献后可协商调整容积率等方式获得补偿
		规划审批指标弹性	产业规划土地等多部门认定
		规划编制的协调成本	街坊范围的协调
	修改土地合同的成本	是否需要重新招拍挂	可以不进行重新招拍挂
		协议出让的主体限制	园区开发主体可2转2.5、3,其他主体只能2转2.5
		补交地价的标准	2转2.5不补交,2转3按市场评估价补交
	融资成本	资金投入量压力	2转2.5不需补交地价,改扩建成本低/2转3资金量压力大
		是否允许分块补交、分期支付土地出让金	不允许
		投资主体限制	限定原权利人
		土地使用年限	—
		资金回收方式与周期	非园区主体周期长/园区主体周期短
		是否限制分割转让	对非园区开发主体限制分割转让与出租
	规划调整后的使用限制	土地使用条件	兼容研发设计办公,容积率放宽
		容积率限制	多为2,最高不超过3.0
		使用功能兼容性	提出科技研发用地(产业园区类),实质上是允许工业用地做研发
		配套比例限制	—
		项目监管强度(项目类型、项目税收、项目环保要求、项目注册要求)	由园区开发主体或管委会审核监管项目类型

政府方面的交易成本主要为规划调整的成本，在土地收回谈判、允许自主转型的政治风险方面的交易成本相对较低。规划调整的交易成本主要产生于政府(园区管委会)进行规划综合评估的过程。政策规定，在进行用地规划调整时需要先由政府对区域的规划情况进行整体评估，作为后期再开发的依据与准备，主要对现状的开发强度、未来的开发潜力进行评估，也对企业的发展意愿进行调查，因此会产生一定的协调成本。在土地收回谈判上，由于国资所有的开发主体所持有的土地可以不进行土地的收储和重新招拍挂，谈判成本较低；但对非国资企业来说，正如前文所述，不可以完全避免土地收回的过程，因此仍存在一定交易成本。在允许自主转型带来的政治风险方面，由于张江、金桥的试点政策依托于国家自主创新示范区，又有 1056 号文的明确规定，在进行自主转型方面的风险也较低。

市场主体方面的交易成本来自多方面。在修改规划条件的程序上，要求土地权利人进行地块的控规修编，因此存在与政府、周边权利人进行规划协调的成本，规划报批的协调与时间成本，但由于政策对提高开发强度、增加科技研发用地和完善配套设施的鼓励，部分调整尺度较小的项目可以通过街坊规划评估的方式，走简易的规划调整程序，因此一定程度上降低了交易成本。在修改土地合同的程序上，对国资开发主体来说，可以按照相应要求补交土地出让金，直接进行合同调整，交易成本较低；对非国资企业来说，因为需要以国资开发主体作为桥梁完成相关操作，虽然市场风险比完全的重新招拍挂流程要小，但是风险仍然存在，因此仍存在一定交易成本。在融资成本方面，由于工业用地调整容积率或向科技研发类转变都不需要补交土地出让金，因此，虽然对非国资企业的土地转租、分割转让都有限制，但是一次性资金投入并不大，主要是改扩建成本，因此融资成本不高；对国资所有开发主体进行工业用地向商业办公等经营性用地调整的情况，由于其并不受到土地转让的限制，虽然需要一次性按照市场评估地价补交土地出让金，但资金回收的方式灵活，融资成本也较低。最后，是对土地的使用限制，在 2 转 2 或 2 转 2.5 的情况下，土地容积率的上限有所提升，对产业研发功能的兼容性也更大，但仍然受到产业项目的监管；在 2 转 3 的情况下，对土地使用的限制较小。

(三) 限主体模式的实施情况

通过上文对交易成本的分析，可以看到限主体模式带来的交易成本相对在可以接受的范围，特别是对国资园区开发主体持有的土地转型起到了重要的推动作用。非国资主体通过依托国资开发主体的平台，相比于直接进行重新招拍挂，交易成本也有所降低，因此部分实现了用地更新的目标。

对国资开发主体持有土地的更新来说，政府没有直接获得土地出让金的收入，但是国资开发公司代为享受了土地增值收益；公共设施的实施则可直接由国资开发公司转变用地性质并实施，无须付出土地收回成本；与此同时实现产业升级、税收增加以及公共设施完善的综合收益。对非国资企业来说，在以国资开发公司为桥梁进行用地规划调整时，理论上它们需要将一半的新增建筑面积交由国资开发公司，作为土地增值收益的返还；在非国资企业的土地上建设公共设施，则需要进行土地收储或由国资开发公司收购的方式，需要付出土地收回的成本；与此同时，也将实现产业、税收和公共设施完善的综合收益。实际中，非国资企业的用地规划调整有部分实现，上述收益也部分实现。

三、补地价限转模式

（一）补地价限转模式的利益还原政策特征

补地价限转模式是由上海市近年来颁布的多项政策组合而来。如果说前两种模式都是在非常有限范围内的特殊优惠或试点，那么构成“补地价限转模式”的多份陆续出台的文件就是在探索一种普适于上海所有工业用地的更新政策。与该模式相关的政策包括 2011 年出台的《关于委托区县办理农转用和土地征收手续及进一步优化控制性详细规划审批流程的实施意见》(1023 号)，奠定了上海市工业用地区域差别化引导的基础；2013 年的《关于增设研发总部类用地相关工作的试点意见》(153 号)，提出了研发总部类用地(C65)，将其与工业用地作出区别，是后期进行用地更新规划编制的重要指导性文件；2014 年，同时出台了《关于本市盘活存量工业用地的实施办法(试行)》(25 号)以及《关于加强本市工业用地出让管理的若干规定(试行)》(26 号)，对进行工业用地更新的规划编制条件、土地管理方法做出了具体的规定，搭建了进行整单元工业用地更新的基本政策框架。通过这一系列政策文件的出台，上海市政府工业用地更新的利益还原模式逐渐清晰，主要思路是通过补交地价的方式捕获增值收益，并通过限制分割转让等方式限制利益流失并控制用地使用方向，研发总部用地的特殊分类，将政策的适用范围与转变为商业办公、居住等六类经营性用地严格区分，减少土地投机的发生。

M4 是这样子，M4 其实就是 C65，当时 C65 政策还没有出来，没有正式命名的时候呢，就 M1、M2、M3，本来就是三类嘛，对吧，比如没有什么污染的是M1，那么相当于 M4 的话，从我们逻辑来讲的话，肯定是污染更严重的，那其实这个是不对的，其实仅仅是一个你产业用地上做了一些研发而已，所以呢后来就是把这块就是拎出来，就是 C65，就你产业用地上的研发类的办公啊什么功能，你以后就放到 C65 里面，这么个原因。（访谈 609）

这个文件出来呢，也明确了一个土地通道，因为原来规划和土地不是分开的吗……（现在）土地可以，就是原土地出让人不变的情况下，就是我的地还是我的地，然后我通过补地价的方式，那么好像是，外环以内的工业用地评估价的 1.5 倍吧，这样一个价格，补这个价格以后就转型为 C65 就是研发用地，然后这个同时呢，容积率可以有一个提升，就是到 2.0 左右，然后邻近地铁站的地块，我们还可以做一个修正。（访谈 611）

可能因为土地的这个价格，相对于，嗯，商办用地来讲，C65 还是比较低的，所以呢就是有很多企业肯定也愿意在 C65 用地上进行他的企业的发展。选择 C65，因为它土地价格低嘛，肯定就是说它的总价，楼板价各方面都会比较低一点。当然也有，但不是说 C65 的这个产品完全就可以替代商办产品。因为 C65 它是不可分割的，不可分割，比如说分层可能就不行。（访谈 609）

表 6－12　　上海市补地价限转模式的利益还原政策特征

利益还原政策特征	特征要素	补地价限转模式
修改土地合同的制度特征	是否必须重新招拍挂	提高容积率、2 转 2.5 无须重新招拍挂
	协议出让的受让主体	原权利人
	补交地价的标准	2 转 2.5 按商办用地基准地价的 70%（外环内）或工业用地基准地价的 150%（外环外）
	是否允许分期、分块支付土地出让金	不允许
	对产业效益的评估	鼓励 104 区块发展先进制造业、战略性新兴产业和生产性服务业，鼓励 195 区域发展现代服务业，完善城市公共服务

续表

利益还原政策特征	特　征　要　素	补地价限转模式
修改规划条件的制度特征	规划调整的方式(独立申请规划许可变更、整单元规划编制)	需由区县政府编制整体转型规划、制订年度计划、修编控规，再由原权利人申报规划许可变更
	规划调整申报主体条件	原权利人或政府
	公共基础设施的处理方式	由园区开发主体回购再出让
	公益贡献的相关规定	零星工业用地更新按一定比例贡献
土地使用的制度特征	工业、研发用地开发强度限制(容积率、建筑高度)	容积率按同地区商务办公标准制定
	工业用地使用功能兼容性	工业用地与研发办公区分
	项目监管强度(项目类型、项目税收、项目环保要求、项目注册要求)	全生命周期管理，对税收、产值、环保等进行定期评估
	土地使用年限	20 年为基准的弹性管理
土地处置的制度特征	土地、物业转租限制	可出租
	土地、物业分割转让限制	限制 70%自用比例
	权利人股权结构调整限制	限制进行股权结构调整
政策确定性特征	是否有相应的规划编制规范	153 号文、25 号文
	是否有正式的土地管理法律法规	26 号文

理论上，依据 25、26 号文，进行工业用地更新需要先由区县政府组织编制整片区的转型规划并修编控制性详细规划，在规划覆盖的前提下，土地权利人可以在符合转型规划的条件下申请规划许可的变更。如果是转型为 C65 类型用地，则可以不通过重新招拍挂，直接通过补交土地出让金的方式更新土地出让合同。如果依据规划，用地范围内有公共服务设施用地等公益性质用地，则需由政府收储进行出让或建设。土地权利人在调整用地性质之后，一方面需要满足至少 70%的自持比例，并且在对出资结构和股权结构进行调整时需要征得出让人同意；另一方面需要接受园区对税收、产值、环保等进行的综合评估，如达不到一定的标准则可被劝退。

补地价限转模式作为一种普适性的制度尝试，不再对产业类型或是转型主体进行限制，而是采用利益捕获与利益限制相结合的利益还原机制。通过补交地价的方式，土地权利人需要付出高于工业用地但低于商办用地基准价格的土地出让金，对比市场价格有一定的优势，但是，他们需要受到较为严格的转让限制和管理，要想通过买卖房地产来兑现用地规划调整带来的收益，对企业来说是很困难的，因此也就阻止了利益增值的流失。

需要看到的是，C65 政策的渐进性改革特征，与前述政策相比更具确定性。一方面，从 153 号文到 25 号文、26 号文，补交地价的标准已经发生了变化，总的来说标准有所提高；另一方面，25 号文、26 号文明确了成片转型规划的更新机制，以优先保障公共服务设施以及基础设施的整体性，并在回购公益性用地时占有与原权利人博弈的主动权，因此，政策也不再鼓励单独地块的转型，如果零星地块确有转型的需求，需要付出额外比例的公共设施或公益用地。从政策的演进趋势上体现出比上两种政策更强的土地利益还原动机和更谨慎的政策尺度。

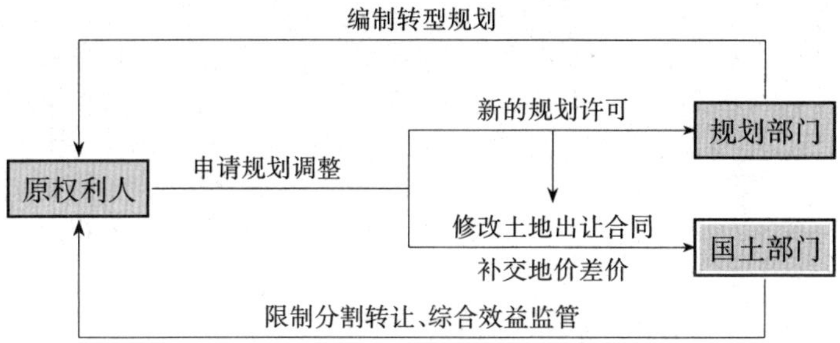

图 6－15　补地价限转模式

(二) 补地价限转模式的交易成本分析

下面对补地价限转模式的交易成本进行分析，如表 6－13 所示。

表 6－13　上海市限主体模式交易成本构成

主　体	交 易 成 本	影　响　因　素	补地价限转模式
开发区政府	土地收回谈判成本	是否需要重新招拍挂	可以不进行重新招拍挂
	允许自主转型的政治风险	政策确定性	政策渐进式调整
		是否有相关法律法规依据	1023 号、153 号、25 号、26 号
		法律法规的稳定性	逐步完善、试行
		自主转型的程度	允许 2 转 2.5、2 转 3
	规划调整成本	是否需要编制整单元规划	需由区县政府编制整体转型规划、制订年度计划、修编控规

续表

主 体	交易成本	影响因素	补地价限转模式
		规划编制的协调成本	协调整单元内的企业、各部门以及上级政府
		规划审批指标弹性	鼓励提高用地效率、需满足转型比例、公共服务设施用地比例、道路网密度、公共绿地等指标
		规划审批流程	市区政府审批
土地原使用权人或其他市场主体	修改规划条件的成本	是否需要修改规划/是否需要变更规划许可/是否需要修编整单元控规	申请变更规划许可
		申报主体条件	原权利人
		是否突破原规划	一般不突破政府编制的转型规划
		公共基础设施的处理方式	企业贡献后可协商调整容积率等方式获得补偿
		规划审批指标弹性	—
		规划编制的协调成本	—
	修改土地合同的成本	是否需要重新招拍挂	可以不进行重新招拍挂
		协议出让的主体限制	2转2.5
		补交地价的标准	2转2.5按商办用地基准地价的70%(外环内)或工业用地基准地价的150%(外环外)
	融资成本	资金投入量压力	资金投入压力大
		是否允许分块补交、分期支付土地出让金	不允许
		投资主体限制	限定原权利人
		土地使用年限	20年
		资金回收方式与周期	回收周期长
		是否限制分割转让	限制70%自用比例
	规划调整后的使用限制	土地使用条件	兼容研发设计办公,容积率放宽
		容积率限制	容积率按同地区商务办公标准制定

续表

主体	交易成本	影响因素	补地价限转模式
		使用功能兼容性	增设 C65 用地，将研发与工业用地区分，不允许工业用地做研发
		配套比例限制	
		项目监管强度（项目类型、项目税收、项目环保要求、项目注册要求）	全生命周期管理，对税收、产值、环保等进行定期评估

对政府来说，由于该模式下可不进行土地收回重新招拍挂，土地收回的谈判成本较小。但由于支撑该模式的政策文件呈现渐进式改变的趋势，实施的细则不够明确，而出台的文件本身前后在关键实施细节上有变化，近期出台的政策也属于“试行”，政策确定性不够，因此，政府在实施时也在政治上面临一定的不确定性风险，存在交易成本。在规划调整的环节，政策规定需由区县政府编制整体转型规划、制订年度计划并修编控规，因此规划调整面临协调整单元内的企业、各部门以及上级政府的协调成本、市政府审批规划的行政成本，并且规划审批的条件较为严格，对公共服务设施、公共绿地、道路密度等有严格的要求，对 195 区域范围中转型用地的比例也有明确规定，审批通过难度较大，交易成本高。

对市场主体来说，该模式的交易成本主要存在于修改土地合同、融资、土地使用限制几个方面。在修改规划条件的成本方面，由于该政策要求必须由政府主体组织转型规划的整体修编，在成片的规划修编完成之后，市场主体在符合转型规划的前提下，申请规划许可的变更，这时的审批过程相对简单。其中主要需协调转型地块的公共设施用地处理方式是，一般情况下由政府收回再进行建设，土地权利人可以与政府协商容积率奖励等补偿办法。总体来说，修改规划条件的交易成本较低。在修改土地合同的成本方面，因为可以不进行土地的收回重新招拍挂，土地权利人的市场风险较小；但由于补交地价的标准较高，因此仍然存在一定的交易成本。在融资成本方面，由于补交地价标准较高，又受到比较严格的转让限制，一次性资金投入量大，回收周期长，因此融资成本较高。在土地使用限制方面，该政策对工业用地与研发用地进行了精细的区分，包括工业用地产业项目类、工业用地标准厂房类、研发总部用地产业项目类、研发总部用地通用类，对几类用地的使用条件限制与监管依次放宽，总的来说，属于工业研发类的用地与工业用地的性质更为接近，使用限制与项目监管都会带来一定的交易成本。

(三) 补地价限转模式的实施情况

通过对补地价限转模式交易成本的分析,发现这种模式允许不进行重新招拍挂,在某些环节降低了交易成本,但是在另一些环节,交易成本仍然高昂:对政府主体来说,开发区管委会或乡镇政府等管理开发区的地方政府在协调规划编制上需要付出巨大的时间成本反复修改规划以应对政策的变化;对市场主体来说,融资成本是最大的阻碍,以实体制造业为主业的企业对此承受能力有限,只有有实力的开发商能够真正去实施。因此,政策在实施中市场反响并不积极。

理论上,该模式下政府按照市场评估地价的标准可以获得较高的土地出让金,在公共设施的实施上,需付出一定的土地收回成本,最终可以实现制造业或闲置厂房向研发、生产性服务业转型,税收增加、公共设施改善等良好的综合收益改善。但实际上,由于市场反响不积极,真正实施的比例很小,实际获得的土地出让金总收益较低,还需付出比基准地价高很多的成本收回用于公共设施改善的用地,结果,整体产业转型、税收增加、公共服务设施改善的综合收益远远小于理论值。

第三节 深圳:土地压力巨大,激发制度创新

作为改革开放的先驱,深圳特区在改革开放之后吸引了大量的外商投资,工业发展成为深圳快速增长的重要动力。此过程中,深圳市的工业园区、开发区出现了遍地开花的局面。这些工业区既有自上而下政府主导兴建的,也有大量自下而上自发建成的。在改革初期,深圳主要吸引的是"三来一补"的出口加工产业,这些产业的发展留下了大量的工业厂房,多为多层的工业楼宇。随着改革开放的深入,深圳的产业结构也发生了重大变化,"三来一补"的产业逐渐迁出,产业向着科技创新、研发服务的方向发展。但同时,深圳的发展也遇到了重要的瓶颈,也就是土地资源难以为继。

表 6-14　深圳市工业用地历史演变情况(单位:平方千米)

年份	全市	特区内	特区外		
			小计	宝安	龙岗
1984	—	2.546	—	—	—
1987	—	6.607	—	—	—

续表

年份	全市	特区内	特区外		
			小计	宝安	龙岗
1994	82.38	14.12	68.26	37.66	30.60
2001	131.19	15.07	116.12	68.39	47.73
2003	208.33	20.11	188.22	108.99	79.23

资料来源:《深圳市工业布局研究与规划》。

因此,大约从2006年起,深圳市开始重视存量工业区的改造升级问题,通过对现有工业区进行摸底调查,结合对未来产业发展的预期,提出深圳市工业区改造升级的总体规划,对产业空间分布、产业转型升级的方向、工业区改造的方式进行规划。当时配套出台了一些政策与试点,以政府主导的方式推动工业区的升级改造,也对工业区改造的土地政策提出了一定优惠条件,试点性质明显。

对深圳来说,土地的紧缺其实不仅仅针对产业发展。在2006年时,深圳市可用的新增建设用地就已经接近耗尽,整个城市的发展都开始转向存量用地更新要空间。在2009年时,深圳搭上了广东省"三旧"改造政策的顺风车,出台了《深圳市城市更新办法》,成为深圳城市更新的纲领性文件。随后通过不断地发布完善性的文件对城市更新的规划编制、审批和土地管理方式进行明确,并在2012年时印发了《深圳市城市更新办法实施细则》,形成了完整的可操作的城市更新政策。后续又颁布的《关于加强和改进城市更新实施工作的暂行措施》等补充性文件,应对用地更新实施中出现的问题。这些文件真正搭建了深圳市工业用地更新政策的基本框架(主要文件整理见表6-15)。

表6-15 深圳市工业用地更新主要政策文件汇总

颁布时间	政策名称	颁布单位
2007年3月30日	关于工业区升级改造的若干意见(深府〔2007〕75号)	深圳市人民政府
2008年3月6日	关于推进我市工业区升级改造试点项目的意见(深府办〔2008〕35号)	深圳市人民政府办公厅
2008年9月9日	关于加快推进我市旧工业区升级改造的工作方案(深府办〔2008〕93号)	深圳市人民政府办公厅

续表

颁布时间	政　策　名　称	颁布单位
2009年8月28日	关于推进“三旧”改造促进节约集约用地的若干意见(粤府〔2009〕78号)	广东省人民政府
2009年10月22日	深圳市城市更新办法(深府〔2009〕211号)	深圳市人民政府
2010年4月1日	关于拆除重建类城市更新项目实施主体确认工作的通知(深规土〔2010〕207号)	深圳市规划和国土资源委员会
2010年6月13日	深圳市城市更新单元规划制定计划申报指引(试行)(深规土〔2010〕16号)	深圳市规划和国土资源委员会
2010年10月28日	关于试行《城市更新单元规划审批操作规则》的通知(深规土〔2010〕706号)	深圳市规划和国土资源委员会
2010年12月20日	关于深入推进城市更新工作的意见(深府〔2010〕193号)	深圳市人民政府
2012年1月21日	深圳市城市更新办法实施细则(深府〔2012〕1号)	深圳市人民政府
2012年8月17日	关于加强和改进城市更新实施工作的暂行措施(深府办〔2012〕45号)(2014年5月27日废止)	深圳市人民政府办公厅
2013年1月7日	深圳市工业楼宇转让管理办法(试行)(深府办〔2013〕3号)	深圳市人民政府办公厅
2014年5月27日	关于加强和改进城市更新实施工作的暂行措施(深府办〔2014〕)	深圳市人民政府办公厅

《深圳市城市更新办法》(后称《办法》)由深圳市人民政府颁布,是一个综合了规划、国土、产业、环保等各个部门、各种流程的系统性政策文件,而后续出台的各种政策都是在这个文件所搭建的框架下进行的完善、细化或微调。《办法》中提出三种主要的城市更新方式:综合整治、功能改变和拆除重建。下面就分别对这三种方式的利益还原特征进行分析说明。

一、综合整治模式

(一) 综合整治模式的利益还原政策特征

综合整治类城市更新是指不改变原有的建筑主体结构和使用功能,只对周边的环境和基础设施等进行整治。这种类型的项目主要由政府主导,由所在区政府制订实施方案进行实施,而综合整治所需的费用则由所在区政府、权利人或者其他相关人共同承担。在土地使用上,综合整治没有改变原有的用地条件，一般不增加建筑量，也不能改变建筑功能。在土地的处置上，遵循工业楼宇转让的相关规定，要保证50%自持的比例，剩下部分可以进行分割转让，但需要按一定比例上缴转让的增值收益。

表6-16　　深圳市综合整治模式的利益还原政策特征

利益还原政策特征	特征要素	综合整治模式
修改土地合同的制度特征	是否必须重新招拍挂	可以不进行重新招牌挂
	协议出让的受让主体	原权利人
	补交地价的标准	无须补交
	是否允许分期、分块支付土地出让金	—
	对产业效益的评估与权衡	—
修改规划条件的制度特征	规划调整的方式	区政府申请纳入市计划并制订实施方案
	规划调整申报主体条件	政府组织
	公共基础设施的处理方式	政府组织实施
	公益贡献的相关规定	无明确规定，协商决定
土地使用的制度特征	工业、研发用地开发强度限制	一般不增加建筑量
	工业、研发用地配套比例限制	按原用地条件执行
	项目监管强度	按《深圳市工业项目建设用地控制标准》监管
	土地使用年限	无特殊规定
土地处置的制度特征	土地、物业转租限制	无特殊规定
	土地、物业分割转让限制	保证至少50%自持，上缴一定比例的增值收益
	权利人股权结构调整限制	无限制
政策确定性特征	是否有相应的规划编制规范	《深圳市城市更新办法》
	是否有正式的土地管理法律法规	—

这种更新方式类似于受益者付费制度，综合整治的城市更新单元中的权利人和相关人，在环境整治和基础设施改善之后，会获得土地价值提升、生产生活环境改善等收益，因此需要负担一定比例的综合整治费用。不过在《办法》没有明确地指出分担的比例，而是写明比例由各方协商确定。

综合整治模式的调整程度低，带来的土地增值空间也并不高，主要通过协商改造费用的承担比例来实现对利益的捕获，且政府本身倾向于投入更多的成本来促进区域环境的改善，以换取产业综合效益的提升。

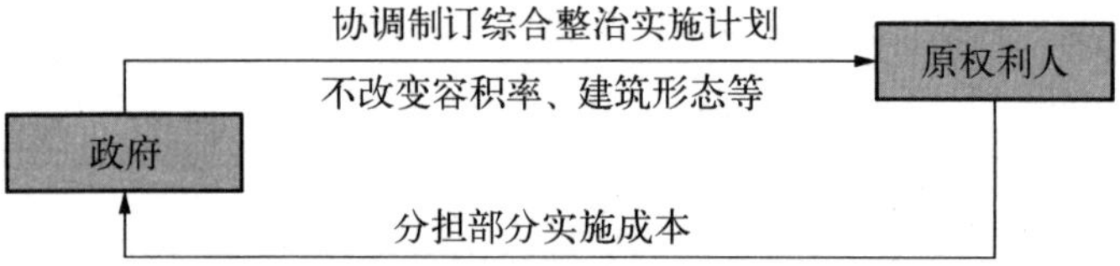

图 6－16　综合整治模式

(二) 综合整治模式的交易成本分析

下面对综合整治模式的交易成本进行分析，如表 6－17 所示。

表 6－17　深圳市综合整治模式的交易成本构成

主体	交易成本	影响因素	综合整治模式
开发区政府	土地收回谈判成本	是否需要重新招拍挂	不需要
	允许自主转型的政治风险	政策确定性	确定性高
		是否有相关法律法规依据	有
		法律法规的稳定性	2009 年颁布
		自主转型的程度	小
	规划调整成本	是否需要编制整单元规划	区政府申请纳入市计划并制订实施方案
		规划编制的协调成本	征求市规土、产业、人居环境、住房建设、水务、城管、消防等部门意见
		规划审批指标弹性	可增加部分公共设施（面积不超过现状建筑面积 15％的电梯、连廊、楼梯等辅助性公用设施）
		规划审批流程	由市城管部门统筹平衡
土地原使用权人或其他市场主体	修改规划条件的成本	是否需要修改规划/是否需要变更规划许可/是否需要修编整单元控规	不需要
		申报主体条件	—
		是否突破原规划	—
		公共基础设施的处理方式	—
		规划审批指标弹性	—
		规划编制的协调成本	—

续表

主　体	交易成本	影　响　因　素	综合整治模式
	修改土地合同的成本	是否需要重新招拍挂	不需要
		协议出让的主体限制	原权利人
		补交地价的标准	不补交
	融资成本	资金投入量压力	改建成本较小
		是否允许分块补交、分期支付土地出让金	—
		投资主体限制	对城市基础设施、公共服务设施和市容环境工程，部分费用由市、区政府承担
		土地使用年限	—
		资金回收方式与周期	—
		是否限制分割转让	—
	规划调整后的使用限制	土地使用条件	不兼容研发，容积率不放宽
		容积率限制	一般不增加建筑面积
		使用功能兼容性	不能改变功能
		配套比例限制	与原要求相同
		项目监管强度（项目类型、项目税收、项目环保要求、项目注册要求）	按原用地性质执行

政府的交易成本主要来自规划调整的成本，因为进行综合整治类的工业用地更新，要求由区政府申请将项目列入深圳市的年度计划并编制具体的实施方案，方案编制需要与原权利人协商负担比例，并需征求市规土、产业、人居环境、住房建设、水务、城管、消防等部门意见，并由市政府进行审批。

对市场主体来说，综合整治模式的交易成本较低。一方面，原权利人不需要申请规划的变更，也不需要进行土地合同的修改；另一方面，在实施的费用上，市区政府还会负担部分的成本。对市场主体来说，主要的交易成本存在于对使用条件的限制，综合整治后，对原有工业用地的使用限制仍然适用，一般不能增加建筑面积，也不能改变功能，如果需要改变功能，则应该申请进行“功能改变”模式的城市更新。

（三）综合整治模式的实施情况

对政府和市场来说，综合整治模式的交易成本都不高，在实际中成功实施的比例高，因此利益还原的理论值与实际值一致。在土地收益上，综合整治带来的土地增值并不明显，政府也没有对土地收益进行直接捕获，而是通过与原权利人协商的方式，使其负担部分改造的成本，实现受益者的负担。由于综合整治模式的更新程度不高，带来的综合收益也有限。

二、功能改变模式

(一) 功能改变模式的利益还原政策特征

功能改变类城市更新是指改变部分或者全部建筑物使用功能，但不改变土地使用的权利主体和使用期限，保留建筑物原主体结构的一种更新方式。这种方式允许利用工业用地上的旧厂房发展研发办公、创意服务等功能，并可在一定范围内增加容积率，并且原权利人可以通过直接增补地价的方式更新土地合同，而无须通过政府收回土地使用权再重新招拍挂的过程。补缴地价对公共设施、政府鼓励的产业发展方向进行优惠。政府鼓励的主要功能调整方向包括研发、总部、创意设计中心和新兴产业研发制造基地等。在修改规划条件的程序上，功能改变类更新需要由原权利人申请规划许可的变更，允许增加一定面积的公共设施以及满足自身需求的产业用房等。在转让限制上，对享受了地价优惠的面积有所限制，但在按相关要求进一步补缴之后则可进行分割转让，并需要按照一定比例上缴转让的增值收益。

工业楼宇转让的，转让方应将一定比例的增值收益上缴政府，纳入政府设立的国有土地收益基金专项管理。……增值收益，是指转让工业楼宇的交易价格扣减该工业楼宇的登记价及转让方受让该工业楼宇时已缴纳的相关税费后的余额；工业楼宇转让时，已按照本办法规定补缴地价的，应同时扣减已补缴的地价。(《深圳市工业楼宇转让管理办法(试行)》深府办〔2013〕3 号)

表 6-18 深圳市功能改变模式的利益还原政策特征

利益还原政策特征	特征要素	功能改变模式
修改土地合同的制度特征	是否必须重新招拍挂	可以不进行重新招拍挂
	协议出让的受让主体	原权利人
	补交地价的标准	原有基准、新增市场(新增为工业按 10%基准，为新型产业用地按 50%基准)

续表

利益还原政策特征	特征要素	功能改变模式
修改规划条件的制度特征	是否允许分期、分块支付土地出让金	可不计息分期补交
	对产业效益的评估	需满足政府鼓励的产业方向
	规划调整的方式	申请规划许可变更
	规划调整申报主体条件	原权利人
	公共基础设施的处理方式	可以增加面积不超过现状建筑面积15%的电梯、连廊、楼梯等辅助性公用设施
土地使用的制度特征	公益贡献的相关规定	无特殊规定
	工业、研发用地开发强度限制	可适当增加建筑量
	工业、研发用地配套比例限制	30%以下
	项目监管强度	按要求进行项目审批；按《深圳市工业项目建设用地控制标准》监管
土地处置的制度特征	土地使用年限	无特殊规定
	土地、物业转租限制	无特殊规定
	土地、物业分割转让限制	按照规定额外补交地价后分割转让，上缴一定比例的增值收益
政策确定性特征	权利人股权结构调整限制	无限制
	是否有相应的规划编制规范	《深圳市城市更新办法》
	是否有正式的土地管理法律法规	—

功能改变类的工业用地更新模式主要采取利益捕获的机制来进行利益还原。一方面，通过补交地价，捕获部分土地增值的收益。很明显的是，政府为了鼓励产业发展和用地效率的提升，对其鼓励的产业方向的调整进行了大幅度的地价优惠，但在这种条件下，对物业转让的限制，使原权利人只能发挥其使用价值，无法实现更多的土地增值收益。另一方面，如果原权利人希望通过

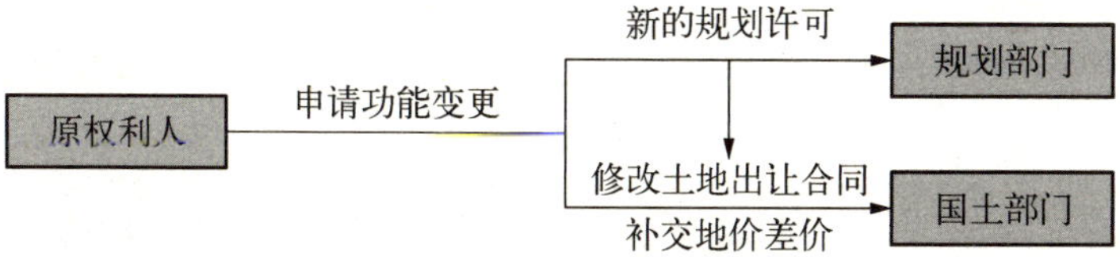

图 6－17　功能改变模式

物业的分割转让兑现土地收益，则需要进一步将部分利益返还，一是需要按照市场评估价格再次补交地价，二是需要上缴一定比例的转让增值收益。

(二) 功能改变模式的交易成本分析

下面对功能改变模式的交易成本进行分析，如表 6－19 所示。

表 6－19　　深圳市功能改变模式的交易成本构成

主体	交易成本	影响因素	功能改变模式
开发区政府	土地收回谈判成本	是否需要重新招拍挂	不需要
	允许自主转型的政治风险	政策确定性	确定性高
		是否有相关法律法规依据	有
		法律法规的稳定性	2009 年颁布
		自主转型的程度	小
	规划调整成本	是否需要编制整单元规划	不需要政府编制规划
		规划编制的协调成本	—
		规划审批指标弹性	—
		规划审批流程	—
土地原使用权人或其他市场主体	修改规划条件的成本	是否需要修改规划/是否需要变更规划许可/是否需要修编整单元控规	申请规划许可变更
		申报主体条件	原权利人
		是否突破原规划	一般不突破
		公共基础设施的处理方式	可增加部分公共设施(面积不超过现状建筑面积 15%的电梯、连廊、楼梯等辅助性公用设施)
		规划审批指标弹性	向规划国土主管部门及相关主管部门申请
		规划编制的协调成本	利害关系人
	修改土地合同的成本	是否需要重新招拍挂	不需要
		协议出让的主体限制	原权利人
		补交地价的标准	原有基准、新增市场(新增为工业按 10%基准，为新型产业用地按 50%基准)

续表

主　体	交易成本	影　响　因　素	功能改变模式
	融资成本	资金投入量压力	一次性资金投入压力较小
		是否允许分块补交、分期支付土地出让金	可不计息分期补交
		投资主体限制	申请人承担
		土地使用年限	—
		资金回收方式与周期	回收周期短
		是否限制分割转让	按要求补交地价后可分割
	规划调整后的使用限制	土地使用条件	兼容研发设计办公，容积率不放宽
		容积率限制	可少量新增建筑量
		使用功能兼容性	新型产业用地兼容研发、创意、设计、中试、无污染生产等创新型产业功能
		配套比例限制	工业用地30%以内
		项目监管强度（项目类型、项目税收、项目环保要求、项目注册要求）	按要求进行项目审批

对政府主体来说，功能改变模式的交易成本较低。除了在土地收回的谈判成本和允许自主转型的政治风险上都很低之外，在规划调整方面，由于把更多的决策主导权交给了市场，政府不需要进行专项规划的编制等，因此成本也很低。

对市场主体来说，规划调整的成本相对提高了，因为需要由原权利人申请规划许可的变更，会增加与利害关系人协调的成本，报政府相关部门审批的行政成本等。在修改土地合同的成本上，不需要进行重新招拍挂，只需由原权利人补交相应的地价，其中，对仍然保持产业用途的用地地价进行优惠，因此交易成本相对较低。在融资成本方面，由于地价可以不计息分期补交，一次性的资金投入量较小，资金回收压力也较小。在对土地使用的限制方面，虽然在新增建筑量上给予的空间较小，但在使用功能的兼容性上进行了放宽，可以在新型产业用地上进行研发、创意、设计、中试等研发办公功能，配套比例也可相应增加，因此这方面的交易成本降低。

（三）功能改变模式的实施情况

按照上文分析，功能改变模式的交易成本相对较低，实施阻力较小，因此现实中也有较多应用，利益还原的理论值和实际值一致。这时，政府获得的土地收益来自原权利人补交的土地出让金，由于原权利人可能会加建部分公共设施，也成为政府获得的一种实物收益。其他综合收益包括促进制造业向科技研发等方向转型带来的产业综合效益提升、税收增长以及改善基础设施、公共服务设施和地区环境风貌的作用。

三、拆除重建模式

（一）拆除重建模式的利益还原政策特征

无法通过综合整治和功能改变的方式达到城市更新效果的地块，可以通过拆除重建的方式进行。拆除重建模式不需要进行重新招拍挂，并且土地协议出让的对象不仅可以是原权利人，也可以是其他的单一市场主体。进行拆除重建类的工业用地更新，必须由申请人编制城市更新单元规划，对不小于10 000平方米的范围进行整单元的规划编制，规划需要满足单元范围内的公共设施用地需求，并贡献出不少于拆除重建用地面积15%且不少于3 000平方米的用地，以满足公益建设需求。

拆除重建后，既可以保持原来的用地性质，也可以进行用地性质的调整，调整后需要按照有关规定补交土地出让金。对工业用地来说，可以将其分为工业用地转为工业、研发以及工业用地转为商业、办公、居住等经营性用途两种模式。

工业用地转为工业用地或研发用地的情况下，可以提高容积率最高到6.0，发展科技研发、设计办公等功能。虽然研发功能与工业用地属于不同的用地性质，但仍然享有大量的地价优惠，体现出与经营性的商业办公用地的差异。在土地的处置上，受到补交地价优惠的土地需要由权利人自持，但是可以通过按照市场标准再次补交地价的方法获得分割转让的权利。同样的，工业楼宇的转让需要遵守相关管理规定，上缴部分增值收益。

在工业用地转为商业、办公、居住用地时，对土地使用的规范按照新的用地类型进行，将比工业用地受到较少的限制，也不受到工业楼宇分割转让的限制。但是这种情况下，土地权利人需要补交更高标准的地价，其中原有建筑面积按照基准地价，而新增面积按照市场评估地价。在《暂行办法》中，对市场评估地价如何获得进行了详细的规定，通过随机抽取评估机构等方式减少其中的寻租空间。

表 6-20　拆除重建模式的利益还原政策特征

利益还原政策特征	特征要素	拆除重建模式（工转工、工转研发）	拆除重建模式（工转商业、办公、居住）
修改土地合同的制度特征	是否必须重新招拍挂	可以不进行重新招拍挂	可以不进行重新招拍挂
	协议出让的受让主体	原权利人或其他市场主体	原权利人或其他市场主体
	补交地价的标准	原有面积不用补交；工业新增面积按工业基准地价的 50%补交；研发新增面积按工业与办公基准地价均值的 50%补交	原有基准、新增市场
	是否允许分期、分块支付土地出让金	可不计息分期补交	可不计息分期补交
	对产业效益的评估	需满足政府鼓励的产业方向	无
修改规划条件的制度特征	规划调整的方式	申请纳入城市更新单元计划、编制城市更新单元规划	申请纳入城市更新单元计划、编制城市更新单元规划
	规划调整申报主体条件	政府、原权利人或其他市场主体	政府、原权利人或其他市场主体
	公共基础设施的处理方式	满足更新单元范围内公共基础设施建设要求	满足更新单元范围内公共基础设施建设要求
	公益贡献的相关规定	至少 15%且不低于 3 000 平方米的用地贡献	至少 15%且不低于 3 000 平方米的用地贡献
土地使用的制度特征	工业、研发用地开发强度限制	容积率 6.0	按新用地性质
	工业、研发用地配套比例限制	小于 30%	按新用地性质
	项目监管强度	产业部门对产业准入进行监管；按《深圳市工业项目建设用地控制标准》监管	按新用地性质
	土地使用年限	无特殊规定	按新用地性质

续表

利益还原政策特征	特征要素	拆除重建模式（工转工、工转研发）	拆除重建模式（工转商业、办公、居住）
土地处置的制度特征	土地、物业转租限制	无特殊规定	无特殊规定
	土地、物业分割转让限制	按照规定额外补交地价后分割转让，上缴一定比例的增值收益	可以分割转让
	权利人股权结构调整限制	无限制	无限制
政策确定性特征	是否有相应的规划编制规范	《深圳市城市更新办法》	
	是否有正式的土地管理法律法规		

拆除重建模式融合了多种利益还原的机制。一方面，通过设定不同类型的补交地价标准，来捕获不同情形下的土地收益，其中为了鼓励产业的转型升级，对发展产业功能的用地进行地价上的减免；另一方面，通过规定公共设施、公益用地的贡献，以实物的形式回收部分土地收益；最后，在补交地价上进行了优惠的情况下，会对其收益权进行限制。

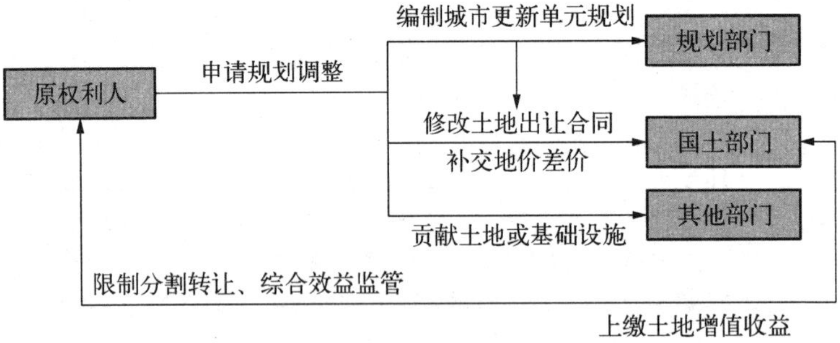

图 6-18 拆除重建模式

（二）拆除重建模式的交易成本分析

对拆除重建模式的交易成本进行分析，如表 6-21 所示。

对政府主体来说，不论是在工业用地转为工业研发用地还是在工业用地转为商业、办公或居住用地的情况下，三类交易成本都处于较低水平。由于城市更新单元的编制由用地更新的申请者编制，由市场主导城市更新的进行，政府只需要付出审批的行政成本。

表 6-21　　深圳市拆除重建模式的交易成本构成

主　体	交易成本	影响因素	拆除重建模式（工转工、工转研发）	拆除重建模式（工转商业、办公、居住）
开发区政府	土地收回谈判成本	是否需要重新招拍挂	不需要	不需要
	允许自主转型的政治风险	政策确定性	确定性高	确定性高
		是否有相关法律法规依据	有	有
		法律法规的稳定性	2009 年颁布	2009 年颁布
		自主转型的程度	中	中
	规划调整成本	是否需要编制整单元规划	不需要政府编制规划	不需要政府编制规划
		规划编制的协调成本	—	—
		规划审批指标弹性	—	—
		规划审批流程	—	—
土地原使用权人或其他市场主体	修改规划条件的成本	是否需要修改规划/是否需要变更规划许可/是否需要修编整单元控规	申请城市更新单元计划、编制城市更新单元规划	申请城市更新单元计划、编制城市更新单元规划
		申报主体条件	原权利人、政府部门或其他单一市场主体	原权利人、政府部门或其他单一市场主体
		是否突破原规划	可以突破	可以突破
		公共基础设施的处理方式	满足更新单元范围内公共基础设施建设要求条件下，至少 15%且不低于 3 000 平方米的用地贡献	满足更新单元范围内公共基础设施建设要求条件下，至少 15%且不低于 3 000 平方米的用地贡献
		规划审批指标弹性	各级各部门审批	各级各部门审批
		规划编制的协调成本	更新单元内的权利主体	更新单元内的权利主体

续表

主　体	交易成本	影 响 因 素	拆除重建模式（工转工、工转研发）	拆除重建模式（工转商业、办公、居住）
	修改土地合同的成本	是否需要重新招拍挂	不需要	不需要
		协议出让的主体限制	原权利人、政府部门或其他单一市场主体	原权利人、政府部门或其他单一市场主体
		补交地价的标准	原有面积不用补交，新增面积按工业与办公基准地价均值的50%补交	原有基准、新增市场
	融资成本	资金投入量压力	一次性资金投入压力较小	一次性资金投入量较大
		是否允许分块补交、分期支付土地出让金	可不计息分期补交	可不计息分期补交
		投资主体限制	申请人承担	申请人承担
		土地使用年限	—	—
		资金回收方式与周期	回收周期短	回收周期短
		是否限制分割转让	按要求补交地价后可分割	可以分割转让
	规划调整后的使用限制	土地使用条件	兼容研发设计办公，容积率放宽	按新用地性质执行
		容积率限制	容积率6.0	—
		使用功能兼容性	新型产业用地兼容研发、创意、设计、中试、无污染生产等创新型产业功能	—
		配套比例限制	小于30%	—
		项目监管强度（项目类型、项目税收、项目环保要求、项目注册要求）	产业部门对产业准入进行监管	按新用地性质执行

对市场主体来说，它们在修改规划条件上的成本增加了，因为它们需要编制城市更新单元规划，并且需要对公共设施和公益用地作出贡献，除了政策规定必须达到的贡献比例外，各个案例还需根据实际的情况进行协商。比较两种模式，可以发现，工业用地转为工业研发用地所付出的公益用地比例相对于工业用地转为商业、办公或居住用途要少。在修改土地合同的程序上，也体现出后者比前者更高的用地补交标准。但在融资成本方面，虽然工业用地转为经营性用地需要补交的土地出让金数额较大，但仍可进行分期补交，同时，不受到工业用地限转的约束，资金回收周期缩短，融资成本降低。在土地使用限制方面，工业研发用地的限制在原有标准上有较大程度放宽，而经营性用地的使用条件更加宽松。

（三）拆除重建模式的实施情况

从上文对交易成本的分析来看，拆除重建模式交易成本不高；从实际实施来看，该模式的实施情况也较为理想。通过对深圳市规划与国土资源委员会网站的公示信息进行整理，统计了 2011—2014 年所有的工业用地更新项目，其间有 106 个项目列入城市更新单元规划计划，部分已经完成了规划的审批和主体的确认，正在实施当中。理论上，政府不仅获得补交土地出让金的土地收益，还获得大量的公共设施和公益用地贡献。同时，随着更新单元规划的实施，地区环境、基础设施与公共服务设施得到改善，产业实现转型，综合效益显著。

第四节　中国开发区工业用地更新利益还原典型模式及其适用条件

本书认为工业用地更新的不同利益还原模式是由不同的政策要素差异化组合而成的政策包，因此，每一类模式都会因其不同背景条件或项目的具体情况而具有差异。但是，不同的政策之间仍然可以按照其主要的特征总结为几种典型的模式，这些模式在利益还原的绩效上具有差异，但一个地区或者项目不选择绩效更好的机制有其特定的政治、经济和社会背景。因此，本节对几种典型的利益还原模式进行总结，重点分析它们各自的适用条件，适用条件按照地域适用性和更新方向适用性两个方面进行说明。

表 6-22　工业用地更新利益还原典型机制及其适用条件

典型模式	利益还原特征	适用条件	主要案例
土地收储	将土地收回政府储备后再由政府建设或重新招拍挂出让给新的开发商或企业	地域：工业用地更新压力小，政策严格地区 方向：2转3	北京亦庄经济技术开发区
利益限制	允许土地使用权人自发调整容积率或用地性质补交地价，但将政策适用范围限定于国有主体或特定产业和园区	地域：工业用地更新局部压力大，政策过渡探索期 方向：2转2、2转2.5	上海张江和金桥、上海"三不变"政策
利益捕获与限制有机结合	允许土地使用权人自发更新，通过不同利益捕获和利益限制的组合构建出的利益还原模式	地域：工业用地更新压力大，政策环境宽松 方向：不限	深圳、上海

一、土地收储模式

土地收储模式的最重要特征是，工业用地更新中进行规划调整，必须通过土地收储再重新招拍挂的方式进行，而不能通过补交地价、公益贡献等市场竞争较小的方式进行。这种机制的优点在于不需进行政策的突破，在政治上没有风险，并且成功实施后能够最大限度地保证政府对土地增值收益的捕获比例，也不需要通过行政限制的方式对土地的后续使用进行额外的监管。但其缺点也相当明显，即巨大的交易成本，使其成功实施的概率非常低。

在地域适用性方面，土地收储模式适用于工业用地更新压力较小，城市政策环境较为严格的情况。这时，工业用地更新受阻带来的负面影响较小，更新成功带来的收益也并不高，此外，进行政策突破的难度很大，因此政府没有通过政策改进迫切推动用地更新的内在动力。比较典型的案例是北京。

在更新方向的适用性方面，土地收储模式适用于工业用地向商办、居住等用地转型的情况，也就是 2 转 3 的情况，因为这个过程所产生的土地增值是巨大的，远远高于工业用地转为研发办公或仅仅提高容积率的情形，而它带来的综合社会、环境收益在长期上又不如 2 转 2.5，所以，需要在土地利益还原的强度上有更高的保证。例如，在上海市的政策中，只对 2 转 2.5 的情况放开了直接补交地价的途径，对转型为商办、居住用地则仍需要通过重新招拍挂。

二、利益限制模式

利益限制模式指的是以利益限制机制为主的利益还原模式，在利益限制的条件下，可以不通过重新招拍挂的方式进行用地更新。例如对国有主体的限制、对产业类型的限制等。这类政策本身具有较大的局限性，一般用于推动某一园区或者某一类产业的发展，其利益还原的形式以综合效益的改善为主，土地利益还原的强度很低。因此，利益限制模式通常也作为一种过渡性的机制存在，如果进行大规模的推广可能产生很大的政治风险。

从地域的适用性角度看，利益限制模式适用于具有一定的工业用地更新压力，特别是局部更新压力较大的情况。从在政策角度看，属于过渡探索期，可以作为一些试点试行，对工业用地更新的市场情况进行一次试验。比较典型的是上海的限用途政策和限主体政策。

从更新方向的适用性角度看，利益限制模式一般只适用于工业用地改变使用功能、提高容积率或转为研发办公的情况（2 转 2 或 2 转 2.5），因为其产生的增值利益总量相对较小，而其带来的综合效益相对较高。这种机制不适用于工业用地转为商办、居住的情况，因为其在绩效上无法获得平衡。

三、利益捕获与限制有机结合模式

利益捕获与限制有机结合的模式指的是，在利益还原政策中根据不同的情况将利益捕获和限制相结合，构建出交易成本较小、公共福利收益较高的模式，通常来说可以不用通过重新招拍挂的方式进行。这相对来说是一种更成熟的利益还原机制，但要求在政策上有比较大的自由度，可以进行一定的突破，并且需要较为普适性的政策支撑。

从地域适用性角度看，这种模式更适合于工业用地更新压力普遍较大，政策环境相对宽松的地区。这类地区可以从工业用地更新中获得更多的收益，而如果不进行更新则会对整个城市的效率产生很大影响，因此会有动力探索新的制度机制来推动工业用地更新的进行。最为典型的案例是深圳，而上海也正在探索中。

从更新方向适用性角度来看，这种模式没有特定的限制，因为其可以根据不同的更新方向，调整利益捕获机制的具体方式和强度以及利益限制的严格性，设定不同的规则，从而适应不同的用地更新情况。

小　　结

本章以北京、上海和深圳的开发区为例，对中国开发区工业用地更新的利益还原模式进行总结，并深入剖析每种模式的利益还原政策特征、交易成本以及实施情况。

北京以北京亦庄经济技术开发区为例，由于开发区区位变化、产业转型升级和城市功能完善的目标影响，又受到开发区扩区的限制，亦庄开发区的核心区出现工业用地更新的需求。但由于北京市整体的存量用地更新问题更多集中在集体土地上，且政治环境更为敏感，在工业用地更新上更多采取传统的做法，优先保证“国有资产不流失”。在亦庄开发区进行用地规划调整的过程中存在三种利益还原的模式。第一种是通过土地收回重新招拍挂调整工业用地性质的方式；第二种为直接调整容积率，不改变用地性质的方式，可以通过直接补交地价的方式进行；第三种为自主改变建筑功能，在不改变建筑外部形态和用地性质的条件下，对内部空间的使用功能进行改变。

上海市受到建设用地总量的控制，对存量用地集约利用十分重视，其中工业用地更新是存量用地更新的重要内容。近年来，相继出台了各类试点政策，探索了多种进行开发区工业用地更新的利益还原模式。本书将其模式总结为三种：第一种为限用途模式，对工业用地转型发展文化创意产业、生产性服务业等进行鼓励，在不改变权利人、用地性质和建筑结构的条件下，可以直接进行建筑功能的调整，发展文化创意产业；第二种为限主体模式，依托张江高科技园区的国家自主创新示范区政策，在张江高科技园区和金桥开发区中实施，对国有开发主体的用地更新提供自主转型的通道；第三种为补地价限转模式，是上海对全市工业用地更新的全面性试点，通过结合利益捕获和利益限制机制实现自主用地更新过程的利益还原。

深圳市由于本身土地资源的极度稀缺，从2006年就开始了城市更新的尝试。2009年依托广东省的“三旧”改造政策，深圳市颁布了《深圳市城市更新办法》，对城市更新中的利益还原机制进行了较为大胆的优化，其中工业用地的更新是重要的内容之一。其工业用地规划调整的利益还原机制也可概括为三种模式：第一种为综合整治模式，在不改变用地性质、建筑形态的情况下，允许原权利人对工业开发区周边的环境、公共设施进行整治；第二种为功能改变模式，在不改变用地性质的条件下，允许原权利人自主对建筑的使用功能进行调整，在工业用地上发展研发办公功能；第三种为拆除重建模式，允许原权利人或其他市场主体通过编制城市更新单元规划，对原有工业区进行拆除重建，通过补交地价、公共贡献的方式实现还原利益的捕获。

接着，结合上文的案例分析，对中国开发区工业用地更新的典型模式及其适用条件进行总结。典型模式包括土地收储、利益限制以及利益捕获与利益限制有机结合三种。不同城市选择不同的利益还原机制与其所处的宏观政治经济背景有关。正如本章开篇指出的，北京的存量工业用地开发压力低于上海和深圳，且政治环境较为严格，因此坚持更为强制性的收回招拍挂模式，虽然效率相对较低，但在公平性上有更严格的保证。在深圳，存量工业用地更新的压力长期以来都很高，再加上“三旧”改造的宏观政策和自主的立法权带来的宽松政治环境，促使其探索了更为灵活的利益还原机制，以提高工业用地更新的效率。这时也会出现新的问题，需要考虑替代性的方式是否能够有效地保证市场公平和规划利益社会还原的效果。对上海来说，存量工业用地更新的压力也不断增加，但宏观上政治环境并不如深圳宽松，因此其政策设计具有渐进式改革的色彩，通过更为谨慎地试验降低利益捕获强度并增加利益限制机制的有效性。

第七章　中国开发区工业用地更新利益还原绩效评价及其优化

第一节　现有模式的实施绩效评价

本节首先对中国开发区工业用地更新利益还原的现有模式进行绩效分析。通过横向对比，对各类模式的实施绩效进行评价，发现其中影响实施绩效的机制特征，为机制的优化提供借鉴。

一、案例选取

对比中国开发区工业用地更新利益还原的现有模式主要包括两方面内容：各模式土地利益还原强度的理论值以及各模式综合收益的实际值。对比的方法是选取项目尺度的实际案例，综合市场数据、访谈信息进行计算。

本研究主要进行两组实施绩效对比。第一，以工业用地转为研发用途的情况为例，在北京、上海、深圳各选择一个案例，对地区间不同政策进行对比。北京选择的案例属于自主改变建筑功能的模式，也是亦庄开发区现在唯一真正实现的模式；上海选择的案例属于补地价限转模式，这个模式所代表的政策虽然正式的实施还存在阻力，却是上海更为普适性的政策，也是未来进一步完善的基础，对其进行分析更有意义；最后，深圳选择拆除重建模式中工业用地向研发用地转型的案例，因为这也是深圳进行工业用地更新最重要的政策模式。第二，以深圳市工业用地更新中的拆除重建模式为例，对工业用地向研发功能转变与工业用地向商业、办公及居住等用地转变的情况进行对比，比较同一政策下对不同更新程度的政策差异。下面对各案例的基本情况进行介绍。

（一）北京亦庄经济技术开发区某工业楼

该楼是亦庄开发区某工业园中的一栋工业厂房，该园区位于亦庄开发区的核心区，由开发区国资开发主体下属的子公司持有运营，1994 年开发区建区初期就已经建成使用。该园区初期主要由大型企业的配套商以及一些小型生产企业租用。例如诺基亚、施耐德等大企业的配套商都租用过这个园区的厂房。这些配套商由于生产规模达不到在开发区直接拿地的要求，但又是产业链中不可缺少的一部分，因此就通过租用标准厂房的形式来进行生产。从租金水平来看，从 20 世纪 90 年代到现在，厂房的租金由大约 1 元/天・平方米，到 2007 年涨到 1.2—1.3 元/天・平方米，到 2014 年又涨到 1.7—1.8 元/天・平方米。从企业租用的面积来看，基本都在 1 000 平方米以上，也有租用 4 000—5 000 平方米的，最多的曾有过 1 万多平方米，且初期入住的企业签订的租约都较长，基本在十年以上。

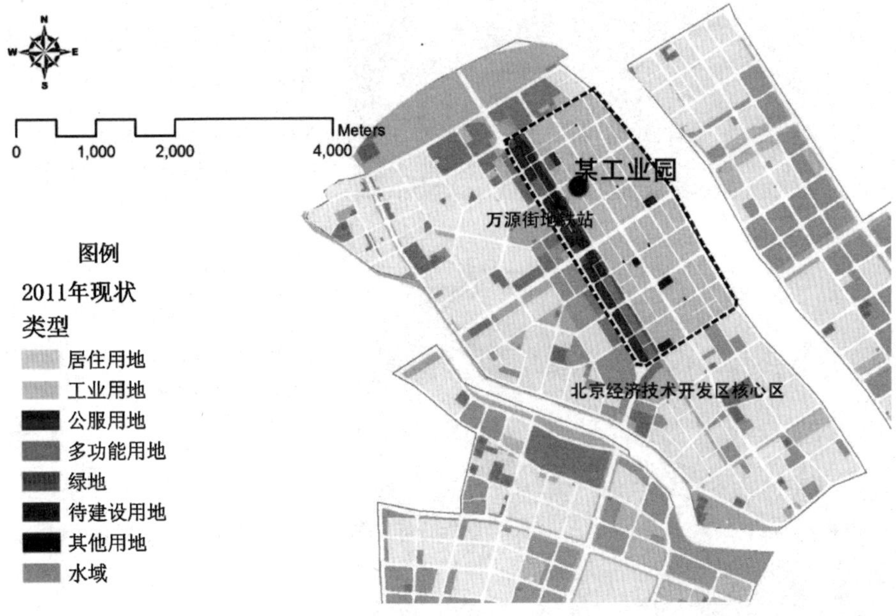

图 7-1　案例工业园的区位

在 2009 年左右，该子公司认识到亦庄开发区核心区的转型趋势，认为自己也应该抓住机遇去发展一些科技研发类的企业。同时，随着 2010 年底亦庄地铁线的开通，这个园区距离地铁站较近的区位，也带来了更多的转型机遇，因此启动了相关的转型项目。虽然在初期，该项目提出了一个整体的转型方案，但是为了避免大量终止合约的成本以及保证公司收益的稳定，转型项目以该工业园的一栋楼为试点进行尝试。

该楼的建筑面积为30 000平方米，共六层，基本单元为1 000平方米，每层5 000平方米。由于本身存在一定的设计缺陷，垂直交通的承重能力不足，对生产型企业来说是一个弊端，该楼一直以来的出租率较低，长期徘徊在30%左右，且租金水平偏低，约在1.3元/天·平方米。因此，从2012年开始，该公司对该楼进行了改建，主要将其原本以1 000平方米为基本单元的内部空间单元切分为300—500平方米为主的空间，同时将当时四部货运电梯中的两部改建为客运电梯，并设计修建了接待大厅。改建的过程为半年左右，该公司在改建时为原有租户另安排了空间，同时，愿意接受新租金的租户可以在改造后搬回。改建后，该楼的租金得到了很大提升，达到了2.5—3元/天·平方米，并且出租率上升到正常水平。经过计算，其年租金收入大概为改造前的5倍，达到2 000—2 500万元/年，而改建的成本包括建设成本和租金损失约为2 000万元，在一年内即可收回相关投入。该楼的成功改造，使该公司开始计划对他们手中的整个园区运用相似的更新策略。

图7-2 该工业园某楼改造情况

照片来源：作者自摄。

（二）上海浦东新区某产业带A地块

上海浦东新区某产业带所在的开发区是上海市级工业开发区，位于外环线内侧。从1992年开始，某产业带是该开发区最早开始开发的区域，到2000年左右，A地块周边已经发展逐步成熟。某产业带在发展初期没有编制整体规划，采用的是直接将土地征收并出让给用地企业的方式。之后，上海市出台政策，所有的开发必须先编制规划，由于没有规划覆盖，某产业带所有的开发建设活动都不能继续进行。当时，所有的地块都已经出让，90%以上已经建设，部分用地并没有完全用足土地出让合同中允许的容积率，但后续的开发在相关规划编制完成之前都不能继续进行。

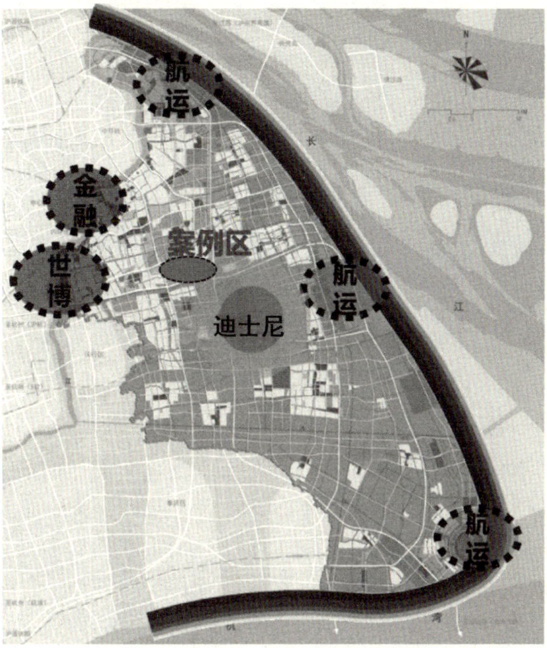

图 7-3 上海浦东新区某产业带区位

资料来源：上海浦东新区某产业带规划材料。

因此，在 2008 年时，该产业带所在的镇政府组织了第一次产业带控制性详细规划的编制，规划基本按照现状编制，所有地块保持了工业用地的性质。当时由于遇到较大的区划调整和政策变动，规划没有获批。接着，2011 年，由于市政府出台了关于产业区域差别化引导的政策文件（1023 号文），而该产业带正好位于 195 产业区域，按照政策应该进行转型，因此，该镇又以转型发展为主导思想开始编制新一版控规，到 2014 年底，该版规划已经进行了多轮修改，可以主要划分为两个阶段。第一个阶段，考虑到某产业带所处的区位，规划中对现有产业用地的产出效率、企业转型意愿等因素进行综合分析。由于没有相关土地政策支持，企业虽然自身有转型发展的需求，但对进行用地规划调整的意愿并不高，因此当时只将其中产出效率较低、亟须调整的产业地块规划为研发用地，对大部分的工业用地进行了保留，该版规划在报上级政府审批时由于转型不够彻底没有得到批准。2014 年，由于出台了 25、26 号文，对 195 区域转型规划中转型达到的比例、公共设施、道路的用地比例等指标都进行了明确规定，同时给予了新的土地政策，因此，新一版的控规编制进行了再一次的调整，只将生产制造发展情况良好、税收贡献大的企业地块保留为工业用地性质，其余地块都转型为研发总部类用地或商业办公用地，同时增加绿地、公共设施、道路的用地面积与比

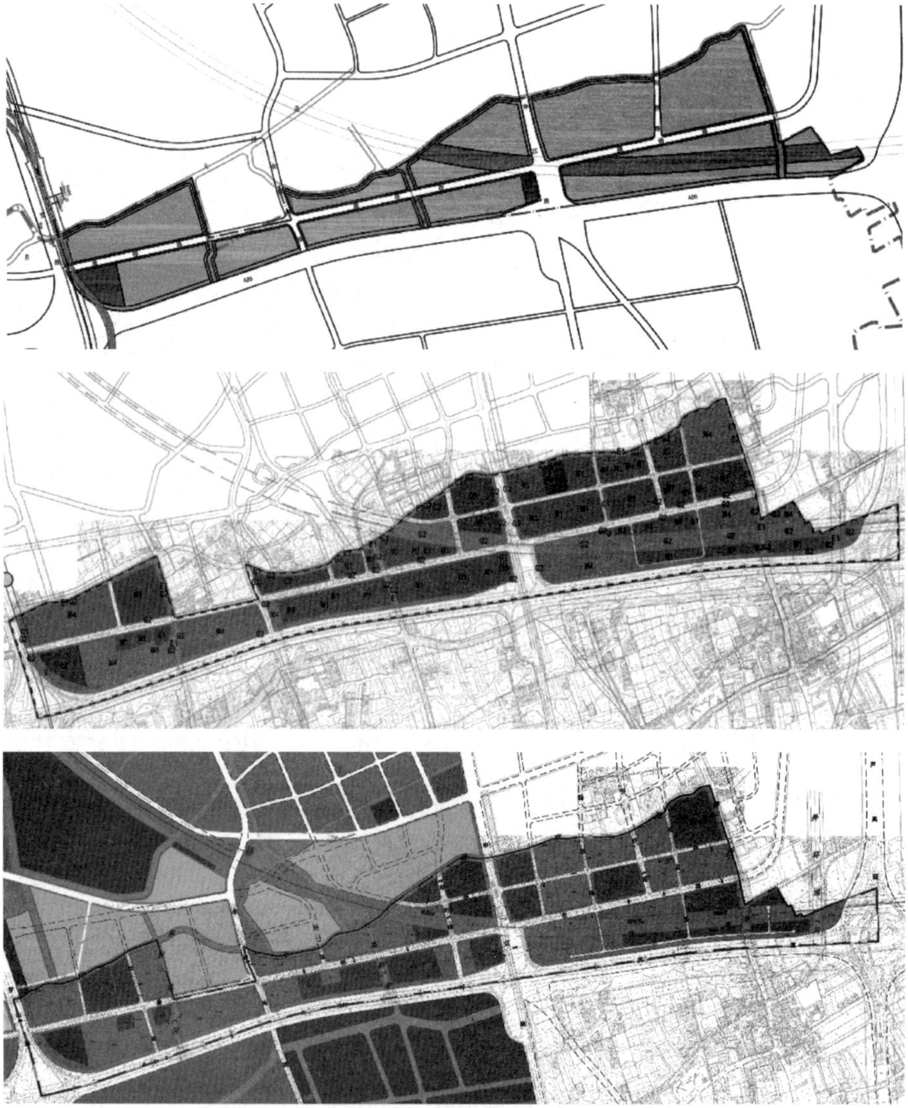

图 7－4　上海浦东新区某产业带三版转型规划图
（上：2008 年；中：2012 年；下：2014 年）

资料来源：上海浦东新区某产业带规划材料。

例，整体转型的比例达到总规划面积的 70%以上。

A 地块位于该产业带的西侧，为 2001 年某民营制造企业从该产业带通过协议出让的方式获得的，原用途为工业，合同容积率为 1，后建设部分厂房约

1.1万平方米，但因该企业内部人员和业务调整，地块的后续开发几乎停止。近期，由于该企业业务向航空产业发展，不再需要生产功能的工业厂房，希望能够在原地块上拆除重建发展航空总部功能。因此，在最新一轮的转型规划中将该地块规划为研发总部类用地。

（三）深圳华为电气机加工厂城市更新单元

深圳市华为电气机加工厂城市更新单元位于深圳龙岗区坂田街道，为深圳市龙岗区华为技术有限公司早期取得的国有工业用地，上有华为电气机加工厂房及工业配套设施，现该企业希望自主转型发展研发办公职能，拆除原有旧厂房并重建研发办公用房以及配套设施。该地块被列入2014年深圳市第三批城市更新单元规划年度计划，拟更新的方向为新型产业功能，并要求在更新单元拆除用地范围内应落实不小于9 831平方米公共绿地。2014年7月，进行了该城市更新单元规划草案的公示，更新单元的拆除用地面积为113 429.7平方米，开发建设用地面积为96 415.3平方米，容积率为0.94，计容积率总建筑面积为90 743.9平方米，其中研发用房65 000平方米，厂房10 000平方米，其他辅助配套设施15 743.9平方米。2014年8月，进行了更新单元规划实施主体的确认，该单元的实施主体为深圳市华为技术有限公司，为该地块的原权利人。

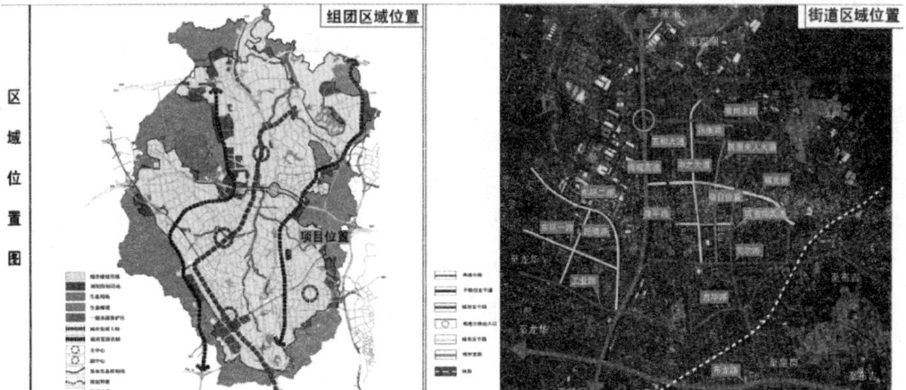

图7-5　深圳华为电气机加工厂城市更新单元区位

资料来源：深圳市规划和国土资源委员会网站公示材料。

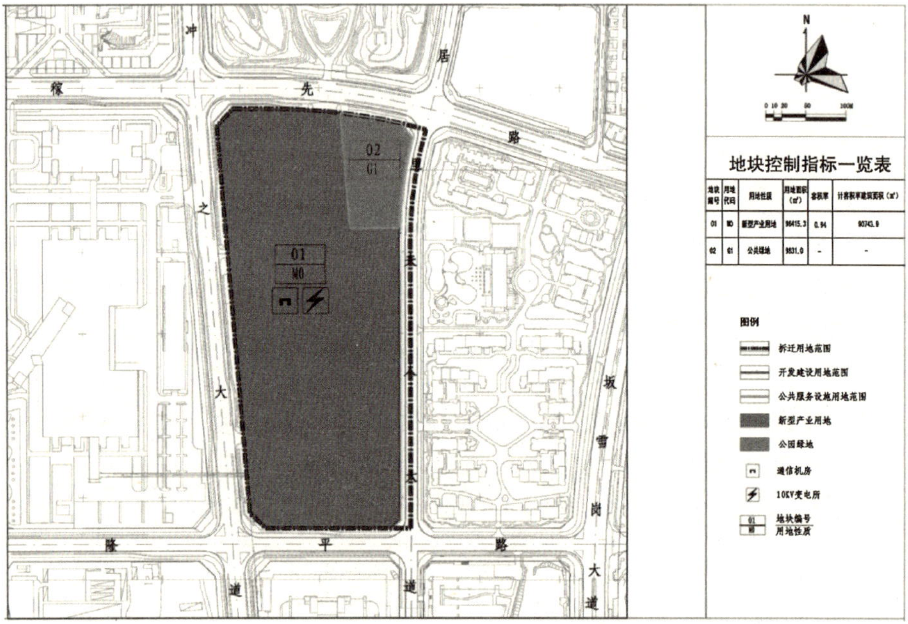

图 7-6　深圳华为电气机加工厂城市更新单元规划图

资料来源：深圳市规划和国土资源委员会网站公示材料。

(四) 深圳塘尾第一工业区城市更新单元

深圳塘尾第一工业区城市更新单元位于宝安区福永街道，原权利人为深圳市塘尾股份合作公司，原土地用途主要为一类工业用地，修建有工业厂房、职工宿舍以及部分商住楼和商业服务设施。现由华强弘嘉投资有限公司与原权利人进行协商，完成了拆迁安置工作，希望开发建设成由电子卖场、文化娱乐中心、休闲购物中心、商务服务平台、时尚居住社区组成的华强城项目。该更新单元被列入 2012 年深圳市第四批城市更新单元规划年度计划，拟更新方向为居住、商业和办公等功能，并要求公共利益项目等用地不小于 40 500 平方米。2014 年 1 月，该城市更新单元规划的草案通过了公示，拆除用地范围总面积 173 336.6 平方米，开发建设用地面积 127 547.6 平方米，计容积率建筑面积 585 150 平方米，其中：住宅 348 710 平方米（含保障性住房 20 920 平方米），商业 125 320 平方米，办公 52 710 平方米，商务公寓 45 070 平方米，公共配套设施 13 340 平方米。2014 年 8 月，该更新单元规划进行了一期实施主体的确认，由深圳华强永兴投资有限公司与原权利人深圳市塘尾股份合作公司达成合作协议，合作实施深圳市宝安区福永街道塘尾第一工业区城市更新项目。

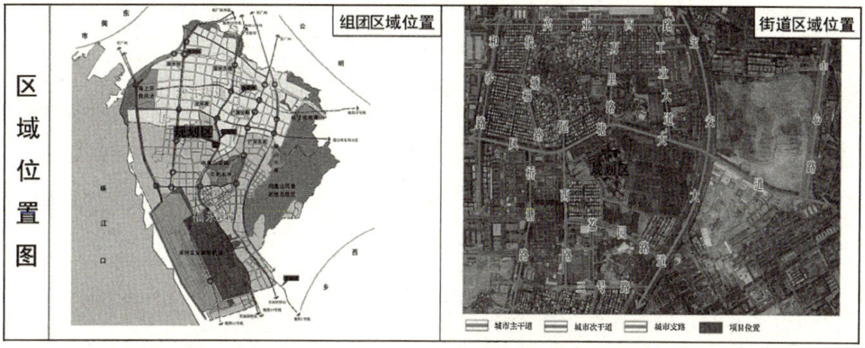

图 7-7　深圳塘尾第一工业区城市更新单元区位

资料来源：深圳市规划和国土资源委员会网站公示材料。

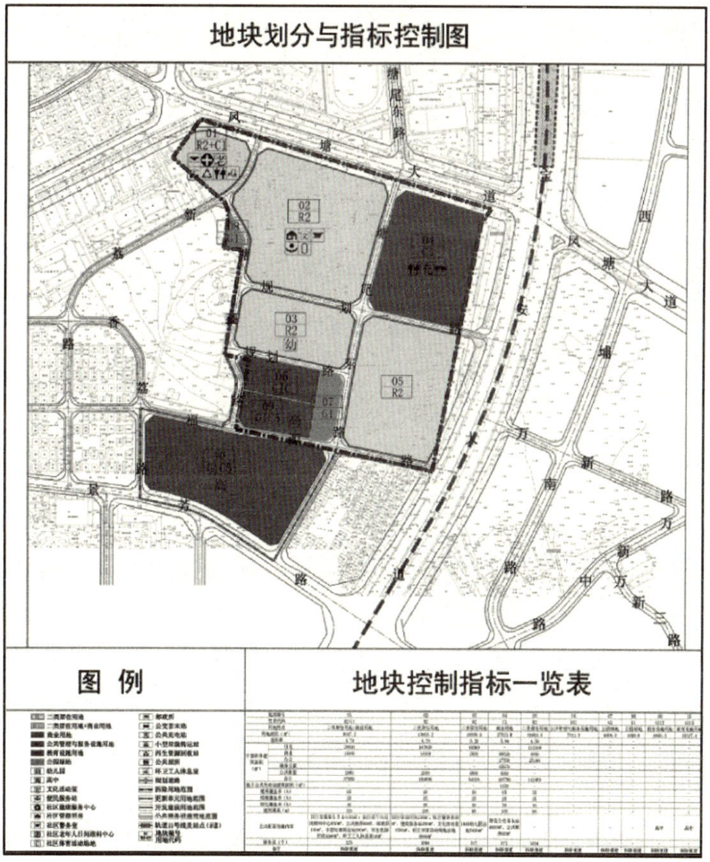

图 7-8　深圳塘尾第一工业区城市更新单元规划图

资料来源：深圳市规划和国土资源委员会网站公示材料。

二、工业用地调整为研发功能的案例对比

本部分对比北京、上海和深圳工业用地调整为研发功能的案例情况，也即上文提到的北京亦庄开发区某楼、上海浦东新区某产业带转型地块 A 以及深圳华为电气机加工厂城市更新单元案例。具体的案例信息如表 7 - 1 所示。

表 7 - 1　　工业用地调整为研发功能——案例概况

对比	北京亦庄开发区某楼				上海浦东新区某产业带转型地块 A				深圳龙岗区坂田街道华为电气机加工厂			
	用地面积 平方米	建筑面积 平方米	容积率	规划用途	用地面积 平方米	建筑面积 平方米	容积率	规划用途	用地面积 平方米	建筑面积 平方米	容积率	规划用途
更新前	20 000	30 000	1.5	工业用地	80 279	80 279	1	工业用地	113 430	67 314	0.6	普通工业用地
更新规划	20 000	30 000	1.5	工业用地	71 918	200 698	2.5	研发总部用地	96 415	90 630	0.94	新型产业用地
开发主体	原权利人				原权利人				原权利人：深圳市华为技术有限公司			

三个案例的共同点在于将原本的生产制造功能转变为研发功能。在北京亦庄开发区中，通过改变建筑结构与内部空间完成这种转型，容积率和用地性质都未发生变化；在上海浦东新区某产业带以及深圳华为电气机加工厂的案例中，工业用地更新通过提高容积率以及调整用地性质两种方式实现转型。在亦庄案例中，建筑面积与用地面积都未发生变化，改变的仅仅是建筑功能；在上海和深圳的案例中，由于需要进行基础设施的完善，更新规划后原权利人的使用权土地面积减少，但由于容积率的提升，建筑面积的总量得到提升，同时用地规划以及土地合同中的用地性质发生了变化。表 7 - 2 是三个案例利益还原的具体机制对比。

表 7－2　　　工业用地调整为研发功能——利益还原机制对比

机制分类		北京亦庄开发区某楼	上海浦东新区某产业带转型地块 A	深圳龙岗区坂田街道华为电气机加工厂
利益产生的机制		维持工业用地性质、容积率保持不变，仅改变建筑内部结构与使用功能	工业用地调整为研发总部用地、容积率上限提升、使用功能兼容性放松	普通工业用地调整为新型产业用地、容积率上限提升、使用功能兼容性放松
利益捕获机制	补交土地出让金	无	● 不得低于商办用地基准地价的 70%（外环内）或工业用地基准地价的 150%（外环外） ● 不可分期补交	● 原有面积不用补交，新增面积按工业与办公基准地价均值的 50%补交 ● 可分期补交
	开发商公共贡献	无	无	● 由开发主体贡献至少 3 000 平方米且不小于 15%的用地 ● 酌情满足更新单元范围内其他公共设施建设要求
	土地转让增值收益分成	无	无	● 按增值收益额超过扣减总金额的百分比累进缴纳
利益限制机制	受益主体限制	● 原权利人	● 原权利人	● 原权利人 ● 原权利人认可的其他单一市场主体
	综合效益监管	● 引进企业需符合管委会产业要求，签订入区协议	● 对项目实施全生命周期管理，综合评估项目产出效率、环保要求等，未达标情况下可强行劝退	● 产业部门对产业准入进行监管
	分割转让限制	● 不允许进行土地、楼宇的分割转让，只可出租	● 严格限制分割转让比例在 30%以下 ● 股权结构与注资结构调整需获得出让人同意	● 享受地价优惠的面积必须自用，但按照规定额外补交地价后不受分割转让限制

(一) 交易成本对比

接下来对比分析实施三个项目的交易成本。按照第五章对交易成本的具体分析,结合交易成本的评价标准,得到三项目的交易成本高低如表 7-3 所示。

表 7-3　　工业用地调整为研发功能——交易成本对比

主　体	交 易 成 本	北京亦庄开发区某楼	上海浦东新区某产业带转型地块 A	深圳龙岗区坂田街道华为电气机加工厂
开发区政府主体(管委会、乡镇、街道政府)	土地收回谈判成本	L	L	L
	允许自主转型的政治风险	L	M	L
	规划调整成本	L	H	L
原权利人或市场主体(用地企业或开发商)	修改规划条件的成本	L	M	H
	修改土地合同的成本	L	M	L
	融资成本	L	H	L
	更新后使用限制	H	M	M
	高(H)	1	2	1
	中(M)	0	4	1
	低(L)	6	1	5

由表 7-3 可知,北京亦庄开发区某楼与深圳龙岗区坂田街道华为电气机加工厂案例的交易成本总体较低,而上海浦东新区某产业带转型地块 A 案例的交易成本相对较高。其中北京案例中各项交易成本除更新后使用限制较高外,都属于低成本。深圳案例中较高的交易成本主要体现在需要由原权利人或市场主体编制更新单元规划并申请获得批准。此外,在更新后对使用有一定的限转限制。在上海案例中,市场主体在各个方面都需要承担中等偏高的交易成本,尤其由于其一次性资金需求较高且有严格的限转限制资金回收周期较长带来较高的融资成本。对政府来说,由于现阶段政策还处于试点阶段,在允许自主转型上具有一定的政治风险。此外需要由政府编制整个转型片区的更新规划,规划编制、协调以及审批的要求较为严格,带来很高的交易成本。因此,在实际实施中,北京与深圳的两个案例推进难度小于上海案例。

(二) 土地利益还原强度对比

下面对比几个案例的土地利益还原强度,如表 7-4 所示。

表 7-4　　工业用地调整为研发功能——土地利益还原强度对比

绩效对比	北京亦庄开发区某楼	上海浦东新区某产业带转型地块 A	深圳龙岗区坂田街道华为电气机加工厂
政府应收土地出让金估算	无补交	约 5 亿元，约 2 500 元/平方米	约 3 500 万元，约 400 元/平方米
政府公共设施实施的成本与收益	无收益	无收益，并需付出收回土地的成本：理论成本约 500 万元，现实成本约为 5 000 万元①	无土地成本，获得开发商贡献： ● 17 014 平方米公益用地(15%) ● 9 831 平方米公共绿地
土地增值总收益估算	约 2.5 亿元	约 18 亿元	约 4.5 亿元
利益还原强度估算	0	28%	25%—30%

从计算结果来看，北京亦庄开发区某楼案例中并未进行开发强度和用地性质的调整，没有设计利益捕获的机制，因此利益还原的强度为 0；上海和深圳案例的利益还原强度相当，但实现的方式有较大差别。深圳市龙岗区该地块的工业基准地价为 402 元/平方米，办公地价为 1 624 元/平方米；上海市案例地块刚好位于外环边且在外环以内，外环内七类办公用地基准地价 4 230 元/平方米。按照相关规定计算得到两案例补交地价的总额和单价都有巨大差异，上海案例远远高于深圳。但是，从公共设施的成本收益核算上看，上海案例中政府还需付出约 5 000 万元用于公共设施建设的成本，而深圳案例中政府无须付出用地成本，另一方面可以获得 15%约 17 000 平方米的公益用地以及 9 831 平方米的公共绿地，如果将公益贡献土地的价值等同于政府回收土地补偿的金额，则按市场用地价格计算的公益贡献约等于 8 000 万—1 亿元的土地价值。进一步计算，上海通过补交地价回收的土地收益约占土地增值收益总额的 28%，而深圳案例将补交的地价和公益贡献的收益相加，利益还原的比例约占土地增值总收益的 25%—30%。

(三) 利益还原的综合绩效对比

对利益还原的综合绩效进行对比，需要综合考虑利益还原的强度和交易成本，以及除土地收益之外的综合社会经济效益。

---

① 根据访谈获得的信息，该工业园区工业用地回收的市场价约为 300 万—400 万元/亩。

如表 7 - 5 所示，按照上文对交易成本的评价结果，三个案例交易成本的评价值分别为低、高、低。其中，北京与深圳的案例交易成本较小，实施阻力小，都已经得到了实施，而上海案例的交易成本较高，实施阻力大，现实中实施受阻。

表 7 - 5　　工业用地调整为研发功能——利益还原综合绩效对比

绩效对比	北京亦庄开发区某楼	上海浦东新区某产业带转型地块 A	深圳龙岗区坂田街道华为电气机加工厂
利益还原强度估算	0	28%	25%—30%
交易成本评价值	低	高	低
综合收益	产业由生产制造转型为研发办公，实现产业升级，税收增加	回收 28%的土地收益，闲置用地转型为研发办公，促进航空产业发展，税收增加，道路密度增加，绿地率增加	回收 25%—30%的土地收益，产业由低端电气机制造转型为研发办公，税收增加，基础设施改善，生态环境改善等

因此从综合收益来看，北京案例没有获得直接或间接的还原利益，但是实现了产业升级、税收增加的社会经济效益改善；上海案例由于实施受阻，不管是还原利益的回收，还是产业转型、税收增加、公共设施的改善，都没有完全实现，整体的福利没有获得提升；深圳案例则不仅实现了一定比例的还原利益回收，还实现了产业、税收与环境改善的社会效益。

三、工业用地调整为研发功能与工业用地调整为商住功能对比

本部分对比工业用地调整为不同用地性质的情况下利益还原的绩效。在深圳市相同的利益还原政策条件下，选取两个案例，分别为工业用地调整为研发办公功能以及工业用地调整为商业、办公以及居住功能。具体案例信息如表 7 - 6 所示。

两个案例都是依据《深圳市城市更新办法》进行拆除重建城市更新的地块，在用地调整过程中，通过补交地价以及公益贡献的方式来实现利益的还原。案例的不同点在于用地调整的方向不同，补交地价的标准和实际的公益贡献量存在差异，因此，利益还原的强度与绩效存在差异（见表 7 - 7）。

表 7-6　工业用地调整为研发功能与工业用地调整为商住功能——案例概况

对比	龙岗区坂田街道华为电气机加工厂				宝安区福永街道塘尾第一工业区			
	用地面积	建筑面积	容积率	规划用途	用地面积	建筑面积	容积率	规划用途
	平方米	平方米			平方米	平方米		
更新前	113 429.7	67 314	0.6	普通工业用地	173 336.6	165 030.57	0.95	普通工业用地
更新规划	96 415.3	90 630	0.94	新型产业用地	127 547.6	585 150	4.59	商业、办公、居住
开发主体	原权利人：深圳市华为技术有限公司				深圳华强永兴投资有限公司与原权利人深圳市塘尾股份合作公司联合开发			

表 7-7　工业用地调整为研发功能与工业用地调整为商住功能——利益还原机制对比

机制分类		龙岗区坂田街道华为电气机加工厂	宝安区福永街道塘尾第一工业区
利益产生的机制		普通工业用地调整为新型产业用地、容积率上限提升、使用功能兼容性放松	工业用地调整为商业、办公、居住功能，容积率上限提升
利益捕获机制	补交土地出让金	● 原有面积不用补交，新增面积按工业与办公基准地价均值的50%补交 ● 可分期补交	● 原有面积按照基准地价补交、新增面积按照市场评估地价补交 ● 可分期补交
	开发商公共贡献	● 由开发主体贡献至少 3 000 平方米且不小于 15%的用地 ● 酌情满足更新单元范围内其他公共设施建设要求	● 由开发主体贡献至少 3 000 平方米且不小于 15%的用地 ● 酌情满足更新单元范围内其他公共设施建设要求
	土地转让增值收益分成	● 按增值收益额超过扣减总金额的百分比累进缴纳	● 无特殊要求
利益限制机制	受益主体限制	● 原权利人 ● 原权利人认可的其他单一市场主体	● 原权利人 ● 原权利人认可的其他单一市场主体
	综合效益监管	● 产业部门对产业准入进行监管	● 无特殊产业监管
	分割转让限制	● 享受地价优惠的面积必须自用，但按照规定额外补交地价后不受分割转让限制	● 无分割转让限制

(一) 交易成本对比

接下来对比分析实施两个项目的交易成本。按照上文对交易成本的具体分析,结合交易成本的评价标准,得到两个项目的交易成本高低,如表7-8所示。

表7-8 工业用地调整为研发功能与工业用地调整为商住功能——交易成本对比

主 体	交易成本	龙岗区坂田街道华为电气机加工厂	宝安区福永街道塘尾第一工业区
开发区政府主体(管委会、乡镇、街道政府)	土地收回谈判成本	L	L
	允许自主转型的政治风险	L	L
	规划调整成本	L	L
原权利人或市场主体(用地企业或开发商)	修改规划条件的成本	H	H
	修改土地合同的成本	L	M
	融资成本	L	M
	更新后使用限制	M	L
	高(H)	1	1
	中(M)	1	2
	低(L)	5	4

总体而言,两个项目的交易成本都较低。两个项目在政府主体层面需要承担的交易成本都较低,主要的交易成本集中在由原权利人或市场主体制订整单元城市更新单元规划的过程中。不同点在于,在2转2.5的案例中,修改土地合同所需补交的土地出让金标准较低,因此虽然更新后对研发用地的转让和使用都有较多限制,但仍然保证了较低的融资成本;而在2转3的案例中,需要补交土地出让金的标准是市场评估地价,标准较高,但由于其在更新后没有处置和使用上的过多限制,资金回收的方式更灵活,周期可以缩短,因此降低了融资成本。通过不同方式的搭配,两类工业用地更新的利益还原模式都保证了较低的交易成本,在现实中易于推进。

(二) 土地利益还原强度对比

下面对两个案例的土地利益还原强度进行对比,如表7-9所示。

表 7－9　**工业用地调整为研发功能与工业用地调整为商住功能——土地利益还原强度对比**

绩效对比	龙岗区坂田街道 华为电气机加工厂	宝安区福永街道 塘尾第一工业区
政府应收土地出让金估算	约 3 500 万元，约 400 元/平方米	约 30 亿元，约 5 000 元/平方米
政府公共设施实施的成本与收益	无土地成本，获得开发商贡献： ● 17 014 平方米公益用地(15%) ● 9 831 平方米公共绿地 ● 等价为 8 000 万—1 亿元的土地价值	无土地成本，获得开发商贡献： ● 45 789 平方米公益用地(26%) ● 20 920 平方米保障房 ● 等价为 1.3 亿—1.7 亿元的土地价值
土地增值总收益估算	约 4.5 亿元	约 65 亿元
利益还原强度估算	25%—30%	49%—50%

计算结果显示出两点主要的特征。

第一，工业用地调整为商业办公以及居住用地(后称 2 转 3)的情况与调整为研发功能(后称 2 转 2.5)的情况相比，利益还原的强度更大。2 转 3 案例中更大的利益还原强度主要体现在两个方面，一是补交地价的标准为市场评估地价，而非基准地价，二是公益贡献的比例的协商结果高于 2 转 2.5 的情况。在塘尾案例中，公益贡献的用地比例达到了 26%，而华为电气机厂的比例为政策规定的最低标准 15%。不仅在此两个案例中是如此，通过对 2011—2013 年①深圳市公示的“城市更新单元规划年度计划”进行统计，106 个工业用地更新单元规划中，工转工或工转研发的项目约 37 个(总拆除用地面积 49 673 平方米)，工转商办居的项目约 69 个(总拆除用地面积 71 834 平方米)。对其中公益用地贡献面积或比例有明确记载的项目进行计算，发现工业项目的用地贡献比例均值为 15.3%(刚刚超过最低标准)；而其他项目的用地贡献比例达到了 22.1%，明显高于产业类项目。

第二，从直接利益还原与间接利益还原的比例来看，工业用地调整为研发功能时，以间接利益还原(公益用地或公用设施贡献)为主，工业用地调整为商办、居住用地时，以直接利益还原(土地出让金)为主。华为电气厂的案例中，

① 2014 年，公示中对公益贡献的表述改为具体的城市基础设施、公共服务设施数量与类型，无法进行简单的面积计算与对比，因此只选择了 2011—2013 年数据进行分析。

直接利益还原占所有还原利益的比例约为25%—30%，而塘尾案例中这个比例达到了93%—94%。

(三) 利益还原的综合绩效对比

对两个案例的综合绩效进行对比，如表7-10所示。

表7-10 工业用地调整为研发功能与工业用地调整为商住功能——利益还原综合绩效对比

绩效对比	龙岗区坂田街道 华为电气机加工厂	宝安区福永街道 塘尾第一工业区
利益还原强度估算	25%—30%	49%—50%
交易成本评价值	低	低
综合收益	回收25%—30%的土地收益，产业由低端电气机制造转型为研发办公，税收增加，就业增加，基础设施改善，生态环境改善等	回收49%—50%的土地收益，城市功能完善，基础设施改善，生态环境改善等

首先，两个案例的交易成本都较低，因此在实施中都能够顺利推进，阻力较小，虽然塘尾项目需要补交大量的土地出让金，但是由于其不受分割转让的限制，可以通过分割销售迅速回收资金成本，且可以通过引入其他市场主体的方式解决资金来源问题，因此融资成本并不因此高于华为案例。

第二，在利益还原的强度方面，华为案例明显低于塘尾案例，但塘尾案例的效益除土地利益还原之外只有城市功能完善和城市环境改善的效益，而华为案例除此之外还会带来后续的税收收入、就业岗位贡献以及对经济产业发展的作用，可以认为其在土地收益之外的其他收益高于塘尾案例。如果考虑土地利益的回收与其他综合利益，两者的综合收益水平相差不大。

四、利益还原机制对实施绩效的影响

通过上述绩效对比，可得到不同的利益还原模式及其机制特征与实施绩效之间的关系，从而为利益还原机制的优化提供参考。

以土地收储为主要适用机制的地区，由于收回招拍挂的实施难度较大，在更新程度不大(工业用地更新为中试、小试功能)时，适当拓展工业用地的土地发展权，是促进工业用地更新的重要方式。通过重新界定土地发展权，土地权利人可以自发进行一定程度的用地更新，这时没有进行土地利益的还原，土地利益还原的强度为零，但通过改善用地效率，实现了综合效益的提升。

在适用利益捕获与限制结合机制的地区,当工业用地更新为科技研发功能(2 转 2.5)时,有不同的方式可以实现相同的土地利益还原强度。这时,开发者公益贡献等间接利益捕获机制的交易成本比直接补交土地出让金等方式低,适当运用可推进工业用地更新并提升综合效益。另外,由于 2 转 2.5 与 2 转 3 相比,在土地收益之外能够带来更大的综合效益,因此可以相对降低土地利益还原的强度,但同时需要配合更强的利益限制机制来保证综合效益的实现。在工业用地更新为商办、居住用地(2 转 3)时,由于土地增值总量巨大,而实现用地更新后的综合效益相对 2 转 2.5 较小,需实行更严格的土地利益还原,因此以直接利益捕获为主要机制,以保证土地利益还原强度。

第二节　中国开发区工业用地更新利益还原机制优化的目标

构建中国开发区工业用地更新的利益还原机制,需要在效率与公平这两个价值维度中找到合理的均衡。中国开发区工业用地规划调整过程中的利益还原存在以下几个基本特征:(1) 长期对工业产业发展的倾斜,造成工业用地价格偏低、市场化程度不高的特殊性,在工业用地调整中带来更大的土地增值空间;(2) 巨大的工业用地增值主要由基础设施改善与城市社会经济发展带来,需要实现与全社会的分享;(3) 通过土地征收再重新招拍挂的方式进行工业用地更新,理论上可以充分还原土地增值收益,但现实中抑制土地使用权人参与用地调整的积极性,也给政府带来巨大财政负担,阻碍工业开发区转型升级的进程。因此,在利益还原机制设计中找到效率与公平的坐标定位,是促进现阶段中国开发区工业用地规划调整的重要落脚点。

理论上对于效率与公平的争论主要着眼于是增加社会财富的总量重要,还是对财富进行公平的分配更重要。正如第二章理论分析所得到的结论,利益还原需要同时重视公平原则与效率原则,其中对效率的追求应该能够使最不利者的利益最大化。在开发区工业用地规划调整的过程中,如果为了防止土地增值的收益更多地被市场获得,而坚持采取效率较低的交易方式,阻碍用地更新可能带来的总体福利提升,无疑是违背了城市空间发展基本规律的,最终带来的可能是社会公共福利的下降和个体利益的减损。更为理想的做法应是积极寻求提高社会整体效率和财富的途径,并在实现的过程中通过多种参与和分享机制对利益的分配进行重组与调试,同时实现利益分配的公平。

因此，本书总结中国开发区工业用地规划调整利益还原机制构建应有两个重要目标：公共福利最大化目标和交易成本最小化目标。

一、公共福利最大化

这里的公共福利最大化不是指功利主义视角下的公共福利最大，而是指平等主义视角下的最不利者利益最大。由于这里的最不利者指的是由政府代表的不拥有被更新土地的社会群体，因此公共福利最大化可以理解为社会公共利益的最大化。因此，在工业用地更新过程中，不仅仅要争取更大的土地利益还原强度，也即政府与社会分享的土地增值收益占总体土地增值收益的比例，还应该致力于提升工业用地更新带来的整体福利，既包括土地价值代表的经济利益提升，还包括社会公益、文化公益、环境公益等多种形式的公共福利，同时还应该考虑到短期利益与长期利益等代际利益的优化组合。这就要求在利益分享与市场激励之间寻找平衡点，促使公共福利达到最大。

二、交易成本最小化

交易成本最小化目标是指为了实现公共福利最大化而将市场交易成本降到最低，从而有效地提高市场的真实效率和实际获得的社会总福利。传统对公共福利的研究忽略了交易成本的存在，因此，提出利益分配方案常常不能达到理想中的效果。将交易成本最小化作为中国开发区工业用地规划调整利益还原机制设计的另一个重要原则，是希望在制度设计中充分考虑交易成本的存在，通过较低交易成本，不仅可以促进用地规划调整的顺利实施，保证实现预期的福利改善，还可以减少实施过程中的利益损耗，获得更大的社会净福利。因此，在土地利益还原强度相近的情况下，需要进一步分析不同机制存在的交易成本，进而选择交易成本更低的机制或机制组合方式。

第三节　中国开发区工业用地更新利益还原机制优化的策略

结合现有机制实施绩效评价的结果以及利益还原机制优化的目标，提出中国开发区工业用地更新利益还原机制的优化策略。

一、明确界定工业用地的土地发展权

开发区工业用地规划调整中首要明确的问题是对工业用地发展权的界定。如前所述，土地发展权是改变土地用途、提高土地利用强度的权利，划定了城市规划利益的范围。在工业开发区转型发展过程中，规划所需应对的是原条件下赋予工业用地的发展权已经不能够满足新的产业以及城市功能发展需要了，因而需要更多的土地发展权。

上文已对工业用地更新的方向进行了总结，分为三种情况：工业用地转为强度更高的工业功能（2 转 2），工业用地转为研发功能（2 转 2.5）以及工业用地转为商办、居住功能（2 转 3）。在这三种情况下，原有工业用地的土地发展权都需要进行拓展，包括容积率的提升、用途的改变等。而实现土地发展权拓展的方式有多种，其核心在于一项政策中如何界定工业用地的土地发展权。简单地说，拓展土地发展权的方式有两种，一种是直接放宽工业用地本身的土地发展权，另一种则是改变用地类型，使其获得更高更强的土地发展权。

可以将中国城市工业用地的发展权要素分为容积率、主要用途、用途兼容性几个方面，传统工业用地的发展权特点为较低的容积率（1 左右）、工业生产制造用途以及较低的用途兼容性（大部分规定配套服务设施的建筑面积比例在 7%以下）。如果维持传统的工业用地发展权定义，则不管是 2 转 2、2 转 2.5 还是 2 转 3，都需要进行用地性质的调整，因为保持工业用地的性质不管在开发强度还是土地使用上都不能进行突破，因而无法满足新的土地使用需求。而在中国现实的政策中，为了鼓励和顺应产业向科技研发方向的转型趋势，大多对传统的工业用地进行重新的界定，对土地发展权进行了一定程度的放宽，而这种放宽的程度又可分为几种不同的情况（见表 7－11）。

表 7－11　　工业用地发展权的重新界定

工业用地发展权放宽程度	容积率	主要用途	用途兼容性
低	容积率上限提升	—	—
中	容积率上限提升	允许进行研发中的中试、小试功能	—
高	容积率上限提升	允许进行研发中的设计办公功能	兼容使用功能比例提升

除了直接放宽工业用地的土地发展权，还有一种改变土地发展权的方式则是直接改变用地类型，从而获得与新的用地类型相适应的发展权。为了将产业研发功能与生产制造功能区分，同时将具有办公功能的科技办公用途与一般的商业办公用途区分，可考虑单独设置研发办公用地类型，用于界定一种新的土地发展权范围。

表 7－12　工业用地、科技研发用地与商业办公用地的土地发展权对比

不同用地类型	容积率	主　要　用　途	用途兼容性
工业用地	低	允许进行生产制造、研发中的中试、小试	低
科技研发用地	中	允许进行研发办公，产权分割转让受到限制	中
商业办公用地	高	允许进行各种类型的商业服务、办公功能，不受产权分割限制	高

对工业用地土地发展权的重新界定，为工业用地进行规划调整奠定了基础。不同的工业用地调整方向，应对不同的工业用地发展权范围，则选择的利益还原方式会有所差异。一般而言，在工业用地内部及工业用地与科技研发用地之间的调整，与工业用地与商住办公用地之间的调整相比，需采用不同的利益还原手段。下文将进一步对选择不同利益还原机制的策略进行分析。

二、分类选择多样化利益捕获机制

在前文的案例研究中，本书总结出中国开发区工业用地规划调整利益还原的两大机制，一方面是利益的捕获机制，另一方面是利益限制机制。利益捕获机制是进行利益还原的核心机制，针对不同的工业用地更新情况，提供多样化的利益捕获机制，是成功实现工业用地更新并进行利益还原的重要策略。

在中国现阶段的政策中，利益捕获的主要机制是收取土地出让金，在开发区工业用地规划调整的过程中，主要通过土地收回再重新招拍挂的形式来实现，方式单一，且由于交易成本高昂，实施阻力巨大。通过前文对国外经验的借鉴以及对中国实际案例的分析，本书提出以下几种在开发区工业用地规划调整中可以进行尝试和运用的利益捕获机制，包括补交土地出让金、开发者公益贡献、上缴土地增值收益和工业用地年租制等。需要注意的是，此处提出的四种利益捕获机制并不是相互排斥的，而是可以共同存在的。在同一个工业用地更新的项目中，可以根据实际情况，采取不同形式的利益捕获机制进行组合，以达到较低的交易成本以及较高利益捕获强度。

（一）补交土地出让金

补交土地出让金是对土地收回重新招拍挂形式的改进，有利于降低收取土地出让金过程的交易成本。其可能带来的出让金总量损失以及市场公平性风险则需要配合其他的利益捕获和限制机制进行平衡，这将在后文进一步阐述。但采取由原权利人或市场主体直接补交土地出让金的形式，大幅降低了重新招拍挂带来的巨大的交易成本，也即市场主体对失去土地使用权的风险的担忧，因此对工业用地更新具有较大的推动作用。

补交土地出让金机制最重要的是设定补交的标准。补交标准主要分为基准地价和市场评估价两种情况。基准地价公开透明，但标准相对较低；市场评估地价一般较高，但公正的评估需要完备的法律法规进行规范。一般来说，土地增值的总量较小，带来的土地收益之外的综合收益越高，则采用基准地价进行补交，但一般需辅以其他形式的利益捕获以及土地处置的限制机制；在土地增值的总量巨大，带来的综合收益有限的情况下，采取市场评估地价的标准进行补交，这时可不对土地处置进行限制。

（二）开发者公益贡献

开发者公益贡献是利益捕获的另一种方式。在境外，开发者贡献是一种常用间接利益还原方式，如英国的“规划得益”等。在中国大陆，虽然很多地区没有正式的法律法规，但在住宅开发中，开发商为政府和社会修建一定的配套来换取一定的土地发展权也是较为普遍的做法，但在与工业用地相关的开发建设中，间接的利益捕获运用还很少。在本书的案例研究中，深圳市将这种做法写入了《深圳市城市更新办法》，将开发者公益贡献作为一种正式的利益捕获机制进行了实施。

开发者公益贡献是以实物的形式部分替代了需要向政府支付的土地出让金，实物形式可以包括平整后的土地，也可以是具体的某一项或多项公共设施。这种方式相对于直接支付现金对开发商来说交易成本更低，因为无须一次性付出大量的资金，融资成本降低。同时，对政府来说，这种方式也降低了从原权利人手中收回土地再重新建设公共设施的谈判和时间成本。开发商贡献的机制可以和补交土地出让金的机制搭配使用，根据不同的项目情况，选择不同的主要利益捕获方式。

（三）上缴土地增值收益

工业用地的增值利益除了在土地使用时带来企业产出与利润的提升，带来厂房租赁租金的提升，还表现为土地或其上物业转让时转让价值的提升。进行土地或物业转让是土地权利人一次性兑现土地增值的重要方式。在中国，对工业用地及其上物业进行分割转让都有一定的限制，这是为了达到政府调控工业用地的产业效益，防止工业地产投机的目的。但是，在土地或物业转让时，要求权利人按照一定比例（较高比例）上缴土地增值的收益，不仅可以抑制工业用地的投机，也是进行利益捕获的重要方式之一。对企业来说，相比于直接进行土地转让的限制，允许转让而收取土地增值收益是一种更灵活的管理方式，交易成本也相对降低。

（四）工业用地弹性年租制

造成土地权利人转型意愿低下的原因之一还在于其持有土地的成本过低。其土地使用成本在政府出让土地时一次性缴纳的土地出让金中已经支付，且通常是较为低廉的价格。土地权利人在土地使用年限之内，无须支付更多的土地使用成本，因此缺少提升土地使用效率的激励，而采取规避失去土地风险的方式维持原样。

工业用地弹性年租制是指将一次性的土地出让金以年租金的方式收取，弹性的含义是将土地的租赁期限和租金与企业的生产效率联系起来，当到达了政府的税收、产出以及环境要求时，土地的租赁可以继续。通过这种方式，对企业来说，一次性的融资成本降低，用地更新项目更容易启动；对政府来说，也可以根据土地价值进行一定范围内的租金调整，从而保持稳定长期的土地增值收益；同时，也可激励企业不断提升生产效率。但需要注意的是，长期的土地使用权是吸引投资的重要因素，稳定的土地使用也能够激励使用者长期的投入，因此弹性年租制也有其适用条件。

三、合理组合利益捕获与利益限制机制

在中国，利益限制机制是利益还原机制中对利益捕获的重要补充。在利益捕获中，为了给予市场足够的激励，促进社会综合福利的提升，政府在某些情况下会放宽利益捕获的强度。随着对工业用地容积率上限的提升，用于研发办公功能的工业用地或科技研发用地与商办用地在开发强度、建筑形态上的差异逐渐缩小，有的甚至没有显著差别，但在调整用地性质时，二者进行利益还原的强度却可能存在着较大差异。因此，为了防止土地增值收益的流失，并

保证市场的公平运行，宽松的利益捕获机制需要与利益限制机制相配合。主要的利益限制机制包括分割转让限制、受益主体限制以及对综合效益的监管。

（一）分割转让限制

通过限制工业用地上物业的分割转让，抑制市场对工业地产的投机，防止工业用地增值的流失。通常分割转让的限制会与相对较低的土地出让金标准相结合，因为较低的土地出让金补交标准（如以基准地价标准）带来转让时更高的超额收益空间。同时，因为限制分割转让会令回收资金的期限变长，给市场主体带来更高的融资成本，所以分割转让限制还可以与上缴土地增值收益的规定相结合，带来更高的灵活性，降低一定的交易成本。

（二）受益主体限制

受益主体限制通过将土地增值收益的获益主体限制为"国有主体"来达到防止土地增值收益流失的目的。但该利益限制机制的运用具有一定的局限性，需要在国有主体持有土地占一定比例的开发区中实施，才能够达到推动开发区转型的实际效果。同时，这样的政策还容易形成国有企业的"特权"和垄断，对公平的市场竞争有一定的影响。采用这样的方式，在利益捕获机制上可以有更大的放松空间，但由于其局限性，只适合在个别开发区中作为过渡性的机制进行运用，并不适合大范围的推广。

（三）综合效益监管

综合效益监管指的是在土地出让合同中对产业发展的方向、土地使用的效率以及税收贡献等综合效益指标进行协定，只有当用地权利人达到了有关要求，才能够继续使用土地，否则政府将可以进行劝退或土地收回。这种机制更好地保证土地的使用满足政府对产业发展的综合预期，限制土地权利人通过其他方式实现土地收益。通过将综合效益的监管与土地的弹性年租制相结合，可以实现更为稳定长期的利益还原，并且降低市场主体一次性资金投入的融资成本。

表 7－13　　利益捕获与利益限制机制的组合方式

用地调整方向	机制类型	具　体　方　法
2 转 2	利益捕获机制	● 低标准土地出让金
	利益限制机制	● 严格分割转让限制 ● 综合效益监管＋弹性年租制

续表

用地调整方向	机制类型	具体方法
2转2.5	利益捕获机制 利益限制机制	● 低标准土地出让金+公益贡献规定 ● 分割转让限制+上缴土地增值收益 ● 综合效益监管+弹性年租制
2转3	利益捕获机制 利益限制机制	● 高标准土地出让金+公益贡献规定 ● 无特殊限制

小结

本章对中国开发区工业用地更新利益还原现有模式的绩效进行对比分析，在此基础上，结合利益还原机制优化的目标，提出优化中国开发区工业用地更新利益还原机制的策略。

首先，本章在上一章所总结的利益还原模式的基础上，选取项目尺度的案例对其实施绩效进行计算与对比。案例对比分为两种情况，分别为对比三个城市中将工业用地调整为科技研发功能(2转2.5)时所采取的利益还原模式，以及对比深圳市将工业用地调整为科技研发功能(2转2.5)以及将工业用地调整为商业、办公或居住功能(2转3)的利益还原模式对比。对比发现：(1) 深圳市拆除重建模式中2转2.5的利益还原综合绩效最优，不仅实现了一定比例的土地利益还原，且通过间接利益还原机制的运用降低了交易成本，最终实现了产业和城市功能优化的目的；北京市自主改变功能模式下，交易成本也较低，但没有进行土地收益的捕获，局部实现用地效率提升和产业优化效果；上海补地价限转模式下，理论上可以实现与深圳相似比例的土地利益还原，但由于交易成本较高，最终真正实现产业优化和功能提升的综合效益比较困难。(2) 深圳市2转2.5与2转3的模式对比，2转3情况的土地利益还原强度高于2转2.5，2转2.5以间接的利益还原加利益限制机制为主要方式，而2转3以直接的利益还原为主要方式，通过不同的机制组合，二者都实现了较低的交易成本。

通过绩效对比，可得到以下几点对机制优化的启示：(1) 在以土地收储模式为主要适用模式的地区，可以通过适当放宽工业用地的发展权范围来局部促进用地效率等非土地效益的提升；(2) 在工业用地向研发办公用地转型的情况下，有不同的方式可以实现同等的土地利益还原强度，这时，间接利益捕获机制的交易成本相对较低，适当运用可促进工业用地更新并提升综合效益；(3) 2转2.5与2转3相比，在土地收益之外能够带来更大的综合效益，因此可以相对降低土地利益还原的强度，但同时需要配合更强的利益限制机制，而2转3的情况下，由于土地增值总量巨大，应实行更严格的土地利益还原机制，因此以直接利益捕获为主要方法。

接着，结合前文的理论与经验研究，提出中国开发区工业用地更新利益还原机制优化的目标：公共福利最大化与交易成本最小化。公共福利最大化是指使土地利益还原与工业用地更新带来的综合效益之和达到最大，交易成本最小化指尽量降低工业用地更新过程的交易成本，以促进公共福利最大化的实现。在此基础上，本章提出优化现有利益还原机制的三条策略。(1) 明确界定工业用地的土地发展权。为用地更新的利益改变划定标准与阶梯，有利于明确利益还原的范围与对象。(2) 分类选择多样化的利益捕获机制。中国现阶段开发区工业用地更新中的利益捕获以土地收回重新招拍挂获取土地出让金的方式为主，而多样化的利益捕获机制一方面要增加获取土地出让金方式的多样性，例如补交、增值收益分成以及年租制等，降低重新招拍挂对市场主体带来的失去土地使用权的风险以及融资成本，另一方面增加间接的利益捕获机制，以用地与实物的形式捕获，降低融资成本与公共设施实现的谈判成本。(3) 合理组合利益捕获与利益限制机制。利益限制机制的使用可以控制市场主体的获益空间，是在利益捕获机制放宽后维护社会公平、降低政治风险的辅助机制。利益限制机制在其他国家和地区的利益还原制度设计中少有出现，具有一定的中国特色。利益限制机制中具有普适性的做法是对土地与物业分割转让的限制以及对综合效益的监管。将限转机制与增值收益分成机制相结合，综合效益监管与土地年租制相结合，有利于降低交易成本。

第八章　结论与展望

第一节　主要结论

(一) 城市规划利益还原需同时考虑公平原则和效率原则

城市规划利益还原的本质是实现城市规划所产生土地利益的正义分配。西方政治经济学的正义观中,功利主义过于强调效率,忽视了个人权利的平等,社会公平视角具有批判性,但忽视了实施的效率,平等主义的正义观提出差异原则,在满足最不利者最大利益的前提下平衡效率和公平。本书以平等主义的正义观为主要依据,提出城市规划利益还原的原则,认为对城市规划调整带来的利益改变进行分配,一方面要遵循公平原则,使受益者负担,受损者得到补偿,此原则下土地权利人的增值收益应与社会进行共享;但利益共享会因降低市场激励而导致效率损失,因此效率原则指出对效率的追求要以实现最不利者的最大利益为目标,也即土地权利人的利益共享和土地改良的间接收益两部分之和最大。为实施公平原则,需要将土地权利中的收益权进行划分和界定,由土地发展权制度与土地用途管制制度的结合来实现;为实施效率原则,需通过制度设计降低土地开发过程中的交易成本。

(二) 境外城市规划利益还原依靠宏观和微观的多种制度组合实现,以公平为前提,其对制度的选择同时体现了城市规划利益还原的效率原则

通过对英国、美国、中国台湾和中国香港的制度概况进行分析,总结出宏观和微观的利益还原机制。宏观的利益还原机制内生于该国家或地区的宏观土地制度中,如土地储备制度、市地重划制度等。微观的利益还原机制包括直接和间接两类,直接的利益还原机制是以土地租税费的形式直接收取的土地利益;间接的利益还原机制主要指规划管理中实行规划得益、奖励区划和发展权转移等方式,以实物或用地的形式还原的利益。

基于强制征收权利的土地储备制度以及具有国家强制性的土地租税费制

度，在利益还原中具有更高的强制性，通常能更好地保证城市规划利益的社会共享，但灵活性较差，交易成本较高；基于参与和协商的市地重划制度以及间接的规划得益等方式，具有更多的灵活性和谈判空间，交易成本相对较低，但在土地利益还原的强度上不如前者。现代各个国家和地区在实施城市规划的利益还原时，开始更多地采用市地重划和间接的规划管理手段，即通过在土地利益还原强度上的让渡降低交易成本，实现经济、社会以及环境的综合利益提升，符合城市规划利益还原的效率原则。

（三）中国现阶段开发区工业用地更新受阻的关键在于现行利益还原制度的交易成本过高

在中国城市土地国有、土地有偿出让的制度背景下，土地储备成为中国土地增值利益还原的主要机制。土地储备后通过招标、拍卖、挂牌等方式获得的土地有偿出让收入占中国土地总收入的比重达到了六到八成，而土地税费在其中所占比例相对较低。而间接的利益还原在实施中存在较多问题，实现利益还原的效果甚微。

经历了改革开放三十多年的发展，中国的工业开发区面临转型升级的挑战，产生了工业用地更新的需求。为了促进制造业发展，工业用地的供应存在价格偏低、市场化程度相对较低的特点，这使得工业用地在更新中产生的增值利益巨大。因此，现阶段必须采取土地收储再重新招拍挂的方式进行工业用地的更新，以保证政府对土地增值收益的回收。但土地收储重新招拍挂的利益还原方式交易成本较高。一方面政府收回土地的谈判成本、补偿成本和时间成本高昂。另一方面，土地原权利人不愿承担重新招拍挂过程中失去土地使用权的风险，这是利益还原制度设计需要解决的难点问题。

（四）开发区工业用地更新利益还原机制分析与绩效评价模型的要点

（1）开发区工业用地更新利益还原的不同模式是利益捕获与利益限制机制的差异化组合。利益捕获是利益还原的核心机制，政府通过收取土地出让金、土地增值收益的分成以及获取公益贡献的方式对土地增值的利益进行捕获。除此之外，政府通过在规划条件与土地合同中写入限制性的条款，对市场获益的范围进行限制，是进行利益还原的辅助性机制，包括分割转让限制、受益主体限制和综合效益监管等措施。

（2）开发区工业用地更新过程的交易成本包括政府的成本和市场的成本。政府方面的成本主要包括土地收回的谈判成本、允许自主转型的政治风险以及规划调整的成本；市场方面的成本主要包括修改规划条件的成本、修改土地合同的成本、融资成本以及规划调整后的使用限制。对交易成本产生影响的主要利益还原机制特征包括是否可以直接补交地价、补交地价的标准与方式、是否限制分割转让、是否需要公共贡献等。

(3) 开发区工业用地更新利益还原模式的绩效评价有两个维度，一方面是土地利益的还原强度，另一方面是交易成本影响下工业用地更新带来的综合效益。土地利益还原的强度指政府在工业用地更新过程中通过各种方式收取的土地租税费及与开发商公共贡献等价的货币金额之和占土地增值总收益的比重，比重越高，利益还原强度越大。综合效益包括经济收益、社会收益和环境收益等，实际实施效果受到交易成本大小的影响。

(五) 中国开发区工业用地更新利益还原模式与绩效分析的结论

北京、上海和深圳的开发区面临不同的城市用地开发压力及宏观政策背景，因此选择了不同的利益还原机制，典型机制可概括为土地收储模式、利益限制模式及利益捕获和利益限制有机结合模式。土地收储模式通过采取土地收回重新招拍挂的方式，保证土地利益还原的强度，规避政治风险，但交易成本极高。该模式适用于工业用地更新的压力相对较小，政策环境较为敏感的地区以及工业用地向商办、居住转型这类土地增值巨大的情况。利益限制模式在放宽土地收回重新招拍挂的限制的同时，实施较为严格的利益限制政策，以规避土地收益流失的政治风险。该模式适用于工业用地更新压力局部较大，政策环境具有一定自主性的地区，并且只适用于工业用地转型为工业研发这类土地增值程度相对较小的情况。利益捕获与利益限制有机结合模式根据不同情况将利益捕获和限制相结合，构建出交易成本较小，公共福利收益较高的模式。该模式适用于工业用地更新压力普遍较大、政策环境宽松的地区中各类工业用地更新的情况。

实施绩效分析的结果显示：(1) 土地收储模式下，通过小幅度的放宽工业用地的土地发展权(兼容中试、小试)，可以规避重新招拍挂的交易成本，虽没有实现土地利益捕获，但局部提升了用地更新的综合效益，在相同的制度限制下，使总福利有所提升。(2) 在利益捕获和利益限制有机结合模式中，工业用地更新为科技研发用地时，间接利益捕获机制可实现与直接利益捕获相同的土地利益还原强度，但交易成本相对较低，可提升综合效益。(3) 在利益捕获与利益限制有机结合的模式下，工业用地更新为商办、居住用地时，由于带来的间接经济、社会、环境收益不如工业用地更新为科技研发用地的情况大，因此需要通过高标准的直接利益捕获增加土地利益还原的强度，同时用低程度的利益限制降低交易成本，实现公共福利最大化。

第二节　研究不足与展望

作为案例中利益还原机制设计最为丰富的城市，深圳试验了一些在别的案例中没有尝试过的新机制，并在系统性的制度框架下不断改变与完善。因此，深圳市工业用地更新中的利益还原机制还值得进行更为深入的研究，通过进一步对项目中各参与主体的访谈，能够更好地展现这些机制的优缺点与适用条件。

另外，由于开发区的工业用地更新在中国许多城市还处于政策探索阶段，本书对利益还原机制的研究只是截取了其中的一个片段，无法把握持续演进的趋势与走向。例如北京市至今还未出台与工业用地更新相关的政策，而上海在近年来处于试点政策的频繁调整期，最新政策的实施效果如何还有待时间的检验。因此，对案例城市进行持续性的追踪，将其政策变动的过程以及各主体在政策变动中的意愿、行动变化记录下来，对于工业用地更新利益还原机制的研究也具有重要意义。

本书的机制研究仍放在既有的宏观制度背景之下，主要讨论的是直接以及间接利益还原机制的优化。而土地税作为国际上进行城市规划利益还原的重要手段，在中国现阶段发挥的作用仍然很有限。在工业用地更新中，土地税的实施前景如何，本书并未列入重点讨论。在未来的研究中，可对土地税改革给予更多关注。

参考文献

Ⅰ 中文文献

[1] 阿罗. 社会选择：个性与多准则[M]. 钱晓敏，等，译. 北京：首都经济贸易大学出版社，2000.

[2] 奥兹 W. 财产税与地方政府财政[M]. 丁成日，译. 北京：中国税务出版社，2005.

[3] 庇古. 福利经济学[M]. 何玉长，丁晓钦，译. 上海：上海财经大学出版社，2009.

[4] 边沁. 道德与立法原理导论[M]. 时殷弘，译. 北京：商务印书馆，2005.

[5] 布坎南. 自由、市场与国家[M]. 吴良健，桑伍，曾获，译. 北京：北京经济学院出版社，1988.

[6] 陈佛保，郝前进. 环境市政设施的邻避效应研究——基于上海垃圾中转站的实证分析[J]. 城市规划，2013，8：72－77.

[7] 陈士银，周飞. 城市土地储备制度：绩效、困境及其完善[J]. 城市问题，2007(2)：20－23.

[8] 陈顺清. 城市增长与土地增值[M]. 北京：科学出版社，2000.

[9] 楚建群，许超诣，刘云中. 论城市工业用地"低价"出让的动机和收益[J]. 经济纵横，2014，5：59－63.

[10] 范辉，董捷. 征地中土地增值来源及其分配的产权经济学分析[J]. 国土资源科技管理，2006，3：62－66.

[11] 冯健，等. 开发区产业配套研究[M]. 北京：中国建筑工业出版社，2012.

[12] 冯立，唐子来. 产权制度视角下的划拨工业用地更新：以上海市虹口区为例[J]. 城市规划学刊，2013，5：23－29.

[13] 傅十和. 土地投机与地价泡沫[J]. 中国土地科学，1999，2：23－26.

[14] 高洁，廖长林. 英、美、法土地发展权制度对中国土地管理制度改革的启示[J]. 经济社会体制比较，2011，4：206－213.

[15] 郭莉. 审慎的转折：在市场与分配正义之间[D]. 杭州：浙江大学，2002.

[16] 郭素君，莫湖燕. "产业转型"促进"空间转型"——以深圳市宝安区为例[C]//转型与重构——中国城市规划年会，中国江苏南京，2011.

[17] 郭湘闽. 土地再开发机制约束下的旧城更新困境剖析[J]. 城市规划，2008，10：42－49.

[18] 郭雨露. 土地开发权视角下旧城更新规划变革的探讨[D]. 广州：华南理工大学，2012.

[19] 哈维 J，乔赛 E. 城市土地经济学[M]. 夏业良，译. 福州：福建人民出版社，2012.

[20] 哈耶克. 自由有秩序原理[M]. 邓正来，译. 北京：三联书店，1997.

[21] 韩明. 从土地增值利益分配视角浅析城中村改造的问题与对策[D]. 北京：清华大学，2007.

[22] 何建华. 分配正义论[M]. 北京：人民出版社，2007.

[23] 何子张，李晓刚. 土地开发权分享视野下的旧厂房改造策略研究——基于厦门实践的思考[C]//城市时代，协同规划——2013 中国城市规划年会，中国山东青岛，2013.

[24] 洪燕. 开发区生命周期的研究[D]. 上海：复旦大学，2006.

[25] 胡静. 美国的土地开发权转让制度及成效借鉴[J]. 时代经贸，2007，S9：61 - 62.

[26] 胡兰玲. 土地发展权论[J]. 河北法学，2002，20(2)：143 - 146.

[27] 胡士戡，石来德，胡际峰. 城市土地增值收益管理研究综述与经验借鉴[J]. 经济论坛，2009，4：47 - 49.

[28] 胡映洁，吕斌. 工业开发区转型的土地增值收益分配机制研究——基于中国三大都市圈重点开发区的调研[C]//城乡治理与规划改革——2014 中国城市规划年会，中国海南海口，2014.

[29] 华生. 城市化转型与土地陷阱[M]. 北京：东方出版社，2014.

[30] 黄珏. 转型要求下上海工业用地规划与管理的创新思考[C]//多元与包容——2012 中国城市规划年会，中国云南昆明，2012.

[31] 惠彦，陈雯. 英国土地增值管理制度的演变及借鉴[J]. 中国土地科学，2008，7：59 - 66.

[32] 蒋礼仁，李宗平. 基于土地开发收益的轨道交通间接利益还原模式研究[J]. 交通运输工程与信息学报，2010，2：56 - 59，80.

[33] 金俭，吕翾. 论台湾土地开发许可制及其对大陆地区的启示[J]. 湖南师范大学社会科学学报，2013，3：47 - 54.

[34] 科斯. 企业、市场与法律[M]. 盛洪，陈郁，译. 上海：格致出版社·上海三联书店·上海人民出版社，2009.

[35] 赖江浩，杨志. 开发区转型的空间组织研究——以吴江经济技术开发区控规为例[C]//规划创新——2010 中国城市规划年会，中国重庆. 2010.

[36] 李嘉碧. 基于土地租税费的土地增值收益分配研究[D]. 华南理工大学，2011.

[37] 李茂. 美国土地审批制度[J]. 国土资源情报，2006，6：24 - 31.

[38] 李特尔. 福利经济学评述[M]. 陈彪如，译. 北京：商务印书馆，2014.

[39] 李晓晖. 城市邻避性公共设施建设的困境与对策探讨[J]. 规划师，2009，12：80 - 83.

[40] 李耀尧. 创新产业集聚与中国开发区产业升级研究[D]. 广州：暨南大学，2011.

[41] 李耀尧. 产业集聚与升级——基于中国开发区产业演变的动态考察[M]. 北京：经济管理出版社，2013.

[42] 廉军伟，薛文理，曾刚. 土地二次开发中各方利益剖析——以上海宝山区为例[J]. 改革与战略，2007，8：34 - 37.

[43] 梁鹤年. 中国城市土地开发增值分配问题与意见[J]. 现代城市研究，1996，3：44 - 48+43.

[44] 廖显赤. 台湾土地制度及其争论[J]. 国土经济，1996，2：31 - 35.

[45] 林坚，许超诣. 土地发展权、空间管制与规划协同[J]. 城市规划，2014，1：26 - 34.

[46] 刘国臻. 论土地发展权在中国土地权利体系中的法律地位[J]. 学术研究，2007，4：84 - 89.

[47] 刘明皓. 土地储备经济分析[D]. 重庆：西南大学，2008.
[48] 刘宇香. 中国城市开发区向综合性新城(区)转型发展研究[D]. 兰州：兰州大学，2009.
[49] 卢梭. 论人类不平等的起源和基础[M]. 李常山，译. 北京：商务印书馆，1997.
[50] 陆国飞. 工业用地限制转让的法律思考——兼论工业用地法律制度体系[J]. 中国不动产法研究，2013，0：178－189.
[51] 罗尔斯. 作为公平的正义：正义新论[M]. 姚大志，译. 北京：中国社会科学出版社，2011.
[52] 洛克. 政府论[M]. 杨思派，译. 北京：中国社会科学出版社，2009.
[53] 吕斌. 南锣鼓巷基于社区的可持续再生实践——一种旧城历史街区保护与发展的模式[J]. 北京规划建设，2012，6：14－20.
[54] 马克思. 资本论(第三卷)[M]. 中共中央马恩列斯著作编译局，译. 北京：人民出版社，1975.
[55] 马倩. 深圳与上海产业用地更新的政策比较[C]//城市时代，协同规划——2013 中国城市规划年会，中国山东青岛，2013.
[56] 穆勒. 政治经济学原理及其在社会哲学上的若干应用(下卷)[M]. 北京：商务印书馆，1991.
[57] 皮黔生，王恺. 走出孤岛——中国经济技术开发区概论[M]. 北京：生活・读书・新知三联书店，2004.
[58] 钱盈，王检亮. 轨道交通开发利益还原计算方法研究[J]. 交通标准化，2011，19：163－167.
[59] 乔治. 进步与贫困[M]. 吴良健，王翼龙，译. 北京：商务印书馆，2010.
[60] 阮家福. 中外土地税收制度的比较与借鉴[J]. 宏观经济研究，2009，9：75－79.
[61] 生青杰. 城中村改造中土地增值收益分配问题探析[J]. 河南师范大学学报(哲学社会科学版)，2012，(04)：93－95.
[62] 施昱年，廖昭雅，秦波. 中国台湾经济增长阶段的城市规划功能演变[J]. 城市发展研究，2009，6：65－70.
[63] 宋家明. 香港的城市规划体系与制度(下)[J]. 北京规划建设，2003，1：59－62.
[64] 孙施文. 美国的城市规划体系[J]. 城市规划，1999，7：43－46.
[65] 孙一铭，严金明. 英伦之域，莫非王土——以使用权为核心的英国土地产权制度的启示[J]. 中国土地，2008，4：55－59.
[66] 唐焱，高明媚. 工业用地供给制度及其绩效评价研究综述[J]. 地域研究与开发，2012，4：113－117.
[67] 唐在富. 中国土地制度创新与土地财税体制重构[M]. 北京：经济科学出版社，2008.
[68] 陶英胜，上海开发区规划建设与城市发展关系的研究[D]. 上海：华东师范大学，2009.
[69] 田莉. 土地有偿使用改革与中国的城市发展——来自香港特别行政区公共土地批租制度的启示[J]. 中国土地科学，2004，6：40－45.
[70] 田莉. 有偿使用制度下的土地增值与城市发展：土地产权的视角分析[M]. 北京：中国建筑工业出版社，2008.
[71] 王宏新，勇越. 城市土地储备制度的异化与重构[J]. 城市问题，2011，5：67－71.
[72] 王兴平，等. 开发区与城市的互动整合——基于长三角的实证分析[M]. 南京：东南大学出版社，2013.

[73] 汪丁丁. 新政治经济学讲义：在中国思索正义、效率与公共选择[M]. 上海：上海人民出版社，2013.
[74] 威廉姆森. 资本主义经济制度：论企业签约与市场签约[M]. 北京：商务印书馆，2002.
[75] 伍山林. 交易费用定义比较研究[J]. 学术月刊，2000，8：8－12.
[76] 谢青，苏振锋，岳亮. 基于土地增值的城中村改造利益分配研究[J]. 宁夏社会科学，2006，5：33－35.
[77] 徐键. 城市规划与开发利益公共还原//朱芒，陈越峰. 现代法中的城市规划——都市法研究初步(下卷)[M]. 北京：法律出版社，2012.
[78] 徐键. 公共负担平等论说的新发展——开发利益的公共还原导论[J]. 社会科学研究，2007，5：30－34.
[79] 徐键. 公共建设规划、开发利益与社会公正——利益回馈的理论与模式[J]. 法治研究，2009，2：8－12.
[80] 阎川. 开发区蔓延反思及控制[M]. 北京：中国建筑工业出版社，2008.
[81] 杨干. 出让土地改变用途如何补缴出让金[N]. 中国国土资源报，2007.
[82] 杨惠. 土地用途管制法律制度研究[M]. 北京：法律出版社，2010.
[83] 杨遴杰，等. 国外土地储备制度及借鉴[J]. 中国土地，2002，5：36－39.
[84] 叶霞飞，蔡蔚. 城市轨道交通开发利益还原方法的基础研究[J]. 铁道学报，2002，24(1)：97－103.
[85] 臧俊梅，李景刚，张效军，等. 基于农地发展权的征地补偿机制构建[J]. 中国国土资源经济，2008，4：29－31.
[86] 曾军平. 自由意志下的集团选择：集团利益及其实现的经济理论[M]. 上海：格致出版社，上海三联书店，上海人民出版社，2009.
[87] 张纯，吕斌. 合作型和谐社区规划途径——北京市东城区交道口的实践案例[J]. 城市发展研究，2009，4：101－105.
[88] 张杰，庞骏. 基于产权制度下的旧城土地调控与失效反思[J]. 规划师，2008，3：14－19.
[89] 张俊，于海燕. 国内外城市土地增值收益分配制度的比较与借鉴[J]. 价格月刊，2008，3：66－68.
[90] 张俊. 英国的规划得益制度及其借鉴[J]. 城市规划，2005，3：49－54.
[91] 张俊. 城市土地增值收益分配问题研究[M]. 北京：地质出版社，2007.
[92] 张俊. 美国土地价值捕获制度及其借鉴[J]. 广东土地科学，2008，1：43－48.
[93] 张立彦. 中国政府土地收益制度研究[M]. 北京：中国财政经济出版社，2010.
[94] 张鹏. 规划管制与土地发展权关系研究评述[J]. 中国土地科学，2010，24(10)：74－78，封3.
[95] 张舒. 基于博弈论视角的开发区土地集约利用研究[D]. 武汉：华中农业大学，2010.
[96] 张艳. 超越规模之争——论开发区的空间发展与转型[J]. 城市规划，2009，11：51－57.
[97] 张翼，吕斌.《拆迁条例》修订与城市更新制度创新初探[J]. 城市规划，2010，10：17－22.
[98] 张翼. 转型期城市更新多元利益平衡机制研究[D]. 北京：北京大学，2009.
[99] 赵宁. 农民对征地增值利益分享的法律制度研究[D]. 重庆：西南政法大学，2011.
[100] 郑国. 基于政策视角的中国开发区生命周期研究[J]. 经济问题探索，2008，9：9－12.

[101] 郑国.开发区发展与城市空间重构[M].北京：中国建筑工业出版社，2010.

[102] 郑静，薛德升，朱竑.论城市开发区的发展：历史进程、理论背景及生命周期[J].世界地理研究，2000，2：79-86.

[103] 郑静.城市开发区发展的生命周期——兼论广州开发区现状及其持续发展策略[J].城市发展研究，1999，1：27-32.

[104] 郑美燕.土地征收中增值收益分享法律问题研究[D].重庆：西南政法大学，2010.

[105] 郑文娟，田传浩，贾生华.国有土地增值收益分配中的公共组织竞争——以杭州市市属工业企业搬迁为例[C]//2008年中国土地学会学术年会，中国安徽合肥.2008.

[106] 朱少鹏.上海市工业园区土地二次开发中各方利益剖析——以漕河泾新兴技术开发区为例[J].中国城市研究，2007，2(3)：116-121.

[107] 祝智慧.基于企业空间需求视角的开发区空间转型研究——以河源高新技术开发区为例[D].广州：中山大学，2012.

[108] 庄翰华，蓝逸之，严胜雄.台湾地区空间规划体系的形成与演变[J].城市与区域规划研究，2009，3：169-184.

[109] 邹兵.由"增量扩张"转向"存量优化"——深圳市城市总体规划转型的动因与路径.规划师，2013，5：5-10.

[110] 邹伟，等.中国土地税费的资源配置效应与制度优化[M].北京：中国科学出版社，2013.

Ⅱ 英文文献

[111] Alexander E R. A transaction cost theory of planning[J]. Journal of the American Planning Association，1992，58(2)：190-200.

[112] Alexander E R. A transaction-cost theory of land use planning and development control：towards the institutional analysis of public planning[J]. Town Planning Review，2001，72(1)：45-75.

[113] Alterman R. Much more than land assembly land readjustment for the supply of urban public services//Hong Y，Needham B. ed. Analyzing Land Readjustment：Economics，Law and Collective Action[M]. Cambridge，MA：Lincoln Institute for Land Policy，2007：57-86.

[114] Alterman R. Land use regulations and property values：The 'Windfalls Capture' idea revisited//The oxford handbook of urban economics and planning[M]. Oxford：Oxford University Press，2012：755-786.

[115] Batt H W. Value capture as a policy tool in transportation economics：an exploration in public finance in the tradition of Henry George[J]. American Journal of Economics and Sociology，2001，60(1)：195-228.

[116] Bowers J. The economics of planning gain：a re-appraisal[J]. Urban Studies，1992，29(8)：1329-1339.

[117] Buitelaar E. A transaction-cost analysis of the land development process[J]. Urban Studies，2004，41(13)：2539-2553.

[118] Bunnell G. Planning gain in theory and practice — negotiation of agreements in Cambridgeshire

[J]. Progress in Planning,1995,44(1): 1-113.

[119] Callies D L,Grant M. Paying for growth and planning gain: an Anglo-American comparison of development conditions, impact fees and development agreements[J]. The Urban Lawyer,1991: 221-248.

[120] Claydon J, Smith B. Negotiating planning gains through the British development control system [J]. Urban studies,1997,34(12): 2003-2022.

[121] Coase, R. H. The problem of social cost[J]. The Journal of Law and Economics, 1960, 3: 1-44.

[122] Connellan O, Lichfield N. Land Value Taxation in Britain for the Benefit of the Community: History, Achievements and Prospects[R]. Cambridge, MA: Lincoln Institute of Land Policy, 1997.

[123] Cooter R. The cost of coase[J]. The Journal of Legal Studies,1982,11(1): 1-33.

[124] Crook A D H, Monk S, Rowley S, et al. Planning gain and the supply of new affordable housing in England: Understanding the numbers[J]. Town Planning Review,2006,77(3): 353-373.

[125] Crook T, Monk S. Planning gains, providing homes[J]. Housing Studies,2011,26(7-8): 997-1018.

[126] Crook T, Whitehead C M E. Social housing and planning gain: is this an appropriate way of providing affordable housing? [J]. Environment and planning A,2002,34(7): 1259-1279.

[127] De Cesare C M. Using the property tax for value capture: a case study from Brazil[J]. Lincoln Land Lines,1998,10(1): 5-6.

[128] Der Krabben E, Needham B. Land readjustment for value capturing: a new planning tool for urban redevelopment[J]. Town Planning Review,2008,79(6): 651-672.

[129] Faus R D. Exactions, impact fees, and dedications — local government responses to nollan/Dolan takings law issues[J]. Stetson L. Rev. ,1999,29: 675.

[130] Gyourko J. Impact fees, exclusionary zoning, and the density of new development[J]. Journal of Urban Economics,1991,30(2): 242-256.

[131] Harvey D. Social Justice and the City[M]. Oxford: Blackwell,1988.

[132] Hong Y H. Transaction costs of allocating increased land value under public leasehold systems: Hong Kong[J]. Urban Studies,1998,35(9): 1577-1595.

[133] Hong Y, Needham B. ed. Analyzing land readjustment: economics, law and collective action [M]. Cambridge, MA: Lincoln Institute for Land Policy,2007.

[134] Hui M, Ho M, Ho H. Land value capture mechanisms in Hong Kong and Singapore: A comparative analysis[J]. Journal of Property Investment & Finance, 2004,22(1): 76-100.

[135] Ihlanfeldt K R, Shaughnessy T M. An empirical investigation of the effects of impact fees on housing and land markets[J]. Regional Science and Urban Economics,2004,34(6): 639-661.

[136] Ingram G. , Hong Y. Land value capture: types and outcomes//Ingram G. and Hong Y. eds. Value capture and land policies[M]. Cambridge, MA: Lincoln Institute of Land Policy, 2012:

3 - 18.

[137] Jayanthakumaran K. Benefit-cost appraisals of export processing zones: A survey of the literature[J]. Development Policy Review, 2003, 21(1): 51 - 65.

[138] Lai L W. The economics of land-use zoning: a literature review and analysis of the work of Coase [J]. Town planning review, 1994, 65(1): 77.

[139] Lai L W. Neo-Institutional economics and planning theory[J]. Planning Theory, 2005, 4(1): 7 - 19.

[140] Lam A H S, Tsui S W. Policies and mechanisms on land value capture: Taiwan case study[R]. Cambridge, MA: Lincoln Institute of Land Policy, 1998.

[141] Lefebvre H. The production of space[M]. Smith D N trans. Oxford: Blackwell, 1991. (Original work published 1974).

[142] Levinson A. Why oppose TDRs?: Transferable development rights can increase overall development[J]. Regional Science and Urban Economics, 1997, 27(3): 283 - 296.

[143] Loughlin M. Planning gain: law, policy, and practice[J]. Oxford J. Legal Stud., 1981, 1: 61.

[144] Martim S. David A. Value capture for Urban Development: An Inter-American Comparison[R]. Cambridge, MA: Lincoln Institute of Land Policy, 2000.

[145] Mathur S, Waddell P, Blanco H. The effect of impact fees on the price of new single-family housing[J]. Urban Studies, 2004, 41(7): 1303 - 1312.

[146] Needham B. Dutch land use planning: planning and managing land use in the netherlands[M]. the Principles and the Practice. Den Haag: Sdu Uitgevers, 2007.

[147] Peterson G E. Unlocking land values to finance urban infrastructure [R]. World Bank Publications, 2009.

[148] Rawls J. A Theory of justice: revised edition[M]. Cambridge, MA: the Belknap Press of Harvard University Pres, 1999.

[149] Rosenberg R H. Changing culture of American land use regulation: paying for growth with impact fees[J]. TheSMUL Rev., 2006, 59: 177.

[150] Rybeck R. Using value capture to finance infrastructure and encourage compact development[J]. Public Works Management & Policy, 2004, 8(4): 249 - 260.

[151] Sargent J, Matthews L. What happens when relative costs increase in export processing zones? Technology, regional production networks, and Mexico's maquiladoras[J]. World Development, 2004, 32(12): 2015 - 2030.

[152] Saxer S R. Planning gain, exactions, and impact fees: a comparative study of planning law in England, Wales, and the United States[J]. The Urban Lawyer, 2000: 21 - 71.

[153] Smith J J, Gihring T A. Financing transit systems through value capture[J]. American Journal of Economics and Sociology, 2006, 65(3): 751 - 786.

[154] Smolka M O, Amborski D. Value capture for urban development: An Inter-American comparison[R]. Research paper of the Lincoln Institute of Land Policy, 2000.

[155] Sorensen A. Conflict, consensus or consent: implications of Japanese land readjustment practice for developing countries[J]. Habitat International, 2000, 24(1): 51 - 73.

[156] Sorensen A. Consensus, persuasion, and opposition: orgnizing land readjustment in Japan// Hong Y, Needham B. ed. Analyzing land readjustment: economics, law and collective action [M]. Cambridge, MA: Lincoln Institute for Land Policy, 2007: 89 - 114.

[157] Wagner W. Strategies of interpretive policy research// Sugiman T, Gergen K J, Wagner W, et al. Meaning in action: constructions, narratives, and representations[M]. Springer, 2008.

[158] Webster C. Public choice, pigouvian and coasian planning theory[J]. Urban Studies, 1998, 35(1): 53 - 75.

[159] Webster C. The new institutional economics and the evolution of modern urban planning: insights, issues and lessons[J]. Town Planning Review, 2005, 76(4): 455 - 502.

[160] Wegner W. Moving toward the bargaining table: contract zoning, development agreements, and the theoretical foundations of government land use deals[J]. NCL Rev. , 1986, 65: 957.

[161] Wiltshaw D G. Planning gain: a theoretical note[J]. Urban Studies, 1984, 21(2): 183 - 187.

[162] Yin R K. Case study research: design and methods[M]. sage, 2009.

[163] Zhang, T. Urban development and a socialist pro-growth coalition in Shanghai[J]. Urban Affairs Review, 2002, 37(4): 475 - 499.

附录 A：主要访谈人员一览表

编号	时间	地点	单位	被访谈人	概况
101	2012.10.23	天津	天津滨海新区	规土局处长	滨海新区的发展定位、管理体制概况
102	2012.10.24	天津	天津泰达开发区	管委会政研室主任、建设与交通局总工	泰达进行转型升级的主要问题、模式
201	2012.11.5	北京	北京亦庄开发区	产促局局长	亦庄转型升级的概况、主要问题、土地政策等
202	2012.11.12	深圳	北京亦庄某开发公司	经理	公司在试图进行转型升级时遇到的障碍
203	2014.10.20	北京	北京亦庄某开发公司	经理	某楼转型升级案例情况
204	2015.1.13	北京	北京亦庄开发区管委会规划局	项目负责人	北京亦庄开发区转型发展问题
301	2012.11.8	广州	广州市规划局	总工	广州城市发展的概况、三旧改造的政策概况
302	2012.11.9	广州	广州开发区	管委会主任、政研室副主任、国有资产投资公司副总经理	广州开发区转型发展的趋势、土地问题及其对策、如双转移等
401	2012.11.12	深圳	深圳龙华新区	龙华管理局局长、更新科与规划科科长	深圳城市更新的实施流程、主要问题、主要突破与创新
402	2012.11.13	深圳	深圳产学研基地	规划设计研究院副主任	深圳城市更新、工业区更新的机制

续表

编号	时间	地点	单 位	被访谈人	概 况
403	2012.11.14	深圳	深圳蕾奥城市规划设计咨询有限公司	副院长、总规划师	深圳工业用地更新相关案例、天津等其他蕾奥公司参与的更新项目案例、机制
501	2012.11.21	苏州	苏州工业园区	管委会规划建设局市政规划处处长、规划师	苏州工业园土地二次开发问题与政策
601	2012.11.22	上海	浦东新区	张江高科、金桥开发区规土委处长	两开发区发展概况、土地二次开发概况
602	2012.11.23	上海	张江高科	张江高科开发总公司经理	开发区进行土地变性的具体操作
603	2012.11.23	上海	上海市规土局	上海市规土局工作人员(2人)、北京亦庄规划局项目人员	漕河泾开发区二次开发机制、上海三不变土地政策
604	2014.7.8	上海	中国城市规划设计研究院上海分院	分院院长	上海工业用地更新制度演变
605	2014.7.8	上海	中国城市规划设计研究院上海分院	项目负责人	上海漕河泾浦江园区规划调整项目情况
606	2014.8.1	上海	中国城市规划设计研究院上海分院	项目负责人(2人)	上海青浦开发区转型发展情况
607	2014.8.4	上海	上海青浦区徐泾镇政府	镇长、分管产业的副镇长	徐泾镇产业转型发展现状
608	2014.8.4	上海	上海青浦区五天实业公司	总经理	五天实业文化创意产业园区发展情况与存在的问题
609	2014.8.5	上海	上海漕河泾开发公司浦江分公司	规划部门经理	上海漕河泾浦江园区转型发展情况与规划调整项目概况
610	2014.12.16	上海	上海市浦东新区规划院	项目负责人	上海某产业带转型规划情况
611	2014.12.22	上海	上海浦东新区某镇政府	规建处主任	上海某产业带转型规划情况
612	2014.12.22	上海	上海某产业带实业公司	部门经理	上海某产业带转型规划情况

附录B：主要政策文件与规划资料一览表

政策文件

编号	年份	文　件　名　称	颁布单位
1	2007	招标拍卖挂牌出让国有建设用地使用权规定	国土资源部
2	2004	关于停止经营性项目国有土地使用权协议出让的补充规定	北京市国土房管局等
3	2009	关于推进“三旧”改造促进节约集约用地的若干意见	广东省人民政府
4	2011	苏州市人民政府关于印发苏州市专项服务产业项目建设用地出让实施意见的通知	苏州市政府
5	2005	关于加强本市工业节约集约用地的指导意见	上海市经委 上海市发展改革委
6	2008	关于进一步加强土地集约利用，合理核定郊区工业用地规划指标的意见（沪规区〔2008〕287号）	上海市城市规划管理局
7	2008	关于促进土地节约集约利用加快经济发展方式转变的若干意见（沪府办发〔2008〕37号）	上海市房屋土地资源管理局
8	2011	关于委托区县办理农转用和土地征收手续及进一步优化控制性详细规划审批流程的实施意见（沪规土资地〔2011〕1023号）	上海市规划和国土资源管理局
9	2011	关于在张江国家自主创新示范区试点进一步开展产业用地节约集约利用的若干意见（〔2011〕1056号）	上海市房屋土地资源管理局
10	2012	关于贯彻住房城乡建设部《建设用地容积率管理办法》有关控制性详细规划容积率管理的实施意见（沪规土资详〔2012〕403号）	上海市规划和国土资源管理局
11	2012	关于进一步加强工业用地内“非生产性”建筑规划土地管理的通知（沪规土资详〔2012〕549号）	上海市规划和国土资源管理局

续表

编号	年份	文件名称	颁布单位
12	2013	关于增设研发总部类用地相关工作的试点意见（沪规土资地〔2013〕153号）	上海市规划和国土资源管理局
13	2013	关于统筹优化全市工业区块布局若干意见（沪府发〔2013〕33号）	上海市人民政府
14	2014	关于进一步提高本市土地节约集约利用水平若干意见的通知（沪府发〔2014〕14号）	上海市人民政府
15	2014	关于本市盘活存量工业用地的实施办法（试行）（沪府办〔2014〕25号）	上海市人民政府
16	2014	关于加强本市工业用地出让管理的若干规定（试行）（沪府办〔2014〕26号）	上海市人民政府
17	2007	关于工业区升级改造的若干意见（深府〔2007〕75号）	深圳市人民政府
18	2008	关于推进我市工业区升级改造试点项目的意见（深府办〔2008〕35号）	深圳市人民政府办公厅
19	2008	关于加快推进我市旧工业区升级改造的工作方案（深府办〔2008〕93号）	深圳市人民政府办公厅
20	2009	关于推进“三旧”改造促进节约集约用地的若干意见（粤府〔2009〕78号）	广东省人民政府
21	2009	深圳市城市更新办法（深府〔2009〕211号）	深圳市人民政府
22	2010	关于拆除重建类城市更新项目实施主体确认工作的通知（深规土〔2010〕207号）	深圳市规划和国土资源委员会
23	2010	深圳市城市更新单元规划制定计划申报指引（试行）（深规土〔2010〕16号）	深圳市规划和国土资源委员会
24	2010	关于试行《城市更新单元规划审批操作规则》的通知（深规土〔2010〕706号）	深圳市规划和国土资源委员会
25	2010	关于深入推进城市更新工作的意见（深府〔2010〕193号）	深圳市人民政府
26	2012	深圳市城市更新办法实施细则（深府〔2012〕1号）	深圳市人民政府
27	2012	关于加强和改进城市更新实施工作的暂行措施（深府办〔2012〕45号）（2014年5月27日废止）	深圳市人民政府办公厅
28	2013	深圳市工业楼宇转让管理办法（试行）（深府办〔2013〕3号）	深圳市人民政府办公厅
29	2014	关于加强和改进城市更新实施工作的暂行措施（深府办〔2014〕）	深圳市人民政府办公厅

规划资料

编号	名　　　称
1	北京亦庄新城总体规划(2005—2020)
2	天津经济技术开发区工业区升级改造概念总体规划资料
3	上海浦东新区某工业园区控制性详细规划(2008)
4	上海浦东新区某产业带控制性详细规划过程方案(2012)
5	上海浦东新区某产业带控制性详细规划过程方案(2014)
6	上海浦东新区某产业带控制性详细规划历次项目会议纪要
7	上海浦东新区某产业带地块 A 申请调整规划的历次申请与批复
8	上海产业结构调整中的用地对策研究——以金桥出口加工区为例
9	苏州新城(苏州工业园区)发展战略规划(2006)
10	深圳市龙华新区综合发展规划(2012—2020)
11	深圳市宝安区福永街道塘尾第一工业区城市更新单元规划
12	深圳市龙岗区坂田街道华为电气机加工厂房城市更新单元规划
13	深圳市工业区升级改造总体规划纲要(2007—2020)

附录 C：案例材料编码汇总

主　题	核心编码——初始编码
博弈关系	节点\\博弈关系\地方政府与市区政府的利益不同
	节点\\博弈关系\市场缺乏参与政策制定的途径
	节点\\博弈关系\优势企业的强势地位
	节点\\博弈关系\政府的强势
	节点\\博弈关系\政府的强势\小企业在转型谈判中处于弱势地位
公共设施的实现	节点\\公共设施的实现\公共服务设施的比例要求
	节点\\公共设施的实现\公共设施的实施主体为国有开发主体
	节点\\公共设施的实现\公共设施的实现依靠土地收储
	节点\\公共设施的实现\公共设施的实现依靠政府
	节点\\公共设施的实现\公共设施改善费用由市场与政府协商负担
	节点\\公共设施的实现\公共设施实施需要协调
	节点\\公共设施的实现\开发商公共设施贡献
	节点\\公共设施的实现\企业贡献公共设施用地
	节点\\公共设施的实现\重新规划基础设施
	节点\\公共设施的实现\重新规划基础设施\考虑存量建筑
规划调整过程	节点\\规划调整过程\104 区块发展指引
	节点\\规划调整过程\104 区块发展指引\104 区块不需转型
	节点\\规划调整过程\104 区块发展指引\104 区块之内进行产业发展
	节点\\规划调整过程\195 区块转型发展指引
	节点\\规划调整过程\195 区块转型发展指引\195 区块转向商务办公研发
	节点\\规划调整过程\195 区块转型发展指引\195 区块转型发展
	节点\\规划调整过程\195 区块转型发展指引\195 区块转型应达到 70%
	节点\\规划调整过程\调整容积率的限度差别
	节点\\规划调整过程\分析转型发展方向
	节点\\规划调整过程\规划编制协调
	节点\\规划调整过程\规划审批受到行政区划调整影响
	节点\\规划调整过程\规划审批条件

续表

主　题	核心编码——初始编码
	节点\\规划调整过程\规划需整单元编制
	节点\\规划调整过程\将工业用地与研发用地分开
	节点\\规划调整过程\开发权获取的公益贡献协商
	节点\\规划调整过程\控规修编
	节点\\规划调整过程\区域内进行工业用地更新统筹
	节点\\规划调整过程\上位政策的指引作用
	节点\\规划调整过程\申请调整的产业认定过程
	节点\\规划调整过程\未达到转型比例要求无法通过规划审批
	节点\\规划调整过程\未达到转型比例要求无法通过规划审批\转型不足70%
	节点\\规划调整过程\未达到转型比例要求无法通过规划审批\转型实施性差
	节点\\规划调整过程\无规划指导土地不能开发
	节点\\规划调整过程\需要编制转型规划
	节点\\规划调整过程\已有规划全覆盖
	节点\\规划调整过程\政府对现有规划进行评估
	节点\\规划调整过程\转型规划的策略分类
	节点\\规划调整过程\转型规划的策略分类\保留企业的标准提高
	节点\\规划调整过程\转型规划的策略分类\分为转型 保留 新增
	节点\\规划调整过程\转型规划的策略分类\进行企业调查
	节点\\规划调整过程\转型规划的策略分类\进行企业调查\企业访谈
	节点\\规划调整过程\转型规划的策略分类\进行企业调查\问卷调查
	节点\\规划调整过程\转型规划的策略分类\考虑地块大小
	节点\\规划调整过程\转型规划的策略分类\考虑发展预期
	节点\\规划调整过程\转型规划的策略分类\考虑工业物业形态
	节点\\规划调整过程\转型规划的策略分类\考虑企业发展现状
	节点\\规划调整过程\转型规划的策略分类\考虑企业转型意愿
	节点\\规划调整过程\转型规划的策略分类\考虑税收贡献
	节点\\规划调整过程\转型规划的策略分类\考虑土地政策
	节点\\规划调整过程\转型规划的策略分类\考虑土地政策\进行土地权属调查
	节点\\规划调整过程\转型规划的策略分类\考虑土地政策\优化土地边界
	节点\\规划调整过程\转型规划的策略分类\转型策略的调整
国有开发主体的特殊性	节点\\国有开发主体的特殊性\国有开发主体的政府职能
	节点\\国有开发主体的特殊性\国有开发主体开发标准厂房出租
	节点\\国有开发主体的特殊性\国有开发主体靠税收维持运营

续表

主　题	核心编码——初始编码
	节点\\国有开发主体的特殊性\国有开发主体收购土地
	节点\\国有开发主体的特殊性\开发区主体重视企业发展
	节点\\国有开发主体的特殊性\园区开发主体看中产业发展的综合效益
	节点\\国有开发主体的特殊性\园区开发主体相对不看中土地出让金
宏观背景	节点\\宏观背景\城市整体的转型升级政策
	节点\\宏观背景\城市政府对建设用地的严格控制
	节点\\宏观背景\国家政策支持
	节点\\宏观背景\开发区竞争要求转型
	节点\\宏观背景\企业生命周期需要转型
	节点\\宏观背景\区位条件改善，转型条件成熟
	节点\\宏观背景\区位条件改善，转型条件成熟\吸引中心城企业外溢落户
	节点\\宏观背景\上海市发展对张江功能综合化的需求
	节点\\宏观背景\上级政府对土地利用效率的要求提升
	节点\\宏观背景\市场自身的转型趋势
	节点\\宏观背景\市政府制定工业用地分区指引
	节点\\宏观背景\土地价值市场潜力
	节点\\宏观背景\园区逐步发展成熟，客户越来越多
	节点\\宏观背景\园区逐步发展成熟，客户越来越多\租金上涨
	节点\\宏观背景\政策不确定性
	节点\\宏观背景\政策缺乏实施细则
	节点\\宏观背景\制造业实体经济不景气
市场的成本	节点\\市场的成本\补交地价高降低企业转型意愿
	节点\\市场的成本\调整容积率时间成本高
	节点\\市场的成本\调整容积率土地价格成本高
	节点\\市场的成本\改建的建设成本不高
	节点\\市场的成本\规划审批时间成本
	节点\\市场的成本\规划协调成本
	节点\\市场的成本\降低未来市场不确定性
	节点\\市场的成本\客户临时安置成本
	节点\\市场的成本\提前终止合同的违约成本
	节点\\市场的成本\提前终止合同的违约成本\出租成本相对低
	节点\\市场的成本\土地紧张，土地低效利用的机会成本高
	节点\\市场的成本\未来市场不确定性
	节点\\市场的成本\闲置成本低
	节点\\市场的成本\限转对资金回收的影响

续表

主　题	核心编码——初始编码
	节点\\市场的成本\一次性补交地价金额巨大
	节点\\市场的成本\原权利人市场风险
	节点\\市场的成本\原权利人市场风险\补交地价可接受
	节点\\市场的成本\原权利人市场风险\补交地价可接受\补交地价开发商接受
	节点\\市场的成本\原权利人市场风险\补交地价可接受\调整为研发地价优惠
	节点\\市场的成本\原权利人市场风险\补交地价可接受\企业接受补地价
	节点\\市场的成本\原权利人市场风险\调整为研发不用招拍挂
	节点\\市场的成本\原权利人市场风险\开发权的协议获取
	节点\\市场的成本\原权利人市场风险\企业转移成本高
	节点\\市场的成本\原权利人市场风险\原权利人持有土地意愿强烈
	节点\\市场的成本\原权利人市场风险\重新招拍挂存在市场风险
	节点\\市场的成本\原权利人市场风险\重新招拍挂资金成本高
	节点\\市场的成本\转型改造的时间成本
	节点\\市场的成本\资金回收周期
市场的收益	节点\\市场的收益\企业不转型的竞争压力
	节点\\市场的收益\原权利人低机会成本
	节点\\市场的收益\原权利人低机会成本\持有成本低
	节点\\市场的收益\原权利人低机会成本\持有成本低\原合同租金低
	节点\\市场的收益\原权利人低机会成本\持有成本低\原权利人持有土地代价低
	节点\\市场的收益\原权利人低机会成本\持有成本低\租金成本不高
	节点\\市场的收益\原权利人低机会成本\原权利人自发改变功能存在寻租空间
	节点\\市场的收益\转型改造后收益提高
	节点\\市场的收益\转型改造后收益提高\调整建筑功能后出租率提升
	节点\\市场的收益\转型后提高转卖收益
市场的意愿	节点\\市场的意愿\标准厂房做研发的意愿
	节点\\市场的意愿\拆迁补偿市场化，没有利益的土地没人开发
	节点\\市场的意愿\企业不愿意调整为商办用地
	节点\\市场的意愿\企业观望转型代价
	节点\\市场的意愿\企业规避失去土地使用权的风险
	节点\\市场的意愿\企业接受税收要求
	节点\\市场的意愿\企业接受退出重新拿地
	节点\\市场的意愿\企业接受限转
	节点\\市场的意愿\企业进行产业转型的意愿强
	节点\\市场的意愿\企业看中配套环境逐渐成熟
	节点\\市场的意愿\企业考虑已经收回成本

续表

主　题	核心编码——初始编码
	节点\\市场的意愿\企业考虑转型的市场潜力
	节点\\市场的意愿\企业希望保持工业用地
	节点\\市场的意愿\企业希望调整用地规划
	节点\\市场的意愿\市场主体持有土地的愿望强烈
	节点\\市场的意愿\限转降低转型意愿
	节点\\市场的意愿\限转开发商接受
	节点\\市场的意愿\重新招拍挂影响企业转型意愿
	节点\\市场的意愿\转型时间影响市场投资意愿
土地处置条件	节点\\土地处置条件\不限制分割转让
	节点\\土地处置条件\对国有企业区别对待
	节点\\土地处置条件\工业用地年限弹性出让，全生命周期管理
	节点\\土地处置条件\土地股权结构改变的限制
	节点\\土地处置条件\限制分割转让
	节点\\土地处置条件\园区开发主体不限转
	节点\\土地处置条件\转让前需额外补交优惠的地价
	节点\\土地处置条件\转让需上缴一定比例增值收益
土地交易过程	节点\\土地交易过程\补交地价的标准
	节点\\土地交易过程\补交地价的标准\2 转 2、2 转 2.5 地价标准
	节点\\土地交易过程\补交地价的标准\2 转 3 地价标准
	节点\\土地交易过程\调整地性、提升容积率需补交地价
	节点\\土地交易过程\调整地性需重新招拍挂
	节点\\土地交易过程\对补交地价进行第三方市场评估
	节点\\土地交易过程\改变建筑功能需补交地价
	节点\\土地交易过程\工业用地可以定向出让
	节点\\土地交易过程\工业用地转为其他经营性用地需重新招拍挂
	节点\\土地交易过程\工业用地转为研发类可通过增补地价不需招拍挂
	节点\\土地交易过程\开发主体作为桥梁进行土地转让
	节点\\土地交易过程\企业退出机制，全生命周期管理
	节点\\土地交易过程\缩短厂房出租年限
	节点\\土地交易过程\通过增补地价调整边界
	节点\\土地交易过程\土地使用年限
	节点\\土地交易过程\用地更新可通过土地收储进行
	节点\\土地交易过程\园区开发主体可以定向拿工业和研发用地
	节点\\土地交易过程\允许自发改变功能
	节点\\土地交易过程\允许自发更新

续表

主　题	核心编码——初始编码
	节点\\土地交易过程\允许自发更新\自发更新的单一权利主体要求
土地使用条件	节点\\土地使用条件\对开发条件进行限制
	节点\\土地使用条件\工业用地不允许注册研发
	节点\\土地使用条件\工业用地条件严格
	节点\\土地使用条件\工业用地允许做研发
	节点\\土地使用条件\监管项目类型、环境、注册
	节点\\土地使用条件\限制容积率
	节点\\土地使用条件\研发用地配套规定
	节点\\土地使用条件\研发用地容积率上限高
项目现状	节点\\项目现状\项目的发展历程
	节点\\项目现状\项目的发展历程\开发时间早
	节点\\项目现状\项目的发展历程\没有规划指导的开发
	节点\\项目现状\项目的发展历程\没有规划指导的开发\按照企业需求划地
	节点\\项目现状\项目的发展历程\享受招商引资优惠政策
	节点\\项目现状\项目的规划现状
	节点\\项目现状\项目的规划现状\过去定位不高
	节点\\项目现状\项目的规划现状\片区规划未覆盖
	节点\\项目现状\项目的规划现状\无规划指导土地无法办理开发手续
	节点\\项目现状\项目的区位、产业发展现状
	节点\\项目现状\项目的区位、产业发展现状\产业能级较低
	节点\\项目现状\项目的区位、产业发展现状\产业能级较低\镇级工业区
	节点\\项目现状\项目的区位、产业发展现状\带状空间
	节点\\项目现状\项目的区位、产业发展现状\宏观区位条件改变
	节点\\项目现状\项目的区位、产业发展现状\区位条件不好
	节点\\项目现状\项目的区位、产业发展现状\行政区划属性
	节点\\项目现状\项目的区位、产业发展现状\早期引进一些较好企业
	节点\\项目现状\项目的区位、产业发展现状\周边发展条件
	节点\\项目现状\项目的区位、产业发展现状\周边发展条件\交通分割严重
	节点\\项目现状\项目的区位、产业发展现状\属于 195 区块
	节点\\项目现状\项目的区位、产业发展现状\转型为金融办公的条件不利
	节点\\项目现状\项目的土地开发现状
	节点\\项目现状\项目的土地开发现状\部分地块边界不规则不利使用
	节点\\项目现状\项目的土地开发现状\存在少量未开发土地
	节点\\项目现状\项目的土地开发现状\工业用地为主
	节点\\项目现状\项目的土地开发现状\国有土地为主

续表

主　题	核心编码——初始编码
	节点\\项目现状\项目的土地开发现状\进行标准厂房出租
	节点\\项目现状\项目的土地开发现状\用地开发基本完成
	节点\\项目现状\项目的土地开发现状\早期以土地出让为主
	节点\\项目现状\项目企业入驻情况
	节点\\项目现状\项目企业入驻情况\设计缺陷导致对生产性企业出租率低
	节点\\项目现状\项目企业入驻情况\小规模配套商进入园中园
	节点\\项目现状\项目企业入驻情况\小型技术研发落户
	节点\\项目现状\项目企业入驻情况\小型技术研发落户\看中区位和低房租
政策的激励	节点\\政策的激励\降低政策的不确定性
	节点\\政策的激励\新增 C65 用地
	节点\\政策的激励\新增 C65 用地\C65 比工业用地使用限制少
	节点\\政策的激励\新增 C65 用地\C65 比商办用地价格便宜
	节点\\政策的激励\新增 C65 用地\C65 比商办用地使用限制多
	节点\\政策的激励\新增 C65 用地\C65 的临时性
	节点\\政策的激励\新增 C65 用地\C65 价格标准
	节点\\政策的激励\新增 C65 用地\M4 功能调整为 C65 用地
	节点\\政策的激励\新增 C65 用地\新增 C65 需要进行招拍挂出让
	节点\\政策的激励\新增 C65 用地\早期存在 M4 类用地
	节点\\政策的激励\允许不进行重新招拍挂
政府的成本	节点\\政府的成本\对自发改变建筑功能的情况无法监管
	节点\\政府的成本\国有资产流失风险
	节点\\政府的成本\企业生命周期与土地出让年限不匹配，土地收回困难
	节点\\政府的成本\收回土地政府财政压力大
	节点\\政府的成本\土地确权成本
	节点\\政府的成本\土地收购的价格高于基准价
	节点\\政府的成本\土地收回难度大
	节点\\政府的成本\政府存在空间统筹障碍
	节点\\政府的成本\政府间的利益分配协调
	节点\\政府的成本\政府间的利益分配协调\市区镇政府利益分配
	节点\\政府的成本\政府收回谈判成本
	节点\\政府的成本\政府收回谈判成本\拆迁补偿市场化，成本快速上涨
	节点\\政府的成本\政府收回谈判成本\区域内不同地块的协调难度大
	节点\\政府的成本\政府收回谈判成本\土地收回补偿成本巨大
	节点\\政府的成本\政府收回谈判成本\土地收回补偿成本巨大\提前终止合同的违约成本

续表

主　题	核心编码——初始编码
政府的收益	节点\\政府的成本\转化土地确权成本 节点\\政府的成本\自发转型的市场公平性问题 节点\\政府的收益\盘活建设用地指标 节点\\政府的收益\企业促进转型 节点\\政府的收益\转型带来税收增长 节点\\政府的收益\转型带来土地收益 节点\\政府的收益\转型改变人口结构
政府的意愿	节点\\政府的意愿\研发需要政府培育 节点\\政府的意愿\政府对环境影响的敏感 节点\\政府的意愿\政府看中工业用地的长期收益 节点\\政府的意愿\政府让利的权衡 节点\\政府的意愿\政府相对不重视土地收益 节点\\政府的意愿\政府重视土地收益 节点\\政府的意愿\政府重视转型综合效益

后　记

感谢我的工作单位上海社会科学院应用经济研究所，让我有机会及时地将博士论文出版。我的博士论文是在 2015 年 6 月完成答辩的。在我整理数据、写作和准备毕业的这段时间里，中国工业用地更新的政策仍然处在不断的发展变化中。就在前些时日，国家六部委联合发文，出台了“产业用地新政”，政策调整的幅度并不算大，但可看出政府已经认识到土地与规划制度的设计在产业转型升级中的重要性。毕业后从北京来到上海参加工作，我又进一步意识到这个研究问题在当下的时效性，也希望论文的观点能为这一轮的制度改革提供一些参考。恰逢所里编辑智库丛书的机会，促成了本书，是一种幸运。从写作到出版，时间有限，难免有所错漏，欢迎读者提出意见，如能因此找到相同兴趣的研究者、政策制定者一起讨论，则是更大的幸事。

论文的完成过程并不容易，从选题、数据收集、资料整理到长时间的写作，每一个过程总要经历几轮否定与否定之否定，是对自我的不断磨砺。好在这段路程并非完全孤军奋战，我得到了很多师长、朋友的帮助与关心。

首先要感谢我的导师吕斌先生。论文写作的核心思想——利益还原——来自先生，论文的顺利展开，得益于先生长期以来对城市规划背后利益问题的敏锐洞见。虽然话题的敏感性、情况的复杂性，曾让我一度怀疑论文完成的可能，但庆幸有先生时时鼓励，每一次困惑也都在与先生的一轮轮讨论中转化为对研究的完善。有幸师从先生的六年，从学问到做人，无不深受先生豁达包容的人格魅力、深邃广博的学术思想以及严谨求实的治学态度感染，让我在求学的过程中也获得了人格的成长。

论文的写作还得到了许多老师的悉心指导。感谢冯长春、柴彦威、林坚、张文忠、曹广忠、冯健、童昕等多位老师的中肯建议。感谢荷兰格罗宁根大学的 Gert de Roo 教授在交换学习一年间对我研究思路的启发。感谢英国谢菲尔德大学的 Hendrik Wagenaar 教授和 Malcolm Tait 博士在理论和方法上给我的实用参考。

论文在调研中也获得了各种帮助。感谢北京亦庄孙雨，中规院上海分院郑德高院长、朱慧超、卢弘旻和汪洋，上海浦东新区王玉娥师姐和罗翔师兄等人，不仅接受我的访谈，还为我提供资料、联系其他相关人员。感谢 2012 年一起参加课题调研的屠李、吕怡琦、李长风、王璐、张衔春等同门师弟师妹。

论文受到了北京大学林肯土地政策研究院的奖学金资助。不仅如此，林肯研究院在土地政策研究方面有很多的积累，我从其过去的研究报告以及组织的各种学术活动中获得了很多思路上的启发。在此一并致谢。

最后，感谢家人和朋友，还要感谢北大。谨以此书献给母校。

胡映洁

2016 年 9 月于上海

图书在版编目(CIP)数据

开发区工业用地更新的利益还原机制研究/胡映洁著.—上海：上海社会科学院出版社，2016
ISBN 978-7-5520-1211-8

Ⅰ.①开… Ⅱ.①胡… Ⅲ.①开发区-工业用地-利益分配-研究-中国 Ⅳ.①F429.9

中国版本图书馆CIP数据核字(2016)第066016号

开发区工业用地更新的利益还原机制研究

著　　者：胡映洁
责任编辑：应韶荃
封面设计：风行水上
出版发行：上海社会科学院出版社
上海顺昌路622号　邮编200025
电话总机021-63315900　销售热线021-53063735
http://www.sassp.org.cn　E-mail:sassp@sass.org.cn
排　　版：南京展望文化发展有限公司
印　　刷：上海信老印刷厂
开　　本：720×1020毫米 1/16开
印　　张：15
字　　数：243千字
版　　次：2016年9月第1版　2016年9月第1次印刷

ISBN 978-7-5520-1211-8/F·413　定价：50.00元